Zanetti | Literarisches Schreiben

AF625480

Sandro Zanetti

Literarisches Schreiben

Grundlagen und Möglichkeiten

RECLAM

2022 Philipp Reclam jun. Verlag GmbH,
Siemensstraße 32, 71254 Ditzingen
Umschlaggestaltung: Philipp Reclam jun. Verlag GmbH
Druck und Bindung: CPI books GmbH,
Birkstraße 10, 25917 Leck,
Printed in Germany 2022
RECLAM ist eine eingetragene Marke
der Philipp Reclam jun. GmbH & Co. KG, Stuttgart
ISBN 978-3-15-011351-6

Auch als E-Book erhältlich

www.reclam.de

FSC www.fsc.org MIX Papier aus verantwortungsvollen Quellen FSC® C083411

Inhalt

Einleitung

Jenseits des Ohrs ist ein Klang,
am Rand des Blickfelds eine Gestalt,
an den Fingerspitzen ein Gegenstand
– da will ich hin.
An der Bleistiftspitze der Strich.
Wo ein Gedanke ausatmet, ist eine Idee,
am letzten Hauch von Freude eine andere Freude,
an der Schwertspitze ist Magie
– da will ich hin.
An den Zehenspitzen der Sprung.

CLARICE LISPECTOR (1920–1977)

Schreiben heißt, die Welt doppelt zu erfahren. Man tritt doppelt in sie ein: einmal mit dem Geschriebenen in seiner materiellen und visuellen Prägung (Schrift, Gekritzel, Spuren auf einer Oberfläche, Pixel auf einem Bildschirm), einmal mit dem, was dieses Geschriebene alles bedeuten und nach sich ziehen kann (aufgerufene Ereignisse, Personen, Geschichten, Zustände). Die Doppelung wiederholt sich beim Lesen: Was steht buchstäblich da? Und was lese, was erkenne ich darin? Und weiter noch: Wie verhält sich dies alles zu dem, was ich darüber hinaus zu kennen glaube? Diese Fragen stellen sich allerdings schon beim Schreiben. Denn Schreiben besteht praktisch immer auch aus dem fortlaufenden Lesen des gerade (sowie auch des weiter zurückliegend) Geschriebenen – und aus der Spannung, die das Geschriebene und das zu Schreibende zur Welt rundherum aufweist. Dadurch wird der ganze Schreibvorgang zu einer ziemlich komplizierten Angelegenheit. Literatur ist ein möglicher Name dafür – und literarisches Schreiben ein Schreiben, das Komplikationen dieser Art nicht scheut.

Wie stelle ich mir das zu Schreibende vor? Und wie liest sich das am Ende Geschriebene? Der Weg vom einen zum anderen ist, bei allen Schwierigkeiten im Einzelnen, ein Weg voller Möglichkeiten. Der Entwurf dieser Möglichkeiten ist in sich bereits aufschlussreich. Er trägt bestenfalls dazu bei, zu einer vielleicht vielfältigeren und differenzierteren Sicht der Dinge und Prozesse in dieser Welt zu gelangen: einer literarischen Erschließung und Erkenntnis der Welt. Das klingt nach viel. Oft genug stellt sich eine solche Erkenntnis allerdings durch ganz kleine Gesten und Eingriffe ein: eine bemerkenswerte Verschiebung der Perspektive, eine ungewohnte Assoziation, eine Verkettung scheinbarer Zufälle.

Schreiben, das Geschriebene Lesen, Weiterschreiben, Nachdenken, Sich-Erinnern, Weiterschreiben, Lesen, Wahrnehmen, Herumstreunen, Weiterschreiben: In derartigen Abwechslungen vollziehen sich Schreibprozesse. Sie sind nicht linear, sondern laufen hin und her, sie verlaufen in Rekursionen, Vor- und Rückschritten, und was am Ende bleibt, steht kaum je von Anfang an schon fest.

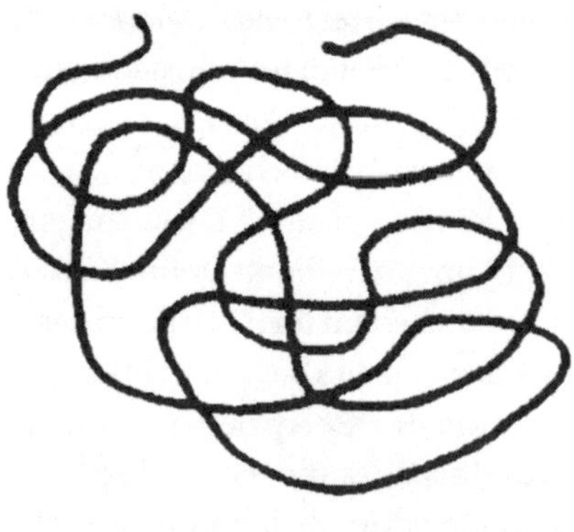

Claude Simon, Visualisierung des Schreibprozesses in *Orion aveugle* (1970)

Die obige Visualisierung des Schreibprozesses stammt vom französischen Schriftsteller und Nobelpreisträger für Literatur Claude Simon (1913–2005). Es handelt sich um eine Zeichnung, die Simon anfertigte, um ein Bild für die Irrungen und Windungen im eigenen Schreiben zu finden (Simon 1970, 11): Anfang und Ende sind offen, aber der Weg dazwischen verläuft in eigenartigen Wendungen, Überkreuzungen und Umwegen. Die Zeichnung verrät vermutlich nicht viel mehr als dies: dass Schreiben nicht bedeutet, möglichst direkt von einem Anfang zu einem Ende zu gelangen, sondern bereit zu sein, Bekanntes wie Unbekanntes zu durchqueren – und alles, was dazwischen liegt.

Was zwischen einem derartigen Anfang und Ende alles passieren kann, ist Gegenstand dieses Buches. Literarisches Schreiben: Das ist ein Schreiben, in dem die Bedingungen und Möglichkeiten des Schreibens selbst – also nicht nur des literarischen – zur Diskussion stehen. Die Antworten und Resultate, die sich aus einem solchen Prozess heraus ergeben, sind hochgradig unterschiedlich. Gerade die Unterschiedlichkeit ist jedoch kennzeichnend für literarische Schreibprozesse. Diese Unterschiedlichkeit ist historisch nicht neu. Sie artikuliert sich vor dem Hintergrund der jeweiligen historischen Umstände technischer, juristischer, sozialer und intellektueller Art nur immer wieder neu. Dabei reiben sich literarische Schreibprozesse stets mit denjenigen Formen von Sprache, in denen die Erwartung, dass Richtlinien, Gesetze und scheinbare Erfolgsrezepte befolgt werden, größer ist als diejenige, dass von ihnen abgewichen wird.

Dass Literatur aus derartigen Reibungen entsteht und literarisches Schreiben demnach auf entsprechenden Erfahrungen beruht, mag man als bloße Behauptung abtun. Die Behauptung hat jedoch ihr Gutes mindestens darin, dass sie eine Handhabe bietet zur Erklärung, warum im Lauf der Zeit auf so unterschiedliche Weise literarisch geschrieben worden ist – und nach wie vor wird: Die genannten Umstände und Umfelder ändern sich je nach Ort und Zeit – und wer schreibt, kann sich zu ihnen nicht *nicht* verhalten. Die Einsicht in diese prinzipiell spannungsvolle Bezogenheit des Schreibens auf seine jeweiligen Umstände und Umfelder bildet auch den Grund, warum das vorliegende Buch kein Schreibratgeber ist. Wie man beispielsweise eine gute Geschichte schreibt, das kann man in Schreibratgebern nachlesen: Zuerst muss ein Konflikt her, dann die Aussicht auf eine Lösung. Einige wenige interessante Figuren soll es geben, die den Konflikt und später die mögliche Lösung vorantreiben. Und los geht's. Das alles gerne direkt in prägnanten Szenen gezeigt und nicht umständlich erklärt: *Show, don't tell!* – alles Weitere ist Übung.

Das Thema ›Schreiben einer guten Geschichte‹ wird meist mit derartigen Schlagwörtern und Tipps nachvollziehbar gemacht. Literarisches Schreiben umfasst jedoch weit mehr als die Orientierung an derartigen Schablonen, die beim Lesen (und Schreiben) schnell einmal auch langweilig werden können. Schreibratgeber helfen an diesem Punkt oft nicht weiter. Es sei denn, sie konzipieren das Schreiben nicht von einem bestimmten Ergebnis her, sondern ausgehend von den Möglichkeiten, die der Prozess selbst bietet: Sei gespannt auf das, was in deinem Schreiben noch passieren kann! Das ist vermutlich der einzige Rat, den man angehenden Schriftstellerinnen und Schriftstellern mit gutem Gewissen auf den Weg geben kann.

Das vorliegende Buch hält im ersten Teil fest, worin die Grundlagen von Schreibprozessen überhaupt und von literarischen Schreibprozessen im Besonderen bestehen. Es zeigt im zweiten Teil, welche Momente in der Arbeit an einem literarischen Schreibprojekt wichtig werden können. Im dritten Teil werden Möglichkeiten literarischer Schreibprozesse von A bis Z – von Friedrich Achleitner bis Émile Zola – vorgestellt. An überlieferten Skizzen und Arbeitsspuren wird gezeigt, wie einzelne Schriftstellerinnen und Schriftsteller geschrieben haben.

Grundlagen, Momente, Möglichkeiten: Die Überlegungen in diesem Buch laufen darauf hinaus, ein Spektrum an Mustern aufzuzeigen, in denen sich literarische Schreibprozesse bewegen und von denen ausgehend sie sich auch beschreiben und analysieren lassen. Es geht im Folgenden also nicht darum, Idealvorstellungen des Schreibens zu fabrizieren oder zu propagieren, sondern den Blick für bestimmte Verfahrensweisen zu öffnen, die beim Schreiben wichtig werden können. Dass zum Schreiben auch Phasen des Nichtschreibens gehören, wird im Schlusskapitel Thema sein: Wahrnehmen, Ausgehen, Nachdenken – auch dafür muss Zeit sein.

1 Grundlagen: Aspekte, Modelle, Fragen

1.1 Sprache, Schreibwerkzeuge, Körper

Wer schreibt, zeichnet auf, bringt Schriftzeichen auf eine Oberfläche und macht diese Zeichen durch den Schreibakt lesbar für sich und andere. Gelesen werden Schriftzeichen, wenn sie nicht bloß angeschaut, sondern in ihrem Zeichencharakter erkannt und entsprechend mit Bedeutung versehen werden. **Zeichen** sind dadurch definiert, dass sie für etwas anderes stehen: *aliquid stat pro aliquo* – wie es auf Latein heißt. Zeichen verweisen auf etwas anderes oder evozieren es zumindest: Ereignisse, Dinge, Zustände, Eindrücke, Bedeutungen, andere Zeichen. Gleichzeitig müssen Zeichen, um überhaupt wahrnehmbar zu sein, eine materielle Seite aufweisen. Das gilt auch für Schriftzeichen. Die 26 Buchstaben des Alphabets geben im Deutschen den Grundbestand für die durch Kombinatorik und Wiederholung ermöglichte Bildung von Wörtern und Sätzen ab. Dazu kommen Satzzeichen und weitere Hilfsmittel wie Wortabstände, Absätze und dergleichen.

In ihrem Zeichencharakter sind aus Buchstaben gebildete Wörter und Sätze stets in der Lage, *mehr* zu bedeuten als das, was sie in Form von Druckschwärze, Tinte, Kreide oder als Simulationen davon faktisch oder scheinbar verkörpern. In ihrer Materialität verweisen Zeichen und somit auch Schriftzeichen zwar durchaus auf sich selbst: als Markierungen in Raum und Zeit, auf einem Blatt Papier oder als Schriftzug auf einem Plakat. Doch Zeichen gehen in diesem Selbstverweis nicht auf, sondern überschreiten ihn, indem sie auf anderes verweisen, Bedeutungen generieren, Assoziationsmöglichkeiten eröffnen.

Dabei besteht zwischen dem **Selbstverweis** in dem eben definierten materialen Sinne und dem **Fremdverweis** im

Sinne einer Bedeutungen generierenden Überschreitung dieser Dimension in dem Maße eine Kluft, wie Zeichen nicht natürlich auf etwas Bestimmtes anderes verweisen, sondern in ihrem Verweischarakter kulturell vorgeprägt sind: Wer nicht weiß, dass eine rote Ampel Stopp bedeutet, erkennt die Ampel nicht in ihrer Zeichenfunktion – oder sie steht für ihn als Zeichen für etwas anderes (was mehr oder weniger gefährliche Folgen haben kann). Das gilt auch für Schriftzeichen. Kulturelle Vorprägungen dieser Art können sich nur etablieren, wenn Zeichen sich erstens von anderen Zeichen unterscheiden und somit identifizierbar werden und wenn zweitens Zeichen in Wiederholungen auftreten und somit in ihrer Verweisstruktur an verschiedenen Orten und zu verschiedenen Zeiten erkennbar werden.

Die Bedeutung eines Zeichens ist allerdings nie ein für alle Mal festgelegt. Gerade weil zwischen dem Selbstverweis und dem Fremdverweis eines Zeichens keine natürliche Verbindung besteht (Saussure 1967, 79–82), sind Zeichenbedeutungen im Prinzip veränderlich, wenn auch nicht beliebig oder gar frei: so veränderlich und zugleich an kollektive Praktiken zurückgebunden wie die jeweiligen kulturellen Prägungen und individuellen Akzentsetzungen, aus denen sie selbst hervorgehen. Dagegen erweist sich die materielle Seite eines Zeichens als zeitgebunden und beharrlich auf eine andere Weise: Druckerschwärze und Tinte sind in der Regel ähnlich geduldig wie das Papier, auf dem die entsprechend gefärbten Wörter oder Schriftzüge stehen.

Mit dieser Geduld hat es im Zeitalter der Computer zwar ein Ende: Gespeicherte Dateien müssen immer wieder neu gespeichert werden (können), wenn sie sich unabhängig von einem papiernen Korrelat oder einer einzelnen lokalen Festplatte erhalten sollen. Nicht zu Ende ist es jedoch mit der prinzipiellen Kluft zwischen der technisch-materialen und der sinnhaft-assoziativen Dimension von Schriftzeichen.

Auch elektronisch generierte Schriftzeichen, die auf einem Bildschirm oder einem Ausdruck erscheinen und vorher eine Reihe von Übertragungs- und Übersetzungsprozessen durchlaufen haben, verstehen sich nicht von selbst: Auch diese Zeichen verweisen über sich und ihren Kontext hinaus auf Anderes, indem sie dieses evozieren und in eine Form von Darstellung dieses Anderen überführen.

Wer schreibt, bewegt sich im Spielraum, der sich zwischen der bloßen **Buchstäblichkeit** des Geschriebenen (der Materialität der Schriftzeichen) und ihrer durch Konventionen bedingten **Bedeutungsdimension** (ihrer Semantik) öffnet. Wie sehr jemand sich in diesem Spielraum nicht nur einfach bewegt, sondern ihn gestaltet, ist je nach Situation, Person und Kontext hochgradig unterschiedlich. Eine wichtige Rolle spielt die Frage, wie sehr (nicht) und auf welche Weise (nicht) der Schreibprozess mit dem Leseprozess in ein Rückkopplungsverhältnis versetzt wird – und welche Folgen das für das Geschriebene hat.

Eine aufmerksame **Rückkopplung** mag dabei helfen, eine Ahnung davon zu erhalten, wohin das Geschriebene einen selbst – vielleicht aber auch andere – leitet. Ob eine solche Orientierung auch für andere relevant ist, kann im Schreibakt selbst jedoch nicht vorherbestimmt, sondern höchstens vermutet und allenfalls provoziert werden. Eine Notwendigkeit, sich bereits im Schreiben von bestimmten **Leseerwartungen** abhängig zu machen, mag es für bestimmte, aber sicherlich nicht für alle Schreibprozesse geben.

Ist einem die vermutete oder bekannte Erwartung anderer aus freien Stücken wichtig, dürfte es nicht schaden, sich selbst nicht nur als Schreibsubjekt zu empfinden, sondern auch Erfahrungen darin zu gewinnen, die eigene Schreibweise *lesend* einzuschätzen. Relativiert werden Selbsteinschätzungen dieser Art ohnehin, früher oder später, durch Reaktionen der Umwelt. Implizit oder explizit sind Schreibprozesse stets in größere kommunikative Strukturen eingebunden: Das gilt in der Regel noch über den Tod all derer hinaus, die schreiben, denn das Geschriebene bleibt, sofern aufbewahrt, auch dann noch lesbar, wenn die (ehemals) Schreibenden tot sind. Um kommunikativ zu sein, sind Schriftstücke nicht auf die Präsenz von Körpern und Subjekten angewiesen, die Anspruch auf ›Urheberschaft‹ erheben.

Schreibprozesse erschöpfen sich allerdings weder in ihrer möglichen kommunikativen Funktion noch überhaupt in ihrer zeichenhaften Qualität. Versucht man, die Faktoren zu benennen, die nötig sind, damit Schreibprozesse passieren können, wird man zunächst von einer gar nicht so leicht zu ordnenden Vielzahl an Faktoren auszugehen haben. Der Kommunikations- und Medienphilosoph Vilém Flusser (1920–1991) hat diese Vielzahl an Faktoren in seinem Buch *Gesten. Versuch einer Phänomenologie* wie folgt zu bestimmen versucht (Flusser 1991, 40):

> Um schreiben zu können, benötigen wir – unter anderen – die folgenden Faktoren: eine Oberfläche (Blatt Papier), ein Werkzeug (Füllfeder), Zeichen (Buchstaben), eine Konvention (Bedeutung der Buchstaben), Regeln (Orthographie), ein System (Grammatik), ein durch das System der Sprache bezeichnetes System (semantische Kenntnis der Sprache), eine zu schreibende Botschaft (Ideen) und das Schreiben. Die Komplexität liegt nicht so sehr in der Vielzahl der unerlässlichen Faktoren als in deren Heterogenität. Die Füllfeder liegt auf einer anderen Wirklichkeitsebene als etwa die Grammatik, die Ideen oder das Motiv zum Schreiben.

Auffällig an dieser Aufzählung sind, noch vor den einzelnen Bestandteilen, ihre merkwürdigen Grenzen: zum einen der Hinweis am Anfang, dass die genannten Faktoren nur solche

»unter anderen« sind, zum anderen die Pointe am Ende der Aufzählung, dass man, um »schreiben zu können«, schließlich auch noch das »Schreiben« benötige.

Wird auf der einen Seite betont, dass das Schreiben noch viel mehr voraussetzt, als mit ein paar schematischen Hinweisen gesagt werden kann, wird auf der anderen Seite betont, dass selbst bei einer Aufzählung aller Faktoren der Akt erst noch *vollzogen* werden muss, wenn diese Faktoren überhaupt von Relevanz sein sollen. Die Möglichkeitsbedingungen – Oberfläche, Werkzeug, Zeichen, Konvention, Regeln usw. – gewinnen Wirklichkeit erst, und werden dadurch auch erst in ihrem Möglichkeitssinn erkennbar, wenn der Akt des Schreibens tatsächlich geschieht.

Nimmt man den Stift in die Hand oder klappt das Notebook auf und beginnt mit dem Schreiben, geraten zunächst ganz grundsätzliche Faktoren in den Blick: materielle und technische Bedingungen, schließlich weniger leicht zu fassende Komponenten wie Ideen, Konventionen, Botschaften. Je feinstofflicher diese Faktoren werden, desto schwieriger werden sie fassbar. In jedem Fall aber sind auch diese Faktoren, die solche »unter anderen« sind, für die spezifische Prozessqualität eines Schreibaktes von entscheidender Wichtigkeit. Zu diesen Faktoren gehören auch individuelle Vorlieben, Obsessionen, Schwächen. Zu Recht betont Flusser, dass all diese Faktoren in ihrer Heterogenität auf unterschiedlichen Wirklichkeitsebenen anzusiedeln sind – und von Literatur ist hier noch gar nicht die Rede.

Ein wichtiger Aspekt, der in der Liste von Flusser fehlt, bleibt noch zu ergänzen (Flusser kommt darauf selbst im weiteren Verlauf seines Textes zu sprechen): Es ist die **Körperlichkeit des Schreibaktes**, die gestische und sinnliche Komponente. Wer schreibt, trifft nicht nur technische Vorkehrungen und aktiviert das Sprachvermögen, er oder sie muss auch den eigenen Körper zum Einsatz bringen. Um zu schreiben, muss man einen Stift in die Hand nehmen und damit Schriftzüge formen können – oder mit den Fingern oder anderen körperlichen Verbindungsstellen die Tastatur, einen Touchscreen oder sonstige Aufnahmegeräte bedienen und steuern können. Ohne Einsatz des menschlichen Körpers mögen zwar Buchstaben auf einer Oberfläche zur Erscheinung kommen und Texte entstehen, die Frage aber, ob man einen derartigen Vorgang noch als ›Schreiben‹ bezeichnen sollte, stellt sich ernsthaft (→ Kap. 2.4).

Schreiben, so kann man zusammenfassen, ist ein Prozess in Raum und Zeit, in dem die unterschiedlichen Faktoren zusammen eine ›Szene‹ bilden. Der Literaturwissenschaftler Rüdiger Campe hat für diese ›Szene‹ den Begriff der ›**Schreibszene**‹ geprägt und diese als ein »nicht-stabiles Ensemble von Sprache, Instrumentalität und Geste« (Campe 1991, 760) charakterisiert. Die von Flusser aufgerufene Vielzahl an Faktoren wird hier im Wesentlichen auf drei Aspekte heruntergebrochen: 1. **Sprachlichkeit**, 2. **Instrumentalität**, 3. **Gestik**.

Nicht in jedem Schreibprozess sind diese Aspekte gleich gewichtet. Beim kalligraphischen Schreiben wird die *gestische* Komponente (also die Körperlichkeit) besonders stark gewichtet. Wer mit einer gebrochenen Bleistiftmine oder einer schwerfälligen Tastatur zu kämpfen hat, wird seine Aufmerksamkeit beim Schreiben verstärkt durch die *instrumentelle* Komponente (also durch Schreibwerkzeuge, Geräte, Technik) bestimmt bzw. abgelenkt sehen. Wer sich schreibend auf Wort- oder Sinnsuche begibt, wird im Schreibakt vor allem die *sprachliche* Komponente (und im engeren Sinne die semantische Dimension sprachlicher Zeichen) als bestimmend erachten. Auf keine der drei Komponenten kann jedoch beim Schreiben, wenn es sich tatsächlich um einen Schreibakt handeln soll, verzichtet werden. Alle drei sind nötig, damit sinnvoll von einem Schreibakt die Rede sein kann.

Tatsächlich unterschiedlich sind die Gewichtungen, die den einzelnen Komponenten in einem spezifischen Schreibakt zukommen. Unterschiedlich sind zudem die Widerstände, die sich beim Schreiben auf allen drei Ebenen einstellen können. Allerdings sind gerade die Widerstände aufschlussreich, wenn es darum geht, einen Schreibvorgang in seiner heterogenen Bedingtheit zu erfassen. Denn oft sind es gerade die Widerstände, die dazu führen, dass Schreibakte ihrerseits zum *Thema* des Schreibens werden: Die Tastatur klemmt, die Hand wird müde, der entscheidende Einfall will nicht kommen.

Das setzt **Reflexionen** frei: Wahrnehmungen der Schreibsituation, Leseakte also in einem weiten Sinne, die selbst wieder in den Schreibakt eingehen und diesen somit begleitend interpretieren können. Interpretationen dieser Art müssen nicht unbedingt mit einem hohen Grad an Bewusstsein beim Schreiber oder bei der Schreiberin einhergehen, sie können sich auch eher beiläufig einstellen. Längerfristig können sie allerdings dazu beitragen, eine bestimmte **Schreibhaltung** einzunehmen, einen eigenen Ton und Stil zu finden.

Schreibende, die sich im Schreiben *üben*, werden praktisch von alleine einen Sinn für die ihnen gemäße individuelle Gewichtung der einzelnen Komponenten beim Schreiben gewinnen: Sie werden Räume und Zeiten suchen, die ihnen beim Schreiben besonders bekommen. Sie werden also – um im Bild der ›Szene‹ zu bleiben – für ihre ›Schreibszene‹ den richtigen **Rahmen**, der auch ein Zugabteil oder eine Bar sein kann, suchen. Sie werden den einzelnen Komponenten eine bestimmte Rolle zuschreiben und/oder sich selbst in einer bestimmten Funktion wahrnehmen (als Herrscherin, als Knecht, als Medium usw.). Und sie werden sich schließlich mit der Frage der Regie, d. h. der Kontrolle oder des Kontrollverlusts über die beteiligten Faktoren konfrontiert sehen (Stingelin 2004, 8). Die möglichen Kombinationen, Gewichtungen und Wahrnehmungen der unterschiedlichen Faktoren sind vielfältig. Die Dreiteilung von Gestik, Instrumentalität und Sprachlichkeit hilft jedoch in jedem Fall dabei, die spezifische Artikulationsform eines Schreibaktes genauer zu bestimmen.

Die drei Komponenten des Schreibens

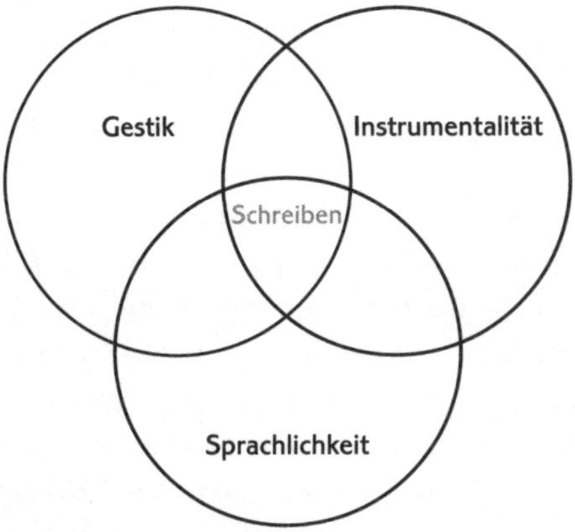

1.2 Rhetorik und Poetik

Wer schreibt, muss keinen bestimmten Zweck verfolgen, und es gibt keine Notwendigkeit *per se*, sich schreibend an jemand Bestimmtes zu wenden. Gleichwohl wird vermutlich jeder Schreibakt von **Intentionen**, also Absichten und Bezugnahmen begleitet oder veranlasst. Ob diese Intentionen sich schreibend auch realisieren lassen, ist eine andere Frage. Oft genug kommt es vor, dass sie fehlgehen oder sich, was die Regel sein dürfte, im Prozess ändern. Ebenso sind Schreibakte wohl in den meisten Fällen auf einen realen oder imaginären Leser oder eine Leserin ausgerichtet, und sei es auf das Schreibsubjekt selbst, das ›sich‹ liest. Ob eine Botschaft aber, wo und wie auch immer, ankommt, ist wiederum eine andere Frage.

Als ein Kennzeichen *literarischen* Schreibens wird gerne die Losgelöstheit von äußerlichen Zweckbestimmungen sowie die Freiheit von der Zurichtung auf bestimmte als bekannt vorausgesetzte Adressatenkreise betont. Will man Schreiben jedoch zunächst im umfassenden Sinne als **Kulturtechnik** begreifen, um von da aus einen Zugang zu den möglichen Spielarten literarischen Schreibens zu gewinnen, lohnt es sich, auch die traditionell zweckbestimmten und explizit adressatenbezogenen, letztlich wirkungs- und zweckorientierten Praktiken und Systematisierungen des Schreibens genauer zu studieren.

Die wirkungsmächtigste Tradition zweckorientierten und adressatenbezogenen Schreibens beginnt in der Antike: mit den rhetorischen Schriften der Sophisten, dann den rhetorischen Lehrbüchern von Aristoteles (384–322 v. Chr.), Cicero (106–43 v. Chr.) und Quintilian (um 35 – um 96 n. Chr.). Vom ausgehenden Mittelalter bis zum Aufkommen der Genieästhetik im 18. Jahrhundert bildete die antike **Rhetorik** auch im deutschsprachigen Raum das maßgebliche Orientierungssystem für die Herstellung von Texten. In der Rhetorik etablierte sich eine äußerst praktikable Systematisierung der Produktionsstadien, an die man sich bei der Abfassung einer Rede, aber auch bei der schriftlichen Ausarbeitung eines Textes halten kann.

Aus heutiger Perspektive ist diese Systematisierung zwar nicht zwingend, aber sie kann doch als Orientierungshilfe oder zumindest als ein weiterführendes Muster verstanden werden, wenn es darum geht, einen Text planvoll zu schreiben. Die **Stadien** lauten: 1) *inventio*, damit ist die Auffindung des Stoffs gemeint, 2) *dispositio*, die Gliederung und Strukturierung des Stoffs unter Berücksichtigung einer vorgegebenen oder frei gewählten Zielvorgabe, 3) *elocutio*, die sprachliche Ausführung oder, genauer, ›Einkleidung‹ des Stoffs, die stilistische Darstellung, 4) *memoria*, das Auswendiglernen des Erarbeiteten, 5) *actio* oder *pronuntiatio*, die Aufführung oder der Vortrag des Geschriebenen (Groddeck 1995, 95–115).

Produktionsstadien eines Textes

1)	**inventio**	Auffindung des Stoffs
2)	**dispositio**	Gliederung und Strukturierung des Stoffs
3)	**elocutio**	sprachliche Ausführung des Stoffs, Stilistik
4)	**memoria**	Auswendiglernen des Erarbeiteten
5)	**actio** oder **pronuntiatio**	Aufführung oder Vortrag

Die letzten beiden Punkte betreffen nicht mehr die schriftliche Ausarbeitung eines Textes, sondern dessen Aufführung oder Realisierung in einer mündlich bestimmten Situation. Deutlich erkennbar wird hier die in der Rhetorik privilegierte Ausrichtung des Schreibens auf Situationen, die durch die Präsenz eines Redners und somit durch Mündlichkeit bestimmt sind: politische Reden, Gerichtsreden, Festreden. Was die Produktionsstadien im Hinblick auf den Schreibprozess im engeren Sinne angeht, so sind allerdings auch andere Reihenfolgen und Gewichtungen denkbar: dass man beispielsweise mit einer freien, assoziativen Rede beginnt (*actio*), sich nach und nach Aspekte daraus zur weiteren Verarbeitung merkt (*memoria*), aus diesen Aspekten heraus Themen bestimmt (*inventio*), diese gliedert (*dispositio*) und ausarbeitet (*elocutio*) – oder auch wieder verwirft. In der antiken Rhetorik war eine solche **Umstellung** der Reihenfolge nicht vorgesehen. Indes ist aus einer heutigen Perspektive an dem fünfgliedrigen Modell der Rhetorik weniger die implizite Chronologie aufschlussreich als vielmehr das erkennbare Bemühen darum, die unterschiedlichen Elemente in einem möglichen Produktionsablauf überhaupt kenntlich zu machen.

Für die Feinarbeit an einem Text hat die antike Rhetorik insbesondere im Bereich der *elocutio* ein reiches System an Klassifikationen und also auch an potentiellen Orientierungen für die Produktion ausgebildet. Dazu gehören die **Stilqualitäten** und die Redefiguren. Stilqualitäten (*virtutes dicendi*) bezeichnen in der rhetorischen Tradition Tugenden, die bei der Formulierung von Texten wichtig sind: Dazu gehören die Reinheit und Sprachrichtigkeit (*puritas*), die Klarheit der Sprache (*perspicuitas*), die Angemessenheit (*aptum*) und Kürze (*brevitas*) des Ausdrucks, schließlich der Redeschmuck (*ornatus*). Missachtung der Regeln durch ein Zuwenig oder Zuviel im Einsatz der sprachlichen Mittel gelten in der Rhetorik als Fehler (*vitia*), es sei denn, der Mangel oder Überschuss kann als Ausdruck künstlerischer Freiheit (*licentia*) gewertet werden.

Stilqualitäten (*virtutes dicendi*) in der rhetorischen Tradition

puritas	Reinheit und Sprachrichtigkeit
perspicuitas	Klarheit der Sprache
aptum	Angemessenheit
brevitas	Kürze des Ausdrucks
ornatus	Redeschmuck

Der unmissverständlich normative Charakter der Stilqualitäten resultiert in der rhetorischen Kommunikation aus der starken Gewichtung des Adressatenbezugs: Zuhörer und Zuhörerinnen oder Leserinnen und Leser sollen nicht nur möglichst gut verstehen, wovon die Rede ist, sie sollen auch überzeugt, wenn nicht gar (was den Zorn der Philosophen auf sich gezogen hat) zu bestimmten Schlussfolgerungen überredet werden.

Kunstvolle Rede hingegen im Sinne einer literarisch-künstlerischen Artikulationsweise darf sich auch in der antiken Rhetorik bereits dadurch auszeichnen, dass sie sich die Lizenz zur freien Interpretation der Tugenden nimmt – sofern die Rede nur in irgendeiner Weise noch als schmuckvoll oder einer Situation angemessen gelten kann. Redeschmuck (*ornatus*) und Angemessenheit (*aptum*) bleiben also in der rhetorischen Tradition als Kriterien der Produktion und Aufführung auch im Bereich der Kunst im engeren Sinne erhalten.

Während die Stilqualitäten deutlich normativen Charakter aufweisen, sind die **Redefiguren** – gemeint sind damit sprachliche Stilmittel, nicht Darstellungen von handelnden Personen wie Romanfiguren oder dergleichen – vor allem deskriptiv aufschlussreich. Zwar lassen sich auch die Redefiguren in die Ordnung der Stilqualitäten integrieren. Doch die Redefiguren bezeichnen für sich genommen nur die Art, *wie* etwas formuliert ist, ohne dass damit bereits ein Urteil über gut oder schlecht gefällt wäre. Auch zeichnen sich die Redefiguren dadurch aus, dass sie sich in keiner Weise auf den Bereich des Mündlichen – also der Rede im engeren Sinne – beschränken. Besser sind sie sogar als Kennzeichen von schriftlich ausgearbeiteten Texten und somit als Ergebnisse von Schreibprozessen zu bestimmen. Ihre Systematik setzt den Nachweis eines *wiederholten* Auftretens voraus, und dieser kann im Schriftlichen nicht nur leichter geführt werden, die Beharrlichkeit der Systematik selbst hat Schriftcharakter.

Zu dieser Systematik der Redefiguren gehören die **vier Änderungskategorien**. Für jede Art von Textproduktion sind diese Kategorien elementar: Wörter oder ganze Wortfolgen können *hinzugefügt* werden, sie können *weggenommen*, in der Reihenfolge *umgestellt* oder schließlich nach unterschiedlichen Kriterien *ausgetauscht* werden. Hinzufügung (*adiectio*), Wegfall (*detractio*), Umstellung (*transmutatio*) und Austausch (*immutatio*) einzelner Glieder durch andere sind Basisoperationen der Textproduktion.

Die vier Änderungskategorien der Textproduktion

adiectio	Hinzufügung	A → AB
detractio	Wegfall	AB → A
transmutatio	Umstellung	AB → BA
immutatio	Austausch	A → B

In Form von Ergänzungen, Streichungen, Hinweisen zur Umstellung (zum Beispiel Pfeilen) oder Vorschlägen zur Bildung von Varianten können diese Änderungen auch gut auf dem Papier (Neumann 1999, 410) oder durch Anzeigen von Änderungen in elektronischen Textverarbeitungsprogrammen nachvollziehbar gemacht werden.

Die vier Änderungskategorien finden sich bereits in der anonymen *Rhetorica ad Herennium* aus dem 1. vorchristlichen Jahrhundert, systematischer beschrieben und entfaltet dann am Ende des 1. Jahrhunderts n. Chr. in Quintilians *Institutio oratoria* (Quintilian 1972, Bd. 1: 324–331, 342–345; Bd. 2: 62 f., 74 f.). Zentral geworden sind die vier Änderungskategorien allerdings erst in den linguistisch orientierten Rhetorikrezeptionen im 20. Jahrhundert. Ihr Vorzug liegt darin, dass sie ein Raster bilden, auf dem sich fast alle rhetorischen Figuren situieren lassen. So sind Figuren der Wiederholung wie zum Beispiel die Anapher (die Wiederholung eines Wortes oder einer Wortgruppe am Anfang aufeinanderfolgender Verse) oder die Tautologie (die Häufung gleichbedeutender Wörter) Figuren der *Hinzufügung*; Ellipse (Auslassung) und Elision (Weglassung von Lauten) wiederum gehören zu den Figuren des *Wegfalls*; die Anastrophe (Veränderung der gewohnten Wortreihenfolge) oder das Hysteron-Proteron (die Umkehrung der zeitlichen oder logischen Reihenfolge einer Aussage) bewegen sich auf der Ebene der *Umstellung*; die Metapher (die Übertragung eines Wortes in einen anderen Sinnzusammenhang) und das Pars pro Toto (wenn ein Teil für das Ganze steht) bewegen sich auf der Ebene des *Austauschs* eines Wortes (oder mehrerer) durch ein anderes (oder mehrere andere).

Letztere, die Figuren des Austauschs oder des Ersatzes, werden in einigen rhetorischen Klassifikationen nicht zu den Figuren gezählt, sondern bilden eine eigene Klasse: die der **Tropen**. Überhaupt bleibt zu beachten, dass die Klassifikationen in den unterschiedlichen Schriften der Rhetorik nicht immer einheitlich sind. Zudem wurden hier nur einige besonders wirkungsmächtige und für den Schreibprozess aufschlussreiche Elemente der Rhetorik benannt. Im Detail haben sich wesentlich differenziertere Beschreibungsmodi herausgebildet (Lausberg 1949, Groddeck 1995).

Wichtig ist an dieser Stelle allerdings nicht die Ausdifferenzierung der Beschreibungsmodi im Einzelnen, sondern deren **Übersetzbarkeit** in konkrete Anwendungen: Wer schreibt, wird sich stets dabei beobachten können, wie er oder sie Textsegmente hinzufügt, wegnimmt, umstellt oder austauscht. All diese Operationen, die durch das Schreiben mit dem Computer besonders sinnfällig geworden sind, bestimmen den Schreibprozess in seiner Mikrostruktur. Kenntnisse der rhetorischen Ausdifferenzierungen im Einzelnen sind nicht nötig, um schreiben zu können. Aber sie helfen dabei, wenn es darum geht, eingefahrene Schreibhaltungen aufzubrechen und in Auseinandersetzung mit dem in der Rhetorik entwickelten Wissen über die Vielfalt möglicher Schreibweisen auch in einem ganz technischen Sinne den **Variationsreichtum** des eigenen Schreibens zu ermessen. Dabei können sich selbstredend auch Stilmerkmale verfestigen, die sich einer rhetorischen Klassifikation entziehen oder nur durch eine ausgeklügelte Kombinatorik wieder ins System der Rhetorik zurückzuübersetzen sind.

In der konkreten Schreibpraxis ist wohl die Erfahrung, dass sich die Arbeit mit rhetorischen Figuren verselbständigen kann, eher die Regel als die Ausnahme. Entscheidend ist die durch Erprobung gewonnene Einsicht, wie Kontrolle und Kontrollverlust im Schreiben weiterführend miteinander verknüpft werden können. Grundlegend ist diese Erfahrung, wenn es darum geht, einen individuellen **Schreibstil** auszubilden. Die explizite oder implizite Systematik, die jedes Schreiben *im* Prozess entwickelt und mitartikuliert, kann allerdings auch ganz andere Leitbegriffe als diejenigen der Rhetorik privilegieren. Die **individuelle Poetik** einer Schriftstellerin oder eines Schriftstellers – kurz gesagt: die Art und Weise, *wie* jemand einen Text hervorbringt – hat hierin ihren Grund.

Gänzlich vergessen gingen in dieser Geschichte die handwerklich-technischen Aspekte des Schreibens allerdings nicht. Greifbar wird dies etwa in denjenigen Poetiken, die wie Edgar Allan Poes (1809–1849) *Philosophy of Composition* (1864) das kalkulierte Vorgehen zum Programm erheben, wobei die strukturelle Ironie dieser Poetiken ein Thema für sich wäre. Insgesamt bleibt mit Blick auf den historischen Prozess der Individualisierung von Literatur, ja überhaupt von literarischen Schreibweisen festzuhalten, dass jede in diesem Prozess mitformulierte Kritik an den überlieferten Poetiken und insbesondere an den entsprechenden Modellen von Rhetorik selbst nicht ohne Rhetorik auskam und auskommt. Wie der Literaturtheoretiker Paul de Man (1919–1983) gezeigt hat, ist die **Verstrickung in Rhetorik** jeder sprachlichen Artikulation eigen (de Man 1979): Auch und gerade die Rede *gegen* Rhetorik folgt rhetorischen Mustern.

Ein rhetorisch geschulter Blick wird stets auf eine Überfülle an Sinnpotentialen am sprachlichen Material treffen, die systematisch nicht auf einen Nenner zu bringen sind und also auch als Kollaps oder Entzug von Sinn zu erfahren sind. Man hat es dann mit rhetorischen Effekten zu tun, die sich innerhalb der Rhetorik gegen ihre eigenen Systematisierungstendenzen richten und damit übrigens auch eine Erklärung dafür bieten, warum die rhetorischen Systematisierungsversuche bereits in den antiken Lehrbüchern und Traktaten nie zu einem wirklich geschlossenen System geführt haben. Für die individuellen Poetiken – man könnte auch sagen: für die Rhetoriken eines regulierungsskeptischen Schreibens – muss die Überfülle an Sinnpotentialen allerdings nicht als Problem erscheinen. Sie kann im Gegenteil gerade als Chance begriffen werden: als Tatsache, mit der sich etwas anfangen lässt.

1.3 Genialität oder Handwerk?

Eine der ältesten Streitfragen in der Auseinandersetzung mit Schreibprozessen ist die Frage, ob literarisches, also künstlerisches Schreiben eine **Gabe** ist, die man hat oder nicht hat, oder ob es ein **Können** ist, das handwerklich erlernt werden kann. Die klassischen Antipoden in diesem Streit sind Platon (428/427–348/347 v. Chr.) und Aristoteles (384–322 v. Chr.). Im Unterschied zu Aristoteles hat **Platon** keine mit systematischem Anspruch formulierte Poetik hinterlassen. Die Überlegungen Platons zur Dichtkunst verteilen sich über mehrere Schriften. Platon sieht den Dichter als Besessenen und Wahnsinnigen an, der aber in seiner Entrücktheit offen für göttliche Inspiration ist. Durch diese Offenheit sieht Platon den Dichter in der Lage, zum Sprachrohr göttlicher Wahrheit zu werden – oder sich wenigstens so zu fühlen. Letztere Alternative bringt Platon dazu, den Dichtern zu misstrauen und seine Wertschätzung mit Ironie zu unterlegen. Da die Dichter selbst nicht in der Lage seien, den Wahrheitsgehalt ihrer Aussagen zu überprüfen, bedürfe es der Philosophie, die allein eine verlässliche Orientierung in puncto Wahrheit bieten könne.

Platon gesteht den Dichtern als Antriebskraft für ihr Tun eine grundsätzliche Begeisterungsfähigkeit zu. Ohne **Enthu-**

siasmus (ἐνθουσιασμός), in den späteren lateinischen Übersetzungen dann als *furor poeticus* bezeichnet, geht nichts. So erfährt man von Sokrates im Gespräch mit Ion im gleichnamigen Dialog Platons, der vermutlich am Ende des 4. Jahrhunderts v. Chr. verfasst wurde: »Denn alle rechten Dichter alter Sagen sprechen nicht durch Kunst, sondern als Begeisterte und Besessene alle diese schönen Gedichte« (Platon 1957, 103 [Ion 533e]). Wie Begeisterung technisch in gute Dichtung umgesetzt werden kann, ist nicht Gegenstand der Erörterungen Platons. Güte ist für Platon nicht eine Frage der Technik oder – was für Platon gleichbedeutend ist – der »Kunst« oder des Handwerks, sondern eine Frage der Ethik: Dichtung ist gut, wenn sie den göttlichen Enthusiasmus nutzt, um Gutes darzustellen.

Anders **Aristoteles**, der sich gerade auf die handwerkliche Seite der Dichtung konzentriert. In seiner nur unvollständig überlieferten *Poetik* (vermutlich um 335 v. Chr.) führt Aristoteles die Dichtung, insbesondere die dramatische Dichtung, auf das Prinzip der *Mimesis*, der **Nachahmung** zurück. Dichtung ahmt nach, und zwar vorzugsweise Handlungen. Sie ahmt *Praxis* nach, und sie tut dies nach Kriterien der Wahrscheinlichkeit oder Notwendigkeit. »Aufgabe des Dichters« sei es nicht, »mitzuteilen, was wirklich geschehen ist, sondern vielmehr, was geschehen könnte, d. h. das nach den Regeln der Wahrscheinlichkeit oder Notwendigkeit Mögliche« (Aristoteles 1982, 29). Indem Dichtung Praxis als *mögliche* Praxis nachahmt, bildet sie allerdings nicht nur ab, sondern sie bringt vor allem und zunächst etwas hervor: das darzustellende Mögliche. Dichtung ist deshalb auch **Hervorbringung**: **Poiesis**. Dichtung als Poiesis (ποίησις) ist vorwegnehmende **Mimesis** (μίμησις) möglicher **Praxis** (πρᾶξις).

Eingebung versus Übung, Genialität versus Handwerk, Enthusiasmus versus Kalkül, Inspiration versus Regel, Wahnsinn versus Vernunft, Dionysos versus Apoll: Das wären einige der Gegensatzpaare, die man in den unterschiedlichen Dichtungskonzeptionen seit Platon und Aristoteles erkennen und in eine fast endlose Reihe stellen könnte (Gellhaus 1995). Es wäre sogar möglich, die Epochen der Literaturgeschichte nach entsprechenden Präferenzen zu ordnen und jede dieser Präferenzen wiederum auf bestimmte Schreibhaltungen oder -strategien zurückzuführen. Doch einmal abgesehen vom Problem der Nivellierung historischer Differenzen, die solche Zuordnungen mit sich brächten, ist es aus ganz schreibpraktischen Gründen nicht sinnvoll, die Gegensätze als solche zu stark zu zeichnen. Da es sich um Konstruktionen handelt, die eine Entweder-oder-Entscheidung nahelegen, die im konkreten Schreibakt kaum gefällt werden kann, sind sie im Ansatz bereits revisionsbedürftig. Zumindest gilt dies für Schreibprozesse, die dem Anspruch folgen, eine individuelle Schreibweise auszubilden.

Handwerklichkeit ist schon in dem Moment im Spiel, in dem jemand das Alphabet benutzt und also bereits einen Lernprozess durchlaufen hat, in dem ganz grundsätzliche handwerkliche, kulturell vorgeprägte Fertigkeiten eingeübt worden sind: das Aneinanderreihen von Buchstaben auf einer Zeile von links nach rechts (in unserem Schriftsystem), die Beachtung von sprachlichen oder stilistischen Konventionen usw. Mit der Einführung der Schulpflicht ist diese handwerkliche Dimension des Schreibens zu einer staatlich verordneten und auf diese Weise institutionalisierten Angelegenheit geworden. Für die deutschsprachigen Länder etwa kann sehr gut gezeigt werden, wie die Institutionalisierung des Schreibens in der Schule gegen Ende des 18. Jahrhunderts die Formierung von (möglichst staatstragenden) Individuen zum Ziel hatte. Der bis heute wirksame Anspruch, möglichst individuell (und also auch persönlich verantwortlich) zu schreiben, erscheint aus dieser Perspektive weniger frei, als es zunächst scheinen mag (Bosse 1985).

Das heißt nun keineswegs, dass es **Freiheit** beim Schreiben nicht gäbe. Diese ist bloß nicht einfach und nicht nur in den Individuen zu suchen (die sowohl historisch wie systematisch gesehen als Subjekte in einem modernen Sinn auch erst gebildet und begreifbar werden mussten). Wenn überhaupt, dann ist Freiheit beim Schreiben in der Tatsache zu suchen, dass Schreibprozesse nicht in einem geschlossenen System stattfinden, sondern – aufgrund der Heterogenität der an ihnen beteiligten Faktoren – multirelationale und multimodale Prozesse sind, deren implizite Regeln grundsätzlich die Möglichkeit der Abweichung offenlassen.

Gerade im Feld der Literatur können allerdings **Abweichungen**, etwa von der Grammatik, produktiv und als Kennzeichen von Individualität gewertet werden. Letztlich ist es die eingangs beschriebene Kluft zwischen der materiellen Seite von Zeichenprozessen und ihrer kulturell geprägten, aber nie vollständig festgelegten Semantik, welche eine Schließung des Systems bereits im Ansatz verhindert. Diese systemimmanente Offenheit bringt es mit sich, dass Handwerklichkeit die Möglichkeit von Regelabweichungen – und in dieser Linie weitergedacht: inspirative Momente, geniale Einfälle und dergleichen – nicht etwa ausschließt, sondern durchaus impliziert, wenn nicht gar provoziert, und dies schon deshalb, weil man sich, ob willentlich oder nicht, zu den gegebenen Regeln in irgendeiner Weise verhalten muss.

Für eine Auseinandersetzung mit gegenwärtigen Schreibpraktiken ist es sinnvoll, von einem grundsätzlich produktiven **Spannungsverhältnis** zwischen handwerklichen, erlernbaren Elementen des Schreibens und solchen Elementen auszugehen, die sich, aus welchen Gründen auch immer, Lernprozessen gegenüber als resistent erweisen oder sich anderweitig einer Planung entziehen: sei es wegen vorhandenen oder fehlenden Talents, sei es durch die Gunst oder das Missgeschick des Moments, glückliche oder schwierige soziale oder persönliche Umstände usw. Angesichts solcher Faktoren stellt sich im Hinblick auf die handwerkliche Seite des Schreibens eher die Frage, wie man mit Faktoren, die nicht ohne weiteres in den Griff zu kriegen sind, produktiv umgehen kann: indem man ihren Effekt aufs Schreiben zu nutzen weiß oder, sofern unerwünscht, lernt, sie auf sich beruhen zu lassen.

In beiden Fällen geht es darum, den starren Gegensatz zwischen einem ›genialen‹ und einem ›handwerklichen‹ Schreiben zugunsten eines Modells zu überwinden, das unplanbare (höchstens provozierbare bzw. nutzbar zu machende) Faktoren im Schreiben von jenen zu unterscheiden sucht, die man tatsächlich erlernen kann. Unterscheidet man auf diese Weise zwei Pole, durch die Schreibprozesse prinzipiell bestimmt sind, dann wird es auch möglich, die beiden Seiten wieder sinnvoll aufeinander zu beziehen: indem man ihr Verhältnis als ein im besten Fall produktives Spannungsverhältnis begreift.

Lernen heißt dann: ein Know-how darüber zu erwerben, wie man schreibend die Spannung zum Unplanbaren nutzen kann, um vom Fleck zu kommen. Im Hinblick auf ein solches Lernen stellt sich nur die Frage, nach welchen Kriterien der Lernprozess und also das Handwerk in diesem Sinne vonstattengehen kann und soll. Diese Frage bildet zugleich eine der möglichen Scharnierstellen zur Frage, was man gegenwärtig unter einem ›literarischen‹ Schreibprozess im Unterschied zu einem Schreibprozess verstehen kann, der keine literarischen Ambitionen verfolgt. Vorausgesetzt ist dabei, dass eine solche Unterscheidung nicht darauf abzielt, wesenhafte Differenzen zu benennen, sondern darauf, bestimmte Schreibweisen *konstruktiv* als **literarische Prozessformen** zu bestimmen.

Es lohnt sich an dieser Stelle, eine der klassischen Definitionen des Genies, diejenige von Immanuel Kant (1724–1804), heranzuziehen, um zu fragen, inwieweit sie sich neu definieren lässt, um den eben angedeuteten Lernprozess als literarischen Lernprozess besser fassen zu können. In seiner *Kritik der Urteilskraft* von 1790 gibt Kant folgende **Definition des Genies**: »Genie ist die angeborene Gemütslage (ingenium), durch welche die Natur der Kunst die Regel gibt« (Kant 1790, 243). Kant legte es mit dieser Definition darauf an, einen alten Streit um das Verhältnis von Natur und Kunst zu lösen: Seine Definition des Genies ermöglicht es ihm, Kunst und Natur nicht als Gegensätze zu denken. Mit der Behauptung, dass die »Natur« *im* Künstler selbst am Werk sei, sofern dieser als »Genie« über die erforderte »angeborene Gemütslage« verfügt, öffnet Kant allerdings auch den Spekulationen darüber Tür und Tor, wer denn nun berechtigterweise von sich sagen kann, dass er oder sie über eine solche natürliche »angeborene Gemütslage« verfügt und entsprechend als »Genie« angesehen zu werden verdient.

Schreibpraktisch ist Kants Definition des Genies für die Entwicklung gegenwärtiger Schreibhaltungen kaum von Nutzen, weil sie auf einer Behauptung beruht, die nicht überprüft werden kann: Verfügt man über die erforderte angeborene »Gemütslage« – oder fehlt sie einem? Diese Frage lässt sich schlicht nicht entscheiden. Herausfinden lässt sich allenfalls, ob es einen zum Schreiben drängt, ob Schreiben ein **Wunsch** oder eine Passion ist oder ob dies nicht so ist.

Besonders prägnant wurde dieser Gedanke von Rainer Maria Rilke (1875–1926) in seinem Brief vom 17. Februar 1903 an den jüngeren Dichter Franz Xaver Kappus (1983–1966) gefasst (Rilke 1929, 10):

> Sie fragen, ob Ihre Verse gut sind. Sie fragen mich. Sie haben vorher andere gefragt. Sie senden sie an Zeitschriften. Sie vergleichen sie mit anderen Gedichten, und Sie beunruhigen sich, wenn gewisse Redaktionen Ihre Versuche ab-

lehnen. Nun (da Sie mir gestattet haben, Ihnen zu raten) bitte ich Sie, das alles aufzugeben. Sie sehen nach außen, und das vor allem dürften Sie jetzt nicht tun. Niemand kann Ihnen raten und helfen, niemand. Es gibt nur ein einziges Mittel. Gehen Sie in sich. Erforschen Sie den Grund, der Sie schreiben heißt; prüfen Sie, ob er in der tiefsten Stelle Ihres Herzens seine Wurzeln ausstreckt, gestehen Sie sich ein, ob Sie sterben müßten, wenn es Ihnen versagt würde zu schreiben. Dieses vor allem: fragen Sie sich in der stillsten Stunde Ihrer Nacht: *muß* ich schreiben? Graben Sie in sich nach einer tiefen Antwort. Und wenn diese zustimmend lauten sollte, wenn Sie mit einem starken und einfachen *ich muß* dieser ernsten Frage begegnen dürfen, dann bauen Sie Ihr Leben nach dieser Notwendigkeit; Ihr Leben bis hinein in seine gleichgültigste und geringste Stunde muß ein Zeichen und Zeugnis werden diesem Drange. Dann nähern Sie sich der Natur. Dann versuchen Sie, wie ein erster Mensch, zu sagen, was Sie sehen und erleben und lieben und verlieren.

Die zehn Briefe, die Rilke am Anfang des 20. Jahrhunderts an Kappus schreibt, sind posthum unter dem Titel *Briefe an einen jungen Dichter* bekannt geworden. Rilke gibt in diesen Briefen insgesamt Auskunft über sein Verständnis lyrischer Produktion: Gedichte sollen überhaupt nur diejenigen schreiben, die das Schreiben von Gedichten als unbedingte »Notwendigkeit« empfinden.

Die »Natur«, die Kant zufolge beim »Genie« durch dessen »angeborene Gemütslage« hindurch »der Kunst die Regel« gebe, wird auch von Rilke erwähnt. Nur tritt sie hier nicht mehr (grammatikalisch ebenso wie der Sache nach) als Subjekt auf. Leitend bleibt zwar nach wie vor der Gedanke einer Notwendigkeit. Doch liegt nunmehr die Entscheidung darüber, ob es diese Notwendigkeit gibt, einzig beim Schreibsubjekt selbst. Das existentialistische Pathos des schreibenden Individuums, das von allen äußeren Faktoren – und wohl auch von finanziellen Erwägungen – vollständig absehen soll, mag aus heutiger Perspektive fremd anmuten. Die Radikalität, mit der Rilke den Nutzen etwaiger Regeln, die von außen kommen, in Abrede stellt, ist gleichwohl aufschlussreich. Sie räumt die Möglichkeit ein, literarische Schreibprozesse als Prozesse zu bestimmen, die für sich die Freiheit in Anspruch nehmen, sich **nach eigenen Regeln** zu vollziehen – auch wenn sie (wovon Rilke ebenfalls absehen möchte) in ganz konkreten sozialen und ökonomisch bestimmten Kommunikationszusammenhängen stattfinden.

Was bei Rilke noch als Müssen erscheint, wird vom französischen Zeichen- und Literaturtheoretiker Roland Barthes (1915–1980) in seiner Vorlesung am Collège de France von 1978/79 mit dem Titel *Die Vorbereitung des Romans* (*La préparation du roman*) schlicht als **»Schreibenwollen«** (»Vouloir-Écrire«) bezeichnet (Barthes 2008, 39). Das Schreibenwollen steht Barthes zufolge am Anfang eines Schreibens, das seine Motivation primär im Prozess selbst sucht und findet. Barthes will das literarische Schreiben und das dazu nötige Schreibenwollen – wie Rilke – nicht von äußeren Begründungszwängen abhängig sehen.

Es ist fraglich, ob man in diesem Schreibenwollen noch – in Erinnerung an Kant, aber auch Rilke – etwas ›Natürliches‹ erkennen kann, ein womöglich endlos raffiniertes ›Natürliches‹. Die historischen und kulturellen Prägungen lassen sich allein schon aufgrund der Vorgaben des jeweiligen Zeichensystems der Schrift sowie der damit verbundenen technischen Voraussetzungen und Folgen kaum ignorieren. Dazu kommen gesellschaftliche, politische, ökonomische und psychologische Faktoren wie Bildung, Habitus, verfügbare (oder freiräumbare) Zeit, Interesse. Auch der soziale Status des Schreibsubjekts, das ›schreiben-wollen-können-soll‹, ist ohne seine historischen und ökonomischen Grundlagen und Krisen in der Moderne kaum sinnvoll zu denken.

Setzt man diese Grundlagen allerdings für einen Moment als gegeben voraus, dann erweist sich das von Barthes primär vorausgesetzte Schreibenwollen als nach wie vor gültige Kategorie zur Bestimmung dessen, was literarisches Schreiben zumindest in Gesellschaften auszeichnet, die **Individualität** zu ihren Grundwerten zählt. Selbst der Schreibzwang, den bestimmte Individuen für sich empfinden (Rilke wiederum, ebenso Franz Kafka) lässt sich noch unter dem Gesichtspunkt eines (dann eben zwanghaften) Wollens subsumieren.

In gewisser Hinsicht hat der hochmoderne Anspruch auf Individualität den alten Streit zwischen Genialität und Handwerk ebenso unter sich begraben und im Prinzip für irrelevant erklärt, wie er die Möglichkeit eröffnete, extrem unterschiedliche Formen literarischen Schreibens als gleichermaßen legitim gelten zu lassen. Das – individuelle – Schreibenwollen ruht auf diesen Voraussetzungen, ohne dass diese im Prozess des Schreibens selbst eigens bedacht werden müssten.

Will man, wie hier versuchsweise unternommen, die **literarische Qualität** eines Schreibprozesses selbst – und nicht bloß seiner etwaigen Produkte – genauer bestimmen, dann wird man im Sinne einer solchen konstruktiv verstandenen Bestimmung das Schreibenwollen allerdings nicht als einzigen Bestimmungsgrund gelten lassen. Denn zwar wird man in den vergangenen rund 250 Jahren in individualitätsaffinen Gesellschaften kaum ein literarisches Schreibprojekt nennen können, das *nicht* rekursiv auf ein entsprechendes (auch in kollektiven Schreibprojekten wirksames) Schreibenwollen zurückbezogen werden könnte. Aber was an einem solchen Projekt – oder eben dem Prozess – jeweils als literarisch gelten kann, muss über das Schreibenwollen hinausgehen, und zwar schon deshalb, weil der Prozess selbst vom Wollen allein nicht getragen werden kann. Es bedarf also noch weiterer Faktoren, damit es triftig wird, von einem Schreibprozess als einem *literarischen* Schreibprozess zu sprechen.

In Richard Wagners Oper *Die Meistersinger von Nürnberg* gibt es eine Szene, die einen Zugang zu diesen Faktoren verspricht. »Wie fang' ich nach der Regel an?« (Wagner 1868, 100, III.2) – so lautet die Frage, die der nach langem Ringen lernwillige Gesangsschüler Walther von Stolzing seinem Lehrer, dem Meistersinger Hans Sachs, stellt. Es ist eine Frage, die sich – übertragen aufs Schreiben – vielen stellt, die wissen, *dass* sie schreiben wollen, aber nicht wissen, *wie* sie es anpacken sollen.

Der Schriftsteller und Literaturwissenschaftler Hanns-Josef Ortheil (*1951) hat diese Szene in Wagners Oper zum Anlass für eine aufschlussreiche Analyse und zugleich Bestimmung literarischer Lernprozesse genommen. Ein besonderes Augenmerk legte er dabei auf die Antwort von Hans Sachs. Dieser erwidert auf die Frage des Schülers nach der Regel wie folgt: »Ihr stellt sie selbst und folgt ihr dann …« (Wagner 1868, 100). Die Regel muss demnach also selbst aufgestellt werden, es muss die Regel, der man folgen möchte, selbst gefunden oder erfunden werden, wenn man in der Kunst vorankommen möchte. Ortheil zufolge liefert dieser Hinweis den Schlüssel zu einem Schreiben, das zu literarischer **Eigenständigkeit** gelangen will (Ortheil 2006, 28).

Etwas von Kants Definition des Genies hallt in dieser Auffassung, der Kunst die Regel zu geben, noch nach. Ob diese Regel aber nun eine ›natürliche‹, eine tatsächlich ›eigene‹, eine angeeignete oder eine immer wieder neu gesuchte ist: Das ist eine Frage, die in jedem einzelnen Schreibprozess von neuem zu beantworten bleibt, und zwar jenseits des Gegensatzes von Genie und Handwerk. Dabei wäre es irreführend, den Begriff der **Regel** in diesem Zusammenhang zu eng zu fassen: Da die Regel als *selbstgestellte* ins Spiel kommt, kann mit ihr auch bloß der Umriss eines Vorhabens gemeint sein, eine Idee, ein Prinzip, ein Ausgangspunkt, eine selbstgewählte

Vorgabe, eine leitende Ahnung oder das, was der Schriftsteller Rainald Goetz (*1954) als ›Formphantasie‹ bezeichnet hat (→ Kap. 3.9). Weder also muss eine solche Regel explizit formuliert sein, noch muss sie den Schreibenden überhaupt bewusst sein. Entscheidend ist vielmehr der schlichte Gedanke, dass im Schreibprozess die Möglichkeit dafür geschaffen wird, sich auf eine bestimmte Weise zu orientieren. Dabei muss eine solche Orientierung mit dem, was am Ende tatsächlich geschrieben wird, nicht übereinstimmen.

Bestimmend für die **implizite Poetik**, die Hans Sachs in Wagners Oper formuliert, ist die Annahme, es müsse die selbstgewählte Regel schlicht befolgt werden, um dadurch zur Meisterschaft zu gelangen. Spitzt man die Annahme so zu, erweist sie sich allerdings als problematisch, so problematisch übrigens wie das seinerseits aus dem Kontext des Handwerks stammende Modell von Meisterschaft, das für Wagners Oper insgesamt leitend ist. Übertragen auf den Bereich des literarischen Schreibens suggeriert das Modell im schlechten Fall, es genüge, selbstgewählte Regeln anzuwenden und zu befolgen, um zum Erfolg (was auch immer man darunter verstehen möchte) oder gar zur Meisterschaft (dito) zu gelangen. Die Ergebnisse der literaturwissenschaftlichen Schreibprozessforschung der vergangenen rund 50 Jahre legen dagegen nahe, dass selbst und gerade jene (meisterhaften?) Schreibprojekte, die für die Literatur der Moderne prägend gewesen sind, durch fortlaufende **Korrekturprozesse** gekennzeichnet sind. Das trifft etwa auf das von Marcel Proust (1871–1922) von 1908 bis zu seinem Tod verfolgte Großprojekt *À la recherche du temps perdu* (*Auf der Suche nach der verlorenen Zeit*) ebenso zu wie auf den *Mann ohne Eigenschaften* (ab 1930) *von* Robert Musil (1880–1942). Später findet man ähnliche Phänomene beispielsweise bei Friedrich Dürrenmatt (→ Kap. 3.4). Die Schreibprojekte sind in diesen Fällen durch fortlaufende Korrekturprozesse gekennzeichnet, und zwar durch Korrekturprozesse, durch die sich auch die ›Regeln‹ des Schreibens laufend ändern können.

Was und wie möchte ich schreiben? Und was kommt am Ende oder zwischendurch dabei heraus? Was und wie jemand schreiben will und was jemand tatsächlich schreibt, wird sich kaum je ganz zur Deckung bringen lassen, selbst dann nicht, wenn das Wollen auf den Zustand seiner Selbstaufhebung zurückgenommen erscheint: wenn bloß geschrieben wird, einfach so. Zwischen **Regel** und **Ausführung**, zwischen Konzept und Realisierung oder, wie man auch sagen könnte, zwischen System und Performanz wird man stets von einer mehr oder minder großen **Differenz** auszugehen haben.

Diese Differenz kann auch gezielt angesteuert werden, um am Ende den Bruch mit der eigenen Regel zu forcieren. Ein derartiges Prinzip kann für kreative Prozesse insgesamt, also auch jenseits der Literatur leitend werden, wie der Sänger der Band Einstürzende Neubauten Blixa Bargeld (*1959) in einem Interview verdeutlichte (Bargeld 2020):

> Für mich ist im kreativen Prozess immer der erste Schritt, ein Gesetz zu formulieren und diesem zu folgen. Um es dann irgendwann zu brechen. Es ist das alte Prinzip: Make the law, follow the law, break the law. Daraus habe ich mein kreatives Prinzip abgeleitet: Ich erfinde ein Problem und suche dann eine Lösung. Und um dahin zu gelangen, folge ich bestimmten Regeln, die ich mir erstmal auferlegt habe. Und denen folge ich, solange es einen Sinn ergibt, und dann breche ich sie irgendwann. Und so funktioniert es ja immer, nicht nur im kreativen Prozess: Es geht darum, disparate Elemente zusammenzufügen, die vorher nicht kombiniert waren.

Folgt man diesen Überlegungen weiter und leitet aus ihnen einen bestimmten Begriff literarischen Schreibens ab, könnte man dies wie folgt tun: **Literarisches Schreiben** besteht nicht nur darin, schreiben wollend auf bestimmte Regeln oder Prinzipien zu kommen *und* nach diesen zu handeln (wobei auch der wiederholte Bruch von Regeln noch als Regel in einem höheren Sinne gefasst werden könnte). Literarisches Schreiben besteht auch darin – und das wäre nun nach dem **Schreibenwollen**, der **Aufstellung der Regel** und der **Befolgung der Regel** ein viertes, in der bisherigen Diskussion um literarische Schreibprozesse noch zu wenig bedachtes Moment – sich im Verhältnis von Regel und Ausführung so zu bewegen, dass es ein **Spannungsverhältnis** *bleibt.*

Auf die Frage, wie man aus der Perspektive der Rezeption ein solches Spannungsverhältnis erkennen kann, wird noch zurückzukommen sein (→ Kap. 1.7). Der Hinweis darauf, dass Schreibprozesse praktisch immer Korrekturen aufweisen, mag an dieser Stelle genügen, um zu verstehen, *woran* sich die hier hervorgehobene Spannung unter anderem ermessen lässt. Wichtiger aber ist, dass diese Spannung mit einem Erfahrungswissen korrespondiert – auch dort, wo sie sich nicht direkt nachweisen lässt: Ist nicht allein schon die Zeit, die Schreibprozesse in Anspruch nehmen, die **Schreibzeit** also, die als Verlauf, Stocken, Vorankommen erfahrbar ist, ein Indiz dafür, dass von einer solchen Spannung sinnvollerweise auszugehen ist? Umgekehrt müsste jedenfalls erst plausibel gemacht werden, inwiefern ein widerstandsloses Zu-Papier-Bringen von (sprachgebundenen?) Gedankeninhalten und Intentionen überhaupt sinnvoll als Schreibprozess zu verstehen wäre.

Literarisches Schreiben bedeutet im hier vorgeschlagenen und weiterverfolgten Sinne gerade die Aktivierung einer **Differenzerfahrung**: einer Differenzerfahrung zwischen Regel und Ausführung, Konzept und Realisierung, Idee und Umsetzung, Absicht und Verwirklichung, Anspruch und Wirklichkeit oder System und Performanz. Eine solche Differenzerfahrung (Duchamp 1957, 573) ist entscheidend dafür, dass es mit einem Schreibprojekt *weitergehen* kann, dass der Prozess als solcher in Bewegung bleibt. Und die grundsätzliche Bejahung einer solchen Differenzerfahrung ist im Verbund mit dem Schreibenwollen wiederum Voraussetzung dafür, dass die Differenz nicht schlechthin als Grund zur Verzweiflung erscheinen muss (oder aber umgekehrt zur Beseitigung aller offenen Fragen Anlass gibt), sondern schlicht als Möglichkeitsbedingung literarischen Schreibens gelten kann.

Eine unmittelbare Lösung konkreter Schreibprobleme wird man von einer solchen Perspektive aufs literarische Schreiben wohl nicht erwarten dürfen: Wenn Schreiben als Prozess verstanden wird, in dem das Verhältnis zwischen Vorhaben und Umsetzung grundsätzlich als spannungsvoll begriffen wird, dann ist allerdings eine Einstellung gewonnen, die es möglich macht, Hindernisse im Schreiben nicht partout als Probleme, sondern als notwendige Reibungen zu begreifen, die entstehen, wenn man ein Projekt voranbringen möchte. Denn was für eine merkwürdige Tätigkeit wäre das Schreiben, wenn das Ergebnis unabhängig vom Prozess bereits feststünde?

1.4 Vom Abschreiben zum Selberschreiben

Schreiben bedeutete über Jahrhunderte hinweg vor allem **Abschreiben**. Oder es bedeutete **Aufschreiben**: Schreiben unter Diktat oder als administrative Tätigkeit der Verzeichnung und Auflistung von Daten und Rechnungen (Goody 1977). Darüber hinaus ist Schreiben als **Ritual** bereits in der Frühgeschichte der Menschheit bezeugt. Der Gedanke, selber zu schreiben, gar etwas individuell Bedeutsames und auktorial Zurechenbares zu schreiben, kommt zwar vereinzelt schon in der Antike auf, am Ende des 1. vorchristlichen Jahrhunderts etwa bei Horaz (Horaz 1985, 170). Aber erst in der Moderne hat dieser Gedanke den Status einer scheinbaren Selbstverständlichkeit angenommen. Er gewinnt wie der Geniegedanke und die Subjektphilosophie im ausgehenden 18. Jahrhundert seine prägnantesten Formulierungen – und ruft zugleich jene unheimlichen, träumerischen, abseitigen oder wahnsinnigen Gegenstimmen auf den Plan, die der Vorstellung eines sehr wörtlich verstandenen ›Individuums‹ (eines ›Unteilbaren‹ also) eine Absage erteilen.

Dieser Prozess steht in einem Wechselverhältnis mit der Pädagogik des Schreibens: Seit dem 18. Jahrhundert lernen Kinder in denjenigen Gesellschaften, die **Individualität** anerkennen und zugleich voraussetzen und parallel dazu eine allgemeine Schulpflicht einführen, systematisch schreiben, indem sie lesen lernen – und umgekehrt (Bosse 1985). Vorher war es denkbar, dass jemand (etwa als Kopist) nur schreiben, nicht aber (unter Beteiligung aller Verstandeskräfte) lesen konnte – oder dass jemand (etwa als Besucher einer Volksschule) lesen, aber nicht schreiben konnte.

Mit der **Verschaltung von Lesen und Schreiben** als bildungspolitischem Ziel der Aufklärung entsteht die Idee eines selbstbestimmten Schreibens, das in der Lage sein sollte, am eigenhändig Geschriebenen durch **Selbstlektüre** einen Lernprozess zu durchlaufen. Dieser Lernprozess besteht darin, dass die Selbstlektüre korrigierend auf den Schreibprozess zurückwirkt, dessen Resultate wiederum gelesen und überprüft werden können, um erneut einen Lernprozess in Gang zu setzen – und so weiter.

In diese Zeit fällt im deutschsprachigen Raum auch die Erfindung eines emphatischen, vom Schriftsteller Individualität und Eigenständigkeit *fordernden* Begriffs von Literatur. An der Bedeutungswandlung des Wortes ›**Schriftsteller**‹ lässt sich dies gut ablesen. Das *Grimm'sche Wörterbuch* vermerkt unter dem Eintrag »SCHRIFTSTELLER«: »die anwendung des wortes in dem uns gebräuchlichen sinne, dasz ein mann bezeichnet wird, der berufsmäszig eine litterarische thätigkeit ausübt, wird erst im 18. jh. üblich.« Vorher waren »Schriftsteller« schlicht Schreibkundige, Abschreiber, Aufschreiber, Auftragsschreiber vor allem von rechtlichen Dokumenten. Und was wiederum die »litterarische thätigkeit« angeht: Auch diese wird erst im Laufe des 18. Jahrhunderts mit Dichtung und Poesie kurzgeschlossen.

Mit diesen Begriffsverschiebungen einher geht nicht nur eine immer feiner werdende Ausdifferenzierung von **Textsorten**. Es verändern und vervielfältigen sich auch die möglichen **Rollen**, die ein Schriftsteller oder eine Schriftstellerin – als Abschreiber, als Protokollantin oder eben als Dichterin oder als Dichter – einnehmen kann. Diese Rollen sind nicht nur äußerliche Zuschreibungen, sie korrespondieren mit unterschiedlichen Praktiken des Schreibens. Privates Schreiben, Schreiben für die Zeitung, für die Bürokratie, für die Wissenschaft, für den Literaturbetrieb, fürs Theater: Jede Schreibweise gehorcht ihren eigenen Vorgaben, erfordert spezifische Kompetenzen. Dabei sind einer Aufzählung dieser Art kaum Grenzen gesetzt.

Mit der Erfindung der Schreibmaschine am Ende des 19. Jahrhunderts und des Computers in der zweiten Hälfte des 20. Jahrhunderts haben sich außerdem die instrumentellen Möglichkeiten des Schreibens vervielfältigt. Schreiben von Hand, mit der Maschine, mit dem Computer, Scannen, Kopieren, Ausdrucken, Copy & Paste: All dies ist heute – vorausgesetzt, man verfügt über entsprechendes Equipment und Know-how – möglich. Auch die im Kapitel zuvor erörterten Möglichkeiten der Regel(er)findung und Befolgung samt ihren Provokationen einer Differenzerfahrung sind auf diese technischen Entwicklungen zurückzubeziehen.

Angesichts der gegenwärtigen Vielfalt an technischen, textsortenbezogenen und, damit verbunden, individualpoetisch gestaltbaren Möglichkeiten des Schreibens stellt sich die Frage, *worin* die Individualität eines Schreibaktes heute bestehen kann, anders als im 18. Jahrhundert. Damals ging es um den revolutionären, gleichzeitig aber auch um den zum Zweck der Kontrolle propagierten Anspruch, nicht nur ›selbst‹ (im Sinne eines politisch mündigen Subjekts) zu denken, sondern ›selbst‹ seine Gedanken auch (im Sinne der Meinungsfreiheit) schriftlich artikulieren zu können (wodurch gleichzeitig die Möglichkeit zur Kontrolle Boden gewann).

Gegenwärtig wird dieser Anspruch an und auf Individualität sekundiert vom Druck, aus der bestehenden Vielfalt an technischen und textsortenbezogenen Möglichkeiten des Schreibens auswählen zu müssen – oder sich zumindest in irgendeiner Weise in ein Verhältnis zu diesen Möglichkeiten zu setzen. Individuelles literarisches Schreiben setzt heutzutage selbst in den Formen kollektiven Schreibens, die ihrerseits individuelle Formen annehmen, ein bewusstes oder unbewusstes Verhalten gegenüber den vorgegebenen Möglichkeiten voraus. Dabei kann ein solches Verhalten auch Taktiken der Verweigerung gegenüber bestimmten Formzwängen implizieren.

So gesehen besteht individuelles Schreiben gegenwärtig im Wesentlichen nicht etwa darin, besonders subjektiv oder gar besonders emotional zu schreiben. Individualität im Schreiben zeichnet sich vielmehr dadurch aus, dass das Feld der Möglichkeiten auf eine *bestimmte* Weise bearbeitet wird. Bereits 1924 formulierte Jurij Tynjanov (1894–1943) in einem der Grundlagentexte des Russischen Formalismus die Forderung, man solle »die Frage nach der ›literarischen Individualität‹« *nicht* »mit der Frage nach der ›Individualität des Literaten‹«, also der »Persönlichkeit des Schöpfers«, verwechseln (Tynjanov 1924, 405). Mit Blick auf das literarische Schreiben der Gegenwart fällt die Umsetzung dieser Forderung offenbar immer noch schwer, obschon sie in diesem Feld besonders klärend sein könnte: Man muss nicht verrückt sein, um verrückte Texte zu schreiben …

Die auf einen *unterscheidbaren* und darin unverkennbar *eigenartigen* ›Output‹ des Schreibens bezogene Konzeption von Individualität geht ihrerseits aufs 18. Jahrhundert zurück. Anders als heute oder vor 100 Jahren war allerdings das damalige Feld der Möglichkeiten sowie auch der Notwendigkeiten: Mit dem rasant wachsenden Zeitschriften- und **Buchmarkt** war es auf einmal ökonomisch notwendig, die Produktion von Schriften und also auch von Literatur so zu gestalten, dass einzelne Werke als individuelle Werke *erkennbar* wurden. Denn nur wenn ein Werk aus seinem Umfeld herausstach, ließ sich mit ihm ein ökonomischer Mehrwert erzeugen.

Die **Erfindung des Urheberrechts** und somit von moderner **Autorschaft** ist eine Folge dieser Entwicklung. Es erstaunt daher nicht, dass diese Erfindung ebenfalls im 18. Jahrhundert aufkommt. Um das Urheberrecht definieren zu können, musste eine Konstruktion geschaffen werden, die es ermöglicht, Individualität zurechenbar zu machen: das ›**geistige Eigentum**‹ (Bosse 1981, 50–64). Ein derartiges ›Eigentum‹ musste auch stilistisch und konzeptuell einsichtig gemacht werden. Denn nur so konnte auch Aussicht auf ökonomischen Erfolg in einem insgesamt sich dynamisierenden wirtschaftlichen Kontext bestehen. Individualität unter ökonomischen Bedingungen heißt **Wiedererkennbarkeit**, vorzugsweise positive. Die Möglichkeit des Plagiats ist in dieser Perspektive im Übrigen kein Argument gegen individuelles Schreiben, sondern gerade der Beweis für die Wirkungsmächtigkeit eines (auch) ökonomisch motivierten Anspruchs auf Individualität.

Zu den ökonomischen kamen im 19. Jahrhundert weitere Faktoren, die schließlich nicht nur für Schriftstellerinnen und Schriftsteller, sondern für eine breitere Bevölkerungsschicht den Anspruch, individuell bzw. nach diversifizierten Ansprüchen zu schreiben, attraktiv oder sogar erforderlich gemacht haben: die bereits genannten pädagogischen und bildungspolitischen Ziele, technische Entwicklungen im Bereich der Presse und Drucktechnik (industrialisierte mechanische Reproduktion, die Entstehung von Massenmedien, daran gekoppelte Berufsfelder wie Zeitungsjournalismus), die Popularisierung und Professionalisierung der Psychologie, überhaupt das Voranschreiten der empirischen Wissenschaften und gleichzeitig die Ausbildung mehr oder weniger demokratischer Nationalstaaten mit ihren Institutionen.

All diese Entwicklungen – und ihre Gegenbewegungen – blieben im Verbund mit den laufend sowohl provozierten als auch enttäuschten Versprechungen auf ein Sich-orientieren-Können in einer als zunehmend komplex erfahrenen Welt nicht folgenlos für die Geschichte des Schreibens und des literarischen Schreibens im Besonderen. Hervorzuheben ist an dieser Stelle insbesondere ein Strang: Dieser führt ausgehend von den im 18. Jahrhundert in Europa sich etablierenden literarischen Salons über die insbesondere in den USA von Literaturliebhabern gegründeten *Writers' Clubs* am Ende des 19. Jahrhunderts zur Erfindung und späteren Institutionalisierung des **Creative Writing** (Adams 1993, Glindemann 2001, 22, Haslinger 2005, 180–191, Myers 2006, 13, Ruf 2016, 49).

Der Philosoph, Pädagoge und Bildungspolitiker John Dewey (1859–1952) propagierte die Methode des ›**Learning by Doing**‹ (Dewey 1916, 217), die zu Beginn des 20. Jahrhunderts die Einrichtung zahlreicher *Creative-Writing*-Studiengänge sowie eigens dafür geschaffener Schulen bzw. Abteilungen an Universitäten begünstigte. Im Grundsatz des ›Learning by Doing‹ trafen und treffen sich noch die unterschiedlichsten Ansätze innerhalb der Geschichte des *Creative Writing*, wobei die Gewichtungen von reformpädagogischen, pragmatischen, ökonomischen, demokratietheoretischen, literaturwissenschaftlichen und psychodynamischen Aspekten im

Einzelnen durchaus unterschiedlich ausfallen (Ortheil 2005, McGurl 2009).

Der alte Streit zwischen Genialität und Handwerk (→ Kap. 1.3) entzündet sich zwar bis heute immer wieder, besonders im Hinblick auf die Frage nach der Lernbarkeit literarischen Schreibens an sogenannten **Schreibschulen** – im deutschsprachigen Raum etwa in Leipzig, Hildesheim oder Biel. Gerade das Prinzip des ›Learning by Doing‹ impliziert allerdings einen erfahrungsbezogenen Ansatz, in dem das Kriterium der Lernbarkeit selbst einem andauernden Prozess der Transformation ausgesetzt ist. Worin also der ›Werkzeugkasten‹ besteht, steht selbst immer wieder neu, in der Auseinandersetzung mit der Gegenwart, zur Diskussion.

Im deutschsprachigen Raum kam es seit der sogenannten ›kommunikativen Wende‹ in der Pädagogik der 1970er Jahre (Ruf 2016, 73–75) zudem zu einer Art Revival der Forderung nach einer möglichst breiten **Teilhabe** an kultureller Reflexion und Gestaltung, an **Bildung** in beiderlei Sinn, zu der auch die unterschiedlichen Formen des Schreibens gerechnet wurden. Eine wichtige Rolle spielten in diesem Zusammenhang die Schriften Sergej Tretjakovs (→ Kap. 3.9), die vermittelt über Walter Benjamin (1892–1940) und Bertolt Brecht (1898–1956) die didaktischen Bestrebungen in Bildungseinrichtungen mitinspiriert haben (Rudloff 1991, 154–174).

In der DDR gab es, schon ab Ende der 1950er Jahre, vergleichbare Bestrebungen, deren Umsetzung allerdings im Sinne einer »Arbeiterliteratur« streng auf Parteilinie zu erfolgen hatte (Gerlach 1974). Die Gründung des Leipziger Literaturinstituts wiederum (ehemals Literaturinstitut Johannes R. Becher) erfolgte bereits 1955. Sie verweist direkt zurück auf das Vorbild des 1933 in Moskau gegründeten Maxim-Gorki-Literaturinstituts. Die mit diesen Entwicklungen mehr oder weniger direkt verbundenen ›kulturrevolutionären‹ Ansätze entwickelten sich größtenteils unabhängig vom

›pragmatistischen‹ Ansatz des *Creative Writing*, wobei es sich lohnen würde, die Unterschiede ebenso wie die Gemeinsamkeiten historisch aufzuarbeiten (Haslinger/Treichel 2006, 14).

Eine weitere Differenzierung liegt nahe, wenn man berücksichtigt, dass der Begriff des *Kreativen Schreibens* im Deutschen nicht wie das *Creative Writing* in den USA und England zunächst mit akademischen Programmen assoziiert wird. Dies dürfte damit zusammenhängen, dass der Begriff im Deutschen überhaupt erst vergleichsweise spät, ab den 1980er Jahren, im Umkreis der ›Schreibbewegung‹ (Ermert/Bütow 1990, Werder 2007, 9–12, Porombka 2009, 169, Ruf 2016, 75–77) prominent geworden ist. Die **Schreibbewegung** kultivierte in erkennbarer Distanz zu etablierten akademischen Einrichtungen und Methoden einen persönlichkeitsorientierten Ansatz (→ Kap. 1.6) und ist in autonomen Schreibgruppen bis heute lebendig geblieben.

Wie auch immer man das Verhältnis von ›kreativem‹ (also im Wortsinn ›schöpferischem‹) und ›literarischem‹ (strenggenommen ›buchstäblich‹ orientiertem) Schreiben bestimmen möchte: ›**Kreativität**‹ ist seit den 1970er Jahren ihrerseits zu einem Paradigma avanciert (Reckwitz 2012, 14), das nicht nur Impulse aus der ›Szene‹ der Kunst und Literatur, ehemals Boheme, aufgegriffen hat, sondern mindestens so sehr auf diese Szene zurückgewirkt hat – und weiterhin zurückwirkt. Im Zeitalter des ›ästhetischen Kapitalismus‹ (Boltanski/Chiapello 1999) und im Kontext einer boomenden, sich selbst so bezeichnenden ›Kreativwirtschaft‹ (Florida 2002) finden sich Schriftstellerinnen und Schriftsteller unterschiedlichster Provenienz zunehmend in der Situation eines ›unternehmerischen Selbst‹ (Bröckling 2007) wieder, das mit entsprechenden Erwartungen auf Kreativität, Individualität, Biographie und Selbstdarstellung zu rechnen hat (so etwa auf Social-Media-Plattformen, auf Lesungen, in Interviews).

Gleichzeitig bleibt auf jene literarischen Bestrebungen wie diejenigen der 1960 gegründeten und nach wie vor bestehenden Schriftstellergruppe *Oulipo* (*Ouvroir de Littérature Potentielle – Werkstatt für Potentielle Literatur*) aufmerksam zu machen, die den Anspruch auf psychologische und biographisch hergeleitete Individualität gerade torpedieren, Individualität allerdings im Sinne der Wiedererkennbarkeit bestimmter Schreibweisen als Wert gleichwohl (und sogar in hohem Maße, wenn auch vielleicht wider Willen) stützen. Das gilt selbst noch für die Vertreter des **Uncreative Writing** (Goldsmith 2011, Dworkin/Goldsmith 2011), deren Programmatik gerade im dezidierten Sich-unterscheiden-Wollen gegenüber traditionellen Textverfertigungsverfahren hochindividuelle, verblüffend gut wiedererkennbare Züge trägt. Daraus lässt sich folgern: Als Wert ökonomischer, ästhetischer, symbolischer, ethischer oder ideologischer Art ist Individualität im Sinne der Unterscheidbarkeit schlicht ein Faktor, der Schreibprozesse mitbestimmt, auch wenn dessen spezifische Lokalisierungen und Bedeutungen einem permanenten Wandel unterliegen.

Eine solche nüchterne Perspektive auf literarische Individualität dürfte dabei helfen, überzogene Ansprüche an das ›Eigene‹ im Schreiben zu relativieren. Auf der Seite der Rezeption wiederum hilft eine derartige Perspektive dabei, die schließlich gelesenen Texte ebenfalls auf ihre zeitbedingten, ihre durch die jeweilige Gattung bestimmten, ihre sozial und technisch vorgeprägten oder schlicht ihre kulturell vorgegebenen Leitvorstellungen und Muster hin zu lesen.

Gehen psychologisierende Modelle des Schreibens davon aus, dass Schreiben vornehmlich darin besteht, sein ›Inneres‹ als ›Eigenes‹ ›auszudrücken‹ (als wäre man eine Zitrone), so kann eine historische Perspektive deutlich machen, dass dieses ›Innere‹ und ›Eigene‹ auch im Rahmen dessen, was Barthes als »Schreibenwollen« bezeichnete, eine Konstruktion ist, die weder auf zeitunabhängigen noch auf interkulturell gültigen Voraussetzungen beruht. Dasselbe wäre fürs ›Kreative‹ und also fürs ›Schöpferische‹ mit all den darin herumspukenden theologischen Vorstellungen zu sagen.

Die Vorgegebenheit der Schriftzeichen und der daraus zusammengesetzten Wörter und Texte macht deutlich, dass Schreiben verstanden als Schriftgebrauch zunächst einmal vor allem einen Umgang mit Zeichen bedeutet, die einem kulturell weitgehend vorgeprägten Repertoire entstammen. Beim Schreiben werden diese Zeichen nicht unmittelbar und originär aus einem Innern geschöpft, sondern sie werden in erster Linie arrangiert. Formuliert wird im Wesentlichen aus einem Fundus, den es bereits gibt. Auch im ›Selberschreiben‹ wird der Vorgang des Abschreibens, durch den auch heute noch jedes eingeschulte Kind seine ersten Schriftzüge lernt, nicht etwa grundsätzlich überwunden, sondern er wird schlicht durch unendliche **Kombinationsmöglichkeiten** geöffnet und differenziert, wobei diese Prozesse immer auch Transformation bedeuten.

Geschieht diese Öffnung und Differenzierung auf eine eigenartige und in ihrer Eigenart wiedererkennbare Weise, kann von einem individuellen Schreibstil oder eben von einem **individuellen literarischen Schreiben** gesprochen werden. Die kombinatorischen Grundlagen des Schreibens und die damit verbundenen Optionen auch der individuellen Regelbildung sowie ihrer Abweichungseffekte bedeuten im Übrigen nicht, dass persönliche Erfahrungen im Schreiben unwichtig wären. Sie bedeuten nur, dass (auch) diese Erfahrungen durch den Prozess des Schreibens eine Transformation durchlaufen.

Das Schreiben ist schließlich selbst ein Modus der Erfahrung: Wer sich auf das Spiel der Differenz zwischen Kombinatorik und konkreter Auswahl sowie, damit verbunden, zwischen Projekt und Umsetzung, Anspruch und Wirklichkeit, Idee und Realisierung einlässt, *erfährt* eben diese Differenz im Schreiben. Dabei kann diese Erfahrung als **Transformationserfahrung** so weit gehen, dass hochgradig konventionalisierte Formen des Zeichengebrauchs, wie sie für eine Gemeinschaft oder Gesellschaft typisch sind, *im* Schreiben selbst auf eine hervorragende (weil elementar im Feld der Zeichen operierende) Weise ›angegangen‹ werden können: durch eine Veränderung des Wahrnehmungsfeldes, den Entwurf alternativer Szenerien und/oder eine Kritik eines unnachdenklichen Hantierens mit Zeichen insgesamt (→ Kap. »Zum Schluss«). Auch das kann literarisches Schreiben bedeuten.

1.5 Das Verhältnis zur Tradition

Schon weil das Zeichensystem der Schrift nicht mit jedem Schreibakt von neuem erfunden wird, verweisen Schreibakte stets auf bereits Geschriebenes: Schreiben heißt grundsätzlich, Worte, Buchstaben und Satzzeichen zu zitieren, die es schon gibt. Es gibt also bereits in der Mikrostruktur des Schreibens ein Moment von **Geschichtlichkeit**, von Tradition. Je stärker eine durch Pädagogik, Ökonomie, Technik und insgesamt schriftbezogene Erwartungen und Richtwerte geprägte Schreibkultur darauf ausgerichtet ist, Vorhandenes zu bewahren, desto weniger wird sie in der prinzipiellen Kombinatorik des Schriftgebrauchs Abweichungen und Weiterentwicklungen zulassen oder gar fördern. Je stärker hingegen eine Schreibkultur Neues verlangt, desto drängender wird die Frage, worin das Neue, die **Neuartigkeit** oder die Neuigkeit überhaupt bestehen kann oder soll.

Der Drang nach Neuem, nicht nur individuell, sondern umfassend, kam europa- und schließlich weltweit erst in der **Moderne** auf. Die Epochenbezeichnung selbst zeugt davon, dass es sich um eine Zeit handelt, die den Anspruch, modern und in diesem Sinne neu zu sein, zum Programm erhob: »Il faut être absolument moderne« – »Man muss unbedingt modern sein« – lautete zur Mitte des 19. Jahrhunderts der Anspruch des jungen französischen Dichters Arthur Rimbaud (1854–1891) an sein eigenes Schreiben (Rimbaud 1873, 116). Das bedeutete: radikale Abkehr von den Zwängen der Tradition oder der Umgebung und rückhaltlose Zuwendung zu den möglichen Artikulationsformen der eigenen Erfahrung – und zwar auch und gerade der eigenen **Schreiberfahrung**, die bei Rimbaud in dem berühmten Satz gipfelte: »Je est un autre« – »Ich ist ein anderer« (Rimbaud 1871, 135). Bezogen aufs Schreiben heißt das: Das geschriebene Ich – das Wort ›Ich‹ – und das schreibende Ich – das Subjekt, das schreibt – laufen ständig Gefahr, einander zu verpassen.

Um eine Differenzerfahrung (→ Kap. 1.3) handelt es sich auch hier, und das Neue, das Moderne, das im Schreiben entstehen soll, ist selbst nur aufgrund von Differenzerfahrungen möglich. Allerdings ist der Anspruch selbst, neu zu sein, genau genommen nur einmal neu. Folgenreich bleibt er gleichwohl, und zwar auf der Ebene der konkreten Innovationen, die schreibend hervorgebracht werden. Mit dem Aufkommen und der Kultivierung des Geniegedankens ab dem Ende des 18. Jahrhunderts und dem damit verbundenen Anspruch auf Individualität stieg der Druck, das eigene Schreiben jeweils als neuartig und somit als anders gegenüber den Vorläufern wie gegenüber den Zeitgenossen zu profilieren.

In der Goethezeit führte dieser Druck besonders im deutschen Sprachraum zu einem ungeheuren **Innovationsschub**. Gleichzeitig musste das im Barockzeitalter noch mehr oder weniger fraglos anerkannte Kriterium der Angemessenheit sprachlicher Artikulation (*aptum*) in Übereinstimmung mit rhetorisch festgelegten Vorgaben nun als Zeichen schöpferischer Schwäche erscheinen. Kein Wunder, finden sich besonders im 19. Jahrhundert dann zuhauf Klagen über mangelnde Schöpferkraft, **Epigonentum**, Stillstand (Meyer-Sickendiek 2001). Literarische Produktivität, die für sich keine Neuheit beanspruchen konnte, fiel unter den Verdacht der Minderwertigkeit. Offen blieb aber die Frage, worin so etwas wie eine Weiterentwicklung, wenn schon nicht Neuheit, im Schreiben noch bestehen konnte. Die Klassiker hatten ihre Trümpfe ausgespielt. Ihre Produktion war nicht auf Nachahmung angelegt, sondern – wie in der Romantik dann radikalisiert – auf Steigerung der eigenen Individualität im ökonomischen wie im ästhetischen Sinne.

Es ist dieser Situation geschuldet, dass nachromantischen Schriftstellern, die sich nicht einfach als Epigonen begreifen wollten, vorerst nur der Weg in die verschiedenen Spielarten realistischen Schreibens offengeblieben zu sein scheint: In der Zuwendung zu den **Realien** des Alltags, der Kultur, der Geschichte, der Gesellschaft ließ sich Individualität als Schreibweise jenseits introspektiver Verfahren und subjektorientierter Spracherfahrungen noch behaupten. Denn diese Zuwendung bedeutete eine Öffnung gegenüber einer potentiell endlosen Vielzahl an realen Schreibanlässen, die ohne den drückenden Anspruch auf eine anscheinend nur aus sich heraus schöpfende Erfindungsgabe in individuelle Schreibprojekte umgesetzt werden konnten.

Schreibkonzepte, die in diesem Sinne – also auf der Ebene der Anlässe und Orientierungen – als ›realistisch‹ zu bezeichnen sind (→ Kap. 3.9), haben auch heute keineswegs ausgedient. Sie sind vielmehr gerade in dem Maße praktikabel, wie sie nicht grundsätzlich darauf ausgerichtet sind, sich dem bisweilen immer noch kultivierten Zwang zur Originalität zu beugen, sondern offen dafür sein können, in der Auseinandersetzung mit unterschiedlich definierbaren Realien Alternativen zu diesem Zwang zu befördern. Zu bedenken bleibt dabei nur Folgendes: Realien sind nicht ohne ihre Trägermaterialen, ihre mediale Aufbereitung, ihre Präsentationsform zu haben. Die Vertreter eines avancierten poetischen **Realismus** waren darüber bereits im 19. Jahrhundert im Bild (Gottfried Keller, Adalbert Stifter). Die Dominanz massenmedialer Realitätsprägungen im 21. Jahrhundert macht es allerdings erst recht unabdingbar, auch die scheinbar direktesten Zeugnisse der Wirklichkeit noch auf ihren medialen Stellenwert in einem umfassenden Kommunikationsprozess zu befragen.

Schreiben heißt, so gesehen, an und in diesem Kommunikationsprozess zu arbeiten, gegebenenfalls Alternativen zu den dominanten Repräsentationsweisen kulturell gefestigter Wirklichkeitsannahmen zu entwerfen (Link 1990). Womit auch gesagt ist, dass es nicht nur unzählige Möglichkeiten gibt, *wie* man sich auf eine Vielzahl von Realien und ihre **Medien** beziehen kann. Es gibt auch unzählige Möglichkeiten, wie man Bezüge zu dem eröffnen kann, was nie war, nicht ist, noch nicht ist oder schlicht nie gewesen sein wird: es sei denn – phantastisch, imaginativ oder erratisch – im Medium der Sprache.

Das Verhältnis zur Tradition kann insgesamt bestimmt werden als das jeweils *gegenwärtige* Verhältnis zu den vorangegangenen Vermittlungsprozessen, in denen oder durch die Realitäten entstehen – darunter auch solche ohne Anspruch auf Allgemeingültigkeit, solche etwa, die in der bloßen Lektüre ihren bevorzugten Aufenthaltsort haben. Der Bezug zur Tradition, auch der Bruch, entsteht im Kleinen durch den grundsätzlichen **Zitatcharakter** schriftlicher Äußerungen. Im Großen entsteht er durch die Arbeit an den **Eigenarten**, die ein individuelles Schreibprojekt gegenüber den Eigenarten vergangener Schreibprojekte aufweist. Ob ein Schreibprojekt aus sich heraus eine Zukunft (und welche es allenfalls) eröffnet, begrüßt oder versuchsweise abgewehrt *haben wird*, lässt sich hingegen grundsätzlich nur im Nachhinein ermessen: durch Reaktionen und Folgen in anderen Schreibprojekten und Texten.

1.6 Prozess-, Ergebnis- und Persönlichkeitsorientierung

Es fehlt in der langen Geschichte des Nachdenkens über das Schreiben und das literarische Schreiben im Besonderen seit den antiken Poetiken nicht an Versuchen, die Vielzahl möglicher **Schreibweisen** in eine Übersicht zu bringen. Die Unterscheidung von prozess- und ergebnisorientierten Schreibweisen gehört ebenso zu diesen Versuchen wie etwa die Unterscheidung von Papier- und Kopfarbeitern, wobei erstere tendenziell für **Prozessorientierung**, letztere eher für **Ergebnisorientierung** stehen (Grésillon 1995). Der Autor und Dozent Thomas Klupp (*1977) ergänzt in seiner großangelegten Studie zu literarischen Schreibratgebern diese zweiteilige Systematisierung um einen dritten Typus, der gerade in Schreibratgebern im Zwischenfeld von Psychologie, Lebenshilfe und Kreativem Schreiben oft dominant ist: denjenigen des persönlichkeitsorientierten Schreibens (Klupp 2014). Im persönlichkeitsorientierten Schreiben steht die Auseinandersetzung mit der eigenen Persönlichkeit, den eigenen Wünschen und Ängsten, den Selbstbildern, den Problemlösungsstrategien und Selbsterzählungen der eigenen Subjektivität und Individualität im Vordergrund.

Die Unterscheidungen werden allerdings sofort brüchig, wenn man berücksichtigt, dass die **Persönlichkeitsorientierung** ihrerseits als prozesshaft bestimmt werden kann und die Prozessorientierung wiederum kaum ohne Ergebnisse (und seien sie nur momentan) vonstattengehen wird. Es hängt in diesem Zusammenhang so gut wie alles davon ab, was man unter ›Ergebnis‹ verstehen möchte. Das Ergebnis kann auf Objektebene beispielsweise ein Buch sein, formal eine Erzählung, in sozialer Hinsicht kann Erfolg das gewünschte Ergebnis sein, auf psychologischer Ebene möglicherweise Klarheit über einen ungelösten Konflikt. Und selbst wenn das Schreiben um des bloßen Schreibens willen erfolgt, wird man noch sagen können, dass ein solches Schreiben – neben seiner fortlaufenden Produktion zumindest von Zwischenergebnissen – selbst als Ergebnis (als Ergebnis eines Schreibenwollens um des Schreibens willen eben) interpretiert werden kann.

Umgekehrt wird ein objekt- oder formbezogen ergebnisorientiertes Schreiben nicht ohne prozessabhängige Faktoren – Widerstände, Umwege, überraschende Einfälle – zum erhofften oder zu einem anderen Ergebnis kommen. Und diese Faktoren wiederum sind von den psychologischen Effekten kaum zu trennen, die sich im Prozess einstellen können und die fortlaufend Ergebnisse zeitigen, auf die im Prozess zurückgegriffen werden kann oder gar muss. Es lässt sich daraus folgern, dass man zwar von zwei oder drei grundsätzlich unterschiedlichen Orientierungen des Schreibens und somit von zwei oder drei unterschiedlichen Arten des Schreibens ausgehen kann. Diese Unterscheidungen aber können ihrerseits nicht mehr als eine orientierende Funktion haben.

Um die Vielfalt möglicher Schreibverfahren ermessen und besser beschreiben zu können, hat es deshalb nicht an Versuchen gemangelt, differenziertere Beschreibungsmodelle zu formulieren. Der Sprachwissenschaftler Hanspeter Ortner (*1946) tat dies im Jahr 2000 in seiner Studie *Schreiben und Denken*, indem er das zu seiner Zeit vornehmlich zweiteilige Modell erweiterte und basierend auf einer Auswertung von mehreren Hundert Selbstzeugnissen von Schriftstellerinnen und Schriftstellern **zehn Schreibtypen** identifizierte. Die Persönlichkeitsorientierung war hier aber höchstens indirekt ein Kriterium:

1) Typ des Aus-dem-Bauch-heraus-(Flow-)Schreibers
2) Typ des Einzigtext-, des *Einen*-Text-zu-*einer*-Idee-Schreibers
3) Typ des Mehrversionenschreibers / des Versionenneuschreibers
4) Typ des Text-aus-den-Korrekturen-Entwicklers
5) Typ des Planers
6) Typ des Niederschreibers
7) Typ des Schritt-für-Schritt-Schreibers
8) Typ des Synkretisten
9) Typ des Textteilschreibers
10) Typ des Produktzusammensetzers

Auch dieses Modell (Ortner 2000, 346–564) wird allerdings erst dann aufschlussreich, wenn man es dynamisch und kombinationsoffen begreift, wenn also die Möglichkeit der Wandlung eines Schreibtyps *im* Prozess des Schreibens eingeräumt wird und gleichzeitig die typologischen Anteile nicht exklusiv, sondern zumindest phasenweise auch als komplementär begriffen werden. Mit dem »Typ des Synkretisten«, demjenigen also, der unterschiedliche Strategien mischt und die Mischung zum Prinzip erhebt, ist diese Option in Ortners Modell als eigene Kategorie aufgeführt.

Inwiefern **Selbstzeugnisse** von Schreibenden überhaupt dazu taugen, den tatsächlichen Verlauf und die Struktur eines Schreibprozesses zu erfassen, wurde vor allem von stärker empirisch arbeitenden Forscherinnen und Forschern als Frage zu bedenken gegeben (Dürr 2010). Die Empirie hat allerdings mit Blick aufs Schreiben ebenfalls ihre Tücken, da Schreibprozesse sich auf der Ebene ihrer mentalen und emotionalen Motivationen und Implikationen einer direkten Beobachtung weitgehend entziehen. Zudem ist auch empirisches, über Verbalisierung oder sensomotorische Verfahren gewonnenes Datenmaterial bereits gefiltertes und inszeniertes bzw. übersetztes und insofern interpretiertes Material. Die Pointe denkbarer Typologien des Schreibens wird man deshalb auf einer anderen Ebene zu lokalisieren haben: Sie lenken die Aufmerksamkeit auf die Vielfalt möglicher Schreibpraktiken, ohne dass sich damit das Phantasma einer vollständigen Erfassbarkeit aller Regungen und Tendenzen beim Schreiben verbinden müsste.

Dies eingesehen, wird man auch den Blick in die Geschichte der überlieferten Zeugnisse unterschiedlicher Schreibpraktiken zum Anlass nehmen können, gerade für gegenwärtige Schreibpraktiken von einem sehr breiten Spektrum an Möglichkeiten auszugehen. Dass die faktische Vielfalt an Möglichkeiten – technischen, stilistischen, habituellen, inhaltlichen – beim Großteil der gegenwärtigen Literaturproduktion nicht einmal ansatzweise ausgeschöpft wird, spricht dafür, die Aufmerksamkeit auf die Vielfalt an Möglichkeiten nicht etwa als postmoderne Allmachtsphantasie zu (dis-)qualifizieren. Die Möglichkeit einer Vielfalt an Schreibpraktiken gehört vielmehr zu den Grundvoraussetzungen einer versuchsweise partizipationsoffenen **Schreibkultur** und bedarf entsprechender Aufmerksamkeiten auch im Bereich der Theoriebildung.

Historisch ist diese Vielfalt am einfachsten immer noch mit den Namen einzelner Autoren oder Autorinnen zu belegen, die für bestimmte **individuelle Schreibhaltungen** einschlägig geworden sind. So verbindet sich etwa der Name ›Proust‹ mit der Vorstellung eines nicht abreißen wollenden Schreibbegehrens, das auf die Herstellung eines ebenso unbeendbaren Werkes zielt. In dem bereits erwähnten Großprojekt *À la recherche du temps perdu* (*Auf der Suche nach der verlorenen Zeit*) folgte Marcel Proust dem Vorsatz, die Erlebnisse seiner Kindheit und der darauffolgenden Jahre in Form von unwillkürlich aufkommenden Erinnerungen zu beschreiben (Proust 1913–1927). Dass den immer weitläufiger werdenden Erinnerungen im Schreibvorgang kaum quantitative Beschränkungen auferlegt wurden und dass der Text entsprechend immer länger wurde, war Teil der Programmatik dieses Schreibprozesses (Szondi 1961, 287).

Komplementär dazu verhält sich das Schreibprojekt, das Walter Benjamin sich mit den Aufzeichnungen seiner Kindheitserinnerungen vornahm. In Benjamins *Berliner Kindheit um neunzehnhundert* (Benjamin 1938) wird der Schreibprozess zwar ebenfalls zum Teil, ja zum Motor des Erinnerungsprozesses. Nur führen die permanenten Überarbeitungen, durch die sich dieser Prozess auszeichnet, nicht zu einem immer länger werdenden Text, sondern zu Textminiaturen, Prosastücken, die im Zuge der Arbeit immer kürzer werden (Giuriato 2006). Lassen sich Proust und Benjamin je auf ihre Weise als prozessorientierte Schreiber, als Papierarbeiter beschreiben, trifft man – sehr grob gesagt – auf der anderen Seite mit Autoren wie Goethe (1749–1832) oder Thomas Mann (1875–1955) auf die Fraktion stärker ergebnisorientierter Schreiber. In der Regel ist diesen die Prozessqualität des Schreibens zwar ebenfalls nicht gleichgültig. Das Buch als (zumindest vorläufige) Endform des Prozesses wird ihnen jedoch nie zur Nebensache.

Wie auch immer die Orientierung eines Schreibprojektes über große Zeiträume ausfallen mag, für die momentane Arbeit auf dem Papier oder vor dem Bildschirm sind überschaubarere Entscheidungen zu treffen. Wer sich heutzutage vornimmt, mit einem literarischen Schreibprojekt zu beginnen, wird sich etwa folgende Fragen stellen: Wie fange ich einen Satz oder einen Text an? Wie baue ich einen Text auf? Wo steht zu viel, wo zu wenig? Die Orientierung im Großen ist abhängig von den pragmatischen Vorgaben, denen ein Schreibprojekt folgt: Kann man selbst bestimmen, wo es langgehen soll? Oder gibt es Formate, Termine, Ansprüche von außen, die beachtet werden müssen?

Je offener ein Schreibprojekt ist und je mehr diese Offenheit als Problem empfunden wird, desto hilfreicher wird es sein, Teilziele festzulegen, die den Vorsatz befördern, ein Projekt am Laufen zu halten. Das von Plinius dem Älteren (um 23–79 n. Chr.) überlieferte (bei ihm allerdings auf Malerei bezogene) Sprichwort »Nulla dies sine linea« (»Kein Tag ohne Zeile«) (Plinius 2007, 68–71 und 227) mag hierfür als Modell angesehen werden. Oder die ambitioniertere Version davon: »Jeden Tag eine Seite!«

Vorsätze dieser Art müssen keineswegs als Ausdruck eines schlechthin ergebnisorientierten Schreibens gelten. Im Vordergrund kann genauso gut der Charakter der Übung stehen. Es geht dann darum, die Erwartungen im Großen so weit zurückzunehmen, dass das Schreiben im Kleinen, im momentanen Prozess, beweglich bleibt. Auch werden auf diese Weise Ansprüche, die überzogen sind, besser erkennbar. Gleichzeitig zeichnen sich Alternativen zum resignierten Abbruch eines Projektes leichter ab, wenn der Prozess als andauernd und wandlungsfähig begriffen wird.

1.7 Schreibprozessforschung

Schreibprozessforschung findet in unterschiedlichen Disziplinen statt: in der Ethnologie, der Wissenschaftsforschung, der Linguistik, der Psychologie, der Didaktik, der Literaturwissenschaft und noch in einigen weiteren Disziplinen. Die Diversität der Forschung ist auf die bereits hervorgehobene Heterogenität der Faktoren zurückzuführen, die im Schreiben am Werk sind. So unterschiedlich die Gewichtungen dieser Faktoren im Schreiben jeweils sind, so unterschiedlich fallen die Gewichtungen auf der Ebene der Disziplinen aus, die sich mit Schreibprozessen beschäftigen.

Was Letzteres angeht, so ist für den Prozess des literarischen Schreibens wichtig, dass die entsprechenden Forschungen sich nicht einfach mit Schrift beschäftigen, sondern tatsächlich mit dem Schreiben, verstanden als Prozess. Die für die Forschungen zur Schrift typischen Gesichtspunkte erweisen sich dabei zwar ebenfalls als elementar: die materielle Dimension des sprachlichen Zeichensystems etwa, im Falle der Literatur besonders die visuelle Gestalt und Anordnung der Schriftzeichen. In der literaturwissenschaftlichen Schreibprozessforschung gilt das primäre Interesse jedoch dem, was zwischen den einzelnen ›Stationen‹ der Schrift passiert. Konzentrierte sich die Schriftforschung, auch jenseits der Literaturwissenschaft, auf die Geschichte oder die Systematik der Schrift als Zeichensystem, als Kommunikationsmittel, als ästhetisches Phänomen oder als materielle Grundlage kultureller Prozesse (Grube/Kogge/Krämer 2005), ging und geht es der Schreibprozessforschung insgesamt um spezifische **Umgangsformen** und **Verfahrensweisen** mit Schrift in konkreten Schreibprozessen (Baurmann/Weingarten 1995).

Dabei lässt sich das Feld grob unterteilen in Forschungen, die das Schreiben in historischer Perspektive untersuchen, und in solche, die sich für gegenwärtige Schreibprozesse interessieren. Eine weitere Unterscheidung betrifft die Reichweite der Untersuchungsperspektive: Wird ein eng umgrenztes Feld an Arbeitsspuren in den Blick genommen, oder geht es allgemeiner um eine Analyse von kulturellen Praktiken in Institutionen oder Netzwerken, zum Beispiel im literarischen Feld oder im Bereich der Schulbildung?

Forschungen zum Schreiben unterscheiden sich insgesamt oft grundsätzlich in ihrer Orientierung auf literarisches oder nichtliterarisches Schreiben. Beiträge aus dem Bereich der Schreibdidaktik, insbesondere der Schulaufsatzforschung, fassen Schreiben meistens als **Problemlösungsstrategie**: Wie löse ich eine Schreibaufgabe? Literaturwissenschaftliche Forschungsansätze legen hingegen in der Regel den Akzent stärker auf die jeweilige **Eigenart** eines Schreibprozesses: Welche Formen nimmt der Prozess an? Um dies zu bestimmen, ist es nicht nötig, den Prozess grundsätzlich als Lösung eines Problems oder als Erfüllung eines Zwecks zu begreifen.

In den vergangenen Jahrzehnten rückte die Auseinandersetzung mit Schreibprozessen und ihrer Verfahrenslogik verstärkt in den Fokus literaturwissenschaftlicher Forschungen, die sich an überlieferten **Archivmaterialien** orientieren. Am Pariser Institut des textes et manuscrits modernes (ITEM) analysieren und interpretieren seit 1982 mehrere Forschungsgruppen literarische Handschriften mit dem Interesse, die Dynamik von Schreibprozessen aus den materiellen Überlieferungen von Schriftstellernachlässen zu rekonstruieren (Grésillon 1994). Zunächst weitgehend unabhängig von dieser Forschungsrichtung, die als **critique génétique** bekannt geworden ist, formierte sich im deutschsprachigen Raum ein Interesse an literarischen Schreibprozessen vor allem in der Arbeit an und/oder in der Auseinandersetzung mit Editionsvorhaben wie denjenigen des Heidelberger Instituts für Textkritik (Groddeck 1994).

Während die **Editionsphilologie** danach fragt, wie überlieferte Materialien eines Schreibprozesses am besten zu edieren und also einer Öffentlichkeit zugänglich zu machen sind (Neumann 1999), fragt die *critique génétique* danach, wie man anhand der überlieferten Materialien etwas über den vorangegangenen Schreibprozess erfahren kann (Hay 1984). Bei allen Unterschieden in der methodischen Ausrichtung ist für beide Forschungsrichtungen die Frage nach der **Materialität** und **Medialität** literarischer Kommunikationsprozesse zentral. Damit widmen sich beide Forschungsrichtungen auf ihre Weise der Materialität und Medialität kultureller Praktiken und Manifestationen – ganz so wie es übergreifend auch innerhalb der Kulturwissenschaften seit den 1980er Jahren verstärkt der Fall war.

Aus einer etwas weiteren Perspektive betrachtet, steht diese Zuwendung, die bisweilen als **Material Turn** bezeichnet wird, in der Tradition marxistischer Kulturtheorie, auch wenn diese Tradition nicht immer explizit gemacht wird. Die Zuwendung zu den *Produktionsmitteln* – den Materialien und Techniken der Kulturbildung – sowie das in den sozial- und kulturwissenschaftlichen Disziplinen noch gelegentlich in Erinnerung gerufene Postulat der möglichst breiten *Teilhabe* an kultureller Bildung durch Teilhabe an der *Praxis* einer solchen Bildung verdeutlichen die politische Stoßrichtung, die eine Auseinandersetzung mit Schreibprozessen aufweisen kann (Rudloff 1991).

Insgesamt finden sich Forschungen zum Schreiben, die sich mit der »Materialität der Kommunikation« (Gumbrecht/Pfeiffer 1988) beschäftigen, dies- und jenseits philologischer Forschungen vor allem im Kontext von Studien mit diskursanalytischem und medientheoretischem Zuschnitt (Kittler 1985). Dagegen zeigen sich Forschungen aus dem Bereich der Linguistik, der Kognitionspsychologie und der Pädagogik, sofern sie sich mit Schreibprozessen auseinandersetzen, meist stärker an der kognitiven Dimension von Schreibakten interessiert (Bereiter 1980). Die Materialgrundlage besteht dann nicht oder nicht nur in den archivierten Überresten vergangener Schreibprozesse. Auch fällt die Konzentration auf im engeren Sinne literarische Zeugnisse weg. Die empirische Basis besteht vielmehr in Daten, die durch standardisierte Verfahren in direkten Beobachtungen gewonnen werden.

Dass Schreibprozesse neben ihrer materialen Grundlage und ihren kognitiven Voraussetzungen, Funktionen oder Effekten auch eine instrumentell-technische Dimension aufweisen sowie körperlich-gestische Beteiligungen implizieren, rückte vor allem das vom Literaturwissenschaftler Martin Stingelin (*1963) geleitete Forschungsprojekt *Zur Genealogie des Schreibens* ins Zentrum der Aufmerksamkeit. Ausgehend von Rüdiger Campes Überlegungen zur ›**Schreibszene**‹ (Campe 1991) arbeiteten die Forscher aus dem Umkreis dieses

Projektes mit einem integrativen Begriff des Schreibens, mit dem die instrumentell-technischen, körperlich-gestischen und sprachlich-semantischen Aspekte des Schreibens gleichermaßen berücksichtigt werden sollten (Stingelin 2004, Giuriato/Stingelin/Zanetti 2005, 2006, 2008). In den letzten Jahren hat sich die literaturwissenschaftliche Schreibprozessforschung zudem wissenschaftsgeschichtlichen Fragestellungen geöffnet. Im Zentrum dieser Forschungen steht der Prozess des Schreibens als wissenschaftliche Praxis, als Verfahren nicht nur der Darstellung, sondern auch und vor allem des Entwurfs und der Gewinnung von Wissen (Hoffmann 2008, Wittmann 2009, Krauthausen/Nasim 2010, Zanetti 2014).

Am Institut für Literarisches Schreiben und Literaturwissenschaft der Universität Hildesheim und am Schweizerischen Literaturinstitut in Biel schließlich wurden Forschungsprojekte entwickelt, die sich verstärkt dem literarischen Schreiben in der Gegenwart zuwenden (Brodowsky/Klupp 2010, Ortheil/Siblewski 2008, Porombka 2006, Zanetti 2008 ff., Mohs/Zimmermann/Caffari 2019). Forschungsprojekte zur möglichen Rolle von Lektorinnen und Lektoren in Schreibprozessen oder zur möglichen Funktion von Mentoraten, zur Produktionslogik poetischer Verfahren oder zur Gegenwartsbeobachtung in Form von Werkstattgesprächen legen den Akzent auf die praktischen Vorkehrungen, die getroffen werden können, damit Literatur entstehen kann.

Die verschiedenen Zugangsweisen zum Schreiben als Prozess zielen bei allen Unterschieden in den methodischen Prämissen und Zielsetzungen darauf ab, nicht einfach Texte zu analysieren, sondern diejenigen Prozesse, aus denen Texte entstehen, ohne dass diese den Ziel- oder Endpunkt eines Schreibprozesses zu bedeuten brauchen. Dabei muss die Schreibprozessforschung berücksichtigen, dass das Schreiben als Tätigkeit nicht losgelöst vom Geschriebenen untersucht werden kann, zumal dann, wenn es sich um vergangene

Schreibprozesse handelt. Denn diese können sich nicht anders als in Spuren von Geschriebenem dokumentieren (Zanetti 2012b).

Die **Prozessualität** des Schreibens, also die Struktur des Prozesses, zeichnet sich ins Geschriebene gleichwohl ein, wie sich etwa an Schriftstücken zeigen lässt, auf denen sich unterschiedliche Überarbeitungsstufen ablesen lassen. Diese in der Form überlieferter Schriftträger zumindest in Ansätzen ablesbare Prozessualität des Schreibens ist mit ein Grund für die konzeptuelle Produktivität des französischen Begriffs der **écriture**: Wie auch das englische *writing* bedeutet *écriture* sowohl ›Schreiben‹ (oder ›Schreibweise‹) als auch ›Schrift‹ (›Geschriebenes‹). Diese Produktivität bleibt allerdings nur dann gewahrt, wenn Schreiben und Schrift gerade aufgrund ihrer wechselseitigen Dynamik nicht miteinander verwechselt oder gleichgesetzt werden: Schreiben produziert Schrift, gleichzeitig weist der Schreibakt stets zurück auf bereits Geschriebenes, in dessen Spuren der Prozess weitergeht.

Dass dieses ›Weitergehen‹ nicht rein additiv zu verstehen ist, lässt sich bereits den antiken Rhetoriken entnehmen, die neben den Poetiken zu den wichtigsten Zeugnissen eines (weiträumig vergessenen) literarischen Verfahrenswissens gehören. So deuten schon die bereits erwähnten, von Quintilian in seinem Lehrbuch der Rhetorik (*Institutio oratoria*) aufgeführten vier Änderungskategorien darauf hin, dass der Schreibprozess selbst durch unzählige Rekursionsschleifen, durch Kürzungen, Umstellungen, Ersetzungen und dergleichen gekennzeichnet sein kann.

Wenn auch die Schrift in der Regel dem Lauf einer (meist imaginären) Linie folgt, in unserem Schriftsystem von links nach rechts, so zeichnet sich das Schreiben als Prozess doch ebenso wie die Lektüre dadurch aus, dass diese Linie immer wieder verlassen werden kann, Einsatzpunkte und Enden des Prozesses immer wieder von neuem gefunden werden können. Dieser **Diskontinuität** hat die Schreibprozessforschung Rechnung zu tragen. Darüber hinaus bedarf jede Reflexion über den Schreibprozess einer Vergewisserung darüber, was von einem Prozess überhaupt gewusst werden kann. Da der Prozess prinzipiell flüchtig ist, und man es letztlich auch bei Gegenwartsbeobachtungen nur mit Spuren des Prozesses zu tun hat, stellt sich immer die Frage nach einer geeigneten Materialgrundlage einer Untersuchung.

Die Literaturwissenschaft stützte sich lange Zeit allein auf die Poetiken als Quellen oder Zeugnisse für bestimmte Schreibpraktiken. Letztere kamen dann überdies fast nur auf der Ebene ihrer Konzepte und nicht in ihren konkreten Umsetzungen in den Blick. Auch Manifeste wie diejenigen der Surrealisten über die automatische Schreibweise (*écriture automatique*) wurden oft nur in ihrer konzeptuellen Stoßrichtung wahrgenommen, auch wenn gezeigt werden kann, dass die schreibpraktischen Vorkehrungen jener der Theoriebildung zum Teil diametral entgegenstehen (→ Kap. 3.2). Bei Manifesten oder Poetiken hat man es letztlich nur mit Entwürfen zu tun, die festlegen wollen, wie etwas geschrieben werden *sollte*. Anspruch und Wirklichkeit stehen aber in einer grundsätzlichen Spannung zueinander. Konzept und Akt werden in einem Schreibprozess kaum je ganz zur Deckung kommen (können).

Für die Forschung bedeutet dies, dass sie sich nicht allein mit den konzeptuellen, den programmatischen und theoretischen Aspekten einer bestimmten Schreibpraktik beschäftigen sollte. Wie zu schreiben sei: Das dokumentiert sich in oder im Umkreis von individuellen Schreibprozessen nicht nur durch explizite Selbstanweisungen oder durch allegorische Umschreibungen, sondern schlicht durch die Art, wie ein Prozess voranschreitet, Spuren hinterlässt, Korrekturen erkennen lässt, Wendungen in seinem Verlauf nimmt, wiedererkennbare Muster sprachlicher Gestaltung anzeigt. Sofern sich entsprechende Materialien erhalten haben und diese Materialien einer Deutung offenstehen, auch einem skeptischen Blick standhalten, ist die Perspektive der Rezeption gegenüber derjenigen der Produktion nicht prinzipiell defizitär informiert: Die konzeptuelle Stoßrichtung eines Schreibprojektes ist schließlich auch für das Schreibsubjekt nur in dem Maße als aufschlussreich zu charakterisieren, wie es in konkreten Arbeitsschritten und entsprechenden Spuren Kontur gewinnt.

Umso wichtiger sind allerdings gerade bei den Fragen zur Konzeption die **materialen Korrelate**, an denen eine Konzeption ihre Bewährung finden oder ihren Widerstand gewinnen und somit ihre Korrektur erfahren kann (Zanetti 2011a). Es geht erneut um die Frage nach der Spannung zwischen Regel und Ausführung, Idee und Umsetzung, Absicht und Verwirklichung, durch die ein Schreibprojekt seine jeweilige Individualität, seine Spezifik gewinnt (→ Kap. 1.3). Für die Schreibprozessforschung bedeutet all dies, dass sie neben der Berücksichtigung konzeptueller oder theoretischer Vorgaben, die jemand in seinem Schreiben *explizit* macht oder die weitgehend durch gruppenspezifische oder historische Prägungen bestimmt sind, auch die *impliziten*, die performativen und die medialen Dimensionen eines Schreibvorhabens berücksichtigen sollte, und zwar so, wie sie sich in den materiellen Überlieferungen konkretisieren oder konkretisiert haben.

Diese materiellen Überlieferungen sind keineswegs immer vorhanden. In den europäischen Ländern werden Dichterhandschriften, besonders aber Entwurfshandschriften überhaupt erst seit dem 19. Jahrhundert in größerem Stil gesammelt und archiviert (Dilthey 1889, Benne 2015, Sina/Spoerhase 2017). Doch sollte man nicht vergessen, dass auch die Vernichtung von Handschriften oder Typoskripten mit zur Programmatik eines Schreibprojektes gehören kann. Im Zeitalter der Computer stellt sich die Frage nach der **Archivierbarkeit** von Schreibprozessen noch einmal neu. Unabhängig davon bleibt in der Analyse von Schreibprozessen, das heißt der Arbeit mit den Spuren von Schreibprozessen, im Einzelnen abzuklären, inwiefern die Archivsituation oder, allgemeiner formuliert, die Datengrundlage einer Untersuchung Effekt einer bestimmten Schreibhaltung ist, ob sie zufälligen Faktoren oder erkennbaren institutionellen Mechanismen geschuldet ist.

Im Falle überlieferter Manuskripte oder Typoskripte im Entwurfs- oder Revisionsstadium liegt der Prozess nicht wie bei den Poetiken oder den Manifesten tendenziell erst in der Zukunft, sondern er hat sich bereits vollzogen. Man hat es nur noch mit Resten zu tun, sofern diese überliefert sind. Diese Reste, die man aufgrund ihres prinzipiellen Hinterlassenschaftscharakters nicht als ›Quellen‹ bezeichnen sollte, sind zwar ihrerseits interpretationsbedürftig. Wenn man sie jedoch in Beziehung setzt zu den etwaigen expliziten Reflexionen über den Schreibprozess oder die Poetik insgesamt sowie zu den gegebenenfalls publizierten Endfassungen, kann sich die Auseinandersetzung auf eine deutlich breitere Grundlage stützen. Entsprechungen, aber auch etwaige Widersprüche zwischen den unterschiedlichen Dokumentationen, Zeugnissen und Kommentierungen werden so erkennbar und können selbst zum Gegenstand der Erörterung gemacht werden. Anhaltspunkte für eine solche Erörterung bilden nebst den materiellen Datenträgern, den Arbeitsspuren, auch Selbstkommentierungen, diskursive Vorlagen, immanente Reflexionen sowie Hinweise auf soziale Praktiken und äußere Rahmenbedingungen.

Dass dabei insbesondere die **Selbstaussagen** von Schriftstellern nicht als Klartexte zu lesen sind, sondern ihrerseits die Möglichkeit von Fiktion nicht ausschließen, dürfte sich von selbst verstehen. Auf der Hand liegen dürfte dies in den Fällen, in denen *innerhalb* der Literatur übers Schreiben geschrieben wird, also bei expliziten Thematisierungen des

Schreibens in Form literarischer Schreibszenen: Inszenierungen einer Wiederkehr des Schreibens im Geschriebenen. Der Fiktionsvorbehalt gilt aber ebenso für Selbstaussagen von Autorinnen und Autoren in Interviews oder Werkstattgesprächen, in denen sie direkt über ihr Schreiben befragt werden, oder im Besonderen auch für die inzwischen zu einem eigenständigen Genre avancierten Poetikvorlesungen, in denen Autorinnen und Autoren von sich aus, in der Regel anlässlich einer entsprechenden Einladung oder Preisverleihung durch eine Institution, von den leitenden Gesichtspunkten ihres Schreibens, den euphorischen oder deprimierenden Momenten, Vorbildern oder Hassobjekten bei der schriftstellerischen Arbeit berichten. Neben der Tendenz zur Fiktionalisierung spielt hier außerdem der zuweilen auch medial gewünschte Hang zur Selbstinszenierung eine Rolle. Die Poiesis (ποίησις), das Hervorbringen, besteht in diesem Fall also darin, nicht nur ein Werk, sondern zugleich ein bestimmtes **Autorbild** mitsamt den zugehörigen Mystifikationen hervorzubringen.

Auch diese **Inszenierungen** erweisen sich einer Analyse allerdings als zugänglich. Immerhin ist es Material, mit dem man im Bereich der Forschung arbeiten kann. Zu prüfen bleibt nur, ob das Material, das untersucht werden soll, bereits vorliegt, von Autorinnen und Autoren gegebenenfalls sogar bereitwillig zur Verfügung gestellt wird – oder ob das Untersuchungsmaterial als Grundlage einer Analyse erst geschaffen werden muss, beispielsweise durch empirische Forschung, Interviews oder Werkstattgespräche (Dürr/Zembylas 2009, Kessler 2012). Dass alle genannten möglichen Untersuchungsmaterialien die Möglichkeit einer **Fiktionsbildung** grundsätzlich nicht ausschließen, kann man beklagen und seinerseits auszuschließen versuchen. Man kann es aber auch begrüßen, denn Fiktionen können ihrerseits dazu beitragen, Einblicke insbesondere in die *poetologische* Struktur oder Motivation eines Schreibprojektes zu gewinnen. Gleichzeitig bleibt zu betonen, dass eine Analyse auch hier nur besser werden kann, wenn sie darauf achtet, dass ihre Materialbasis möglichst breit ausfällt. Aussagen können dann an *verschiedenen* Faktoren überprüft und die Teilaspekte eines Prozesses somit in ihrer grundsätzlich heterogenen Bestimmtheit genauer beschrieben werden.

1.8 Literarisches Schreiben: poetische Verfahren

Die Spannung zwischen Konzept und Realisierung, wie sie hier zur Bestimmung der möglichen *literarischen* Qualität von Schreibprozessen bereits vorgestellt und diskutiert worden ist, bildet einen guten Ausgangspunkt, um noch umfassender danach zu fragen, worin **das Literarische** oder, allgemeiner, das Poetische *in* einem Schreibprozess genau bestehen kann. Um diese Frage, erneut konstruktiv, angehen zu können, lohnt es, die unterschiedlichen Begriffe von Literatur und Poetik weiträumiger in den Blick zu nehmen. Je nach Wissenschafts- bzw. Diskurstradition, in der man sich befindet, und je nach Standpunkt, den man dabei selbst vertreten möchte, wird die Frage nach dem, was Literatur ist, was als literarisch oder als poetisch gelten kann, unterschiedlich beantwortet. Einen Konsens gibt es in der Beantwortung dieser Frage kaum.

Allgemein anerkannt ist allenfalls die Tatsache, dass die Bezeichnung ›Literatur‹ einen beträchtlichen historischen Wandel vollzogen hat: Meinte ›Literatur‹ in der Frühen Neuzeit noch jede Art von Druckerzeugnissen und Schriften (man kann hier um der Unterscheidung willen auch von ›Litteratur‹ mit zwei ›t‹ sprechen), verengte sich die Bedeutung im Laufe des 18. Jahrhunderts zum einen zunehmend – und mit bis heute anhaltender Wirkung – auf das Gebiet der wissenschaftlichen ›Fachliteratur‹, zum anderen, und das ist hier wichtiger, auf den Bereich der ›schönen Literatur‹. Dabei bleibt auch heute noch das Adjektiv ›literarisch‹ vornehmlich dem Bereich des Poetischen im Sinne des *künstlerisch* Hergestellten und Gestalteten vorbehalten.

Die Ausdifferenzierung des Literaturbegriffs führte zu unterschiedlichen semantischen Akzentuierungen und Definitionsansätzen, die auch in der gegenwärtigen Debatte darüber, was Literatur sei, bestimmend und erkennbar geblieben sind. Dabei stehen sich zwei grundsätzlich verschiedene Deutungstraditionen gegenüber. Unter ökonomischen und diskurshistorischen Gesichtspunkten betrachtet, ist ›Literatur‹ zunächst einmal nur eine Bezeichnung, die von Institutionen wie Verlagen, Buchhändlern, Schulen und Universitäten verwendet wird, um eine Sorte von Druckerzeugnissen zu kennzeichnen, die den ihr zugehörigen institutionell bestimmten Ansprüchen genügen (institutionelle Selbstreferentialität). Diese Ansprüche können beispielsweise auf Profit zielen (Romane verkaufen sich besser als Gedichte), auf Befriedigung von Unterhaltungs- oder Bildungsbedürfnissen, auf erzieherische Wirkung oder auf Erkenntniszuwachs. In einer solchen Betrachtungsweise erscheint Literatur primär als ein Produkt mit einer Funktion für einen bestimmten Zweck, der nicht in der Literatur selbst ausfindig gemacht wird, sondern durch andere Faktoren bestimmt ist.

Dagegen steht diejenige Deutungstradition, in der die Bezeichnung ›Literatur‹ gerade denjenigen Schriftträgern vorbehalten wird, die sich einer Zweckbestimmung von außen weitgehend zu entziehen versuchen, indem sie in erster Linie eigenen Gesetzen folgen. Mit Letzterem ist das Stichwort der **Autonomie** aufgerufen. Die Autonomieästhetik besagt, dass Texte nur oder vornehmlich dann als ›literarisch‹ gelten können, wenn sie eigenen Gesetzen folgen, nach denen sie vorzugsweise auch zu interpretieren sind (literarische Selbstreferentialität). Diese Deutungstradition knüpft erkennbar an die hier bereits vorgestellte Definition des Genies nach Kant an.

Nur ist im Zuge der ab dem 19. Jahrhundert geführten Diskussion um die Autonomie der Kunst und Literatur das von Kant ins Spiel gebrachte Kriterium des ›Naturgemäßen‹ mehr und mehr zurückgedrängt worden.

Die Hinwendung zu einer Ästhetik des *L'art pour l'art*, der Kunst um der Kunst willen, bezeichnet dabei eine der möglichen Konsequenzen, sich vom – seinerseits ja durchaus künstlichen – Paradigma des Naturgemäßen in der Kunst und somit auch in der Literatur zu lösen. Die andere Konsequenz, die man aus dem Prozess der Loslösung ziehen kann, ist diejenige, die hier entlang der Zitate von Wagner, Rilke und Barthes verfolgt worden ist: die Bestimmung der Kunst und der Literatur im Besonderen ausgehend von einem Prozess nicht nur der Regelsetzung, sondern der Erfahrung einer Differenz von Konzept und Realisierung – einer Erfahrung, die dann aber ihrerseits primär als ein Prozess- und nicht als ein Produktmerkmal verständlich wird. Diese andere Konsequenz ist im Diskurs über Literatur und Kunst bislang allerdings weniger intensiv diskutiert worden.

Der für die Entwicklung eines nicht bloß historisch hergeleiteten Begriffs des ›Literarischen‹ ebenso wie des ›Poetischen‹ wirkungsmächtige Russische Formalismus wiederum folgte bei allen Versuchen, sowohl das ›Gemachte‹ der Kunst und Literatur im Besonderen als auch deren geschichtliche Bedingtheit mit zu berücksichtigen, dem Vorsatz, die Besonderheit des ›Poetischen‹ in der Art des Selbstbezugs der Sprache auf sich selbst zu sehen. Was war damit gemeint? Der Sprachwissenschaftler und Zeichentheoretiker Roman Jakobson (1896–1982) nannte als hervorragendes Beispiel den Reim, in dem sich der Klang der Sprache auf sich selbst bezieht. Für Jakobson gab der Reim das Modell für die **poetische Funktion** der Sprache und somit für Poetizität überhaupt vor (Jakobson 1960).

Zwischen Theorien der Literatur oder überhaupt des Poetischen, die im weitesten Sinne – ästhetizistisch, prozessual oder formalistisch – auf eine Selbstzweckhaftigkeit der Sprache abheben, und Theorien der Literatur oder des Literarischen, die im weitesten Sinne von einer institutionellen, historisch und ökonomisch bedingten Prägung des Literaturbegriffs ausgehen, gibt es allerdings Verbindungen. Der Gedanke liegt sogar nahe, dass die beiden genannten Deutungstraditionen überhaupt nicht als Gegensätze anzusehen sind, sondern zwei Seiten derselben Medaille sind: Seit Literatur, beginnend mit der im Zeitalter der Aufklärung aufblühenden Zeitschriftenkultur, tatsächlich zur massenhaft absetzbaren Ware wurde, stieg der Anspruch auf Individualisierung in dem Sinne, dass die einzelnen Werke, um auf dem Markt wahrnehmbar und durchsetzungsfähig zu werden, eigenständige Verfahren der Sinnproduktion bzw. des Aufschubs oder der Zersetzung von Sinn entwickeln mussten (Martus 2007).

Diese Art von Eigenständigkeit, oder eben Autonomie, steht nicht im Gegensatz zur **Ökonomie**, sondern kann historisch als Simultanphänomen zur Ökonomisierung des Buchmarkts verstanden werden (→ Kap. 1.4). Die vorangegangenen Regelpoetiken des Barock konnten, so gesehen, den Anforderungen des Marktes schlicht nicht mehr genügen und mussten durch ein neues Verständnis sowie eine neue Produktionsweise von Literatur abgelöst werden.

Auffallend an diesem historischen Prozess inklusive seiner Rezeptionsgeschichte ist, dass die individuellen Poetiken, die für die *jeweilige* Produktion von Literatur bestimmend sind, in der literaturwissenschaftlichen Forschung nach wie vor fast nur am Leitfaden expliziter Thematisierungen untersucht worden sind. Die Schreibprozessforschung setzte zwar genau an dem Punkt an, dass sie auch die impliziten und performativen Aspekte der Textproduktion, des literarischen Schreibens, beachtete. Die Frage, was das Literarische oder, umfassender, das Poetische – also das ›Hervorbringende‹ – am Prozess selbst ausmachen könnte, ist bislang gleichwohl kaum einer weiterführenden Reflexion zugeführt worden.

Setzen wir also an diesem Punkt noch einmal an und fassen zusammen, welche Momente bislang für die **literarische Qualität des Prozesses selbst** – unter Bedingungen moderner, aber auch noch postmoderner Individualitätserwartungen – herausgestellt werden konnten. Am Anfang, so wurde festgehalten (→ Kap. 1.3), findet sich so gut wie immer ein vielleicht nur diffuser, im Einzelnen durch verschiedene Faktoren begünstigter oder mit Hindernissen konfrontierter Wunsch, zu schreiben, Literatur zu schreiben: ein Schreibenwollen im weiten Sinne. Zum Schreibenwollen hinzukommen wird dann üblicherweise so etwas wie eine Regel, wobei es unverfänglicher ist, von einem Konzept oder einer bestimmten Phantasie oder schlicht einer Idee zu sprechen. Die Idee wird im Schreibakt selbst umgesetzt, wobei die Umsetzung der Akt ist, der im Modell der Wagner'schen Meistersinger als Befolgung der (selbstgestellten) Regel bezeichnet worden ist.

Wichtig war dabei, dass es zwischen der Idee und ihrer Umsetzung zu einer Differenzerfahrung kommen kann, ja dass es gerade diese Differenzerfahrung ist, deren spezifische Ausgestaltung für den Fortgang eines Schreibprozesses von entscheidender Bedeutung ist. Doch worin genau besteht nun das in einem umfassenden Sinne *Poetische* in dieser Differenzerfahrung – das heißt: die *hervorbringende* Dynamik in dieser Differenzerfahrung? Zunächst ist davon auszugehen, dass sich die Differenzerfahrung an einem Gegenstand, einem Faktum, einem Ergebnis konkretisieren können muss, da sie andernfalls ganz und gar diffus bliebe.

Es liegt nahe, hier nun neben 1) dem **Schreibenwollen** (will ich schreiben?), 2) der **Idee** (was will ich schreiben?) und 3) der **Umsetzung** (jetzt schreibe ich) 4) das **Ergebnis** (was steht da nun geschrieben?) genauer zu beachten. Das Ergebnis ist das jeweils in Schriftform vorliegende Geschriebene eines

Schreibaktes. Das Ergebnis wird allerdings im Verlauf eines fortdauernden Schreibprozesses immer nur ein **Zwischenergebnis** gewesen sein: eins indessen, das die Differenzerfahrung vorantreibt.

Modell 1: Schreiben als Rückkopplungsprozess

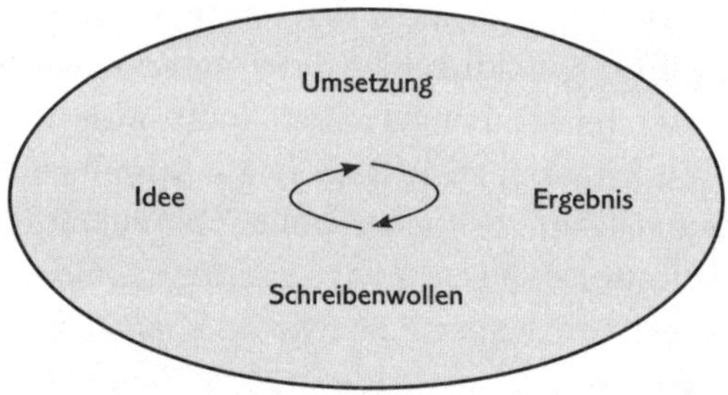

Mit Ergebnis ist zunächst nichts anderes gemeint, als dass der Schreibprozess, jeder Schreibprozess, Spuren hinterlässt – Spuren auf dem Papier oder in elektronischen Übertragungs- und Speichersystemen: Spuren, die man bereits als Produkte des Schreibens begreifen kann, aber diese Produkte sind im Prozess jeweils tatsächlich nur Zwischenergebnisse, und zwar solche, die aus dem Schreiben nicht nur entstehen, sondern die ihm auch stets vorangehen. Das Schreiben als Prozess steht, anders gesagt, mit seinen fortlaufend produzierten Ergebnissen in Verbindung. Diese Verbindung aber entsteht durch Lektüre, **Selbstlektüre**: Lektüre dessen, was man gerade geschrieben hat.

Die hier hervorgehobene Differenzerfahrung – zwischen Konzept und Realisierung, Idee und Umsetzung – ist nur möglich, wenn schreibend nicht nur darüber nachgedacht wird, was geschrieben werden soll, sondern wenn gleichzeitig das tatsächlich Geschriebene, also das, was sich schreibend *lesen* lässt, in ein Verhältnis gesetzt wird zu dem, was allenfalls in veränderter Form weiterhin oder überhaupt erst geschrieben werden soll.

»Schreiben heißt: sich selber lesen«, notierte Max Frisch in sein Tagebuch (Frisch 1950, 22). Das muss jedoch nicht so verstanden werden, dass man in seinem eigenen Inneren liest, sondern es sind im Schreiben zunächst einmal die **Schriftspuren**, die man vor sich hat und für die sich die Frage stellt, wie man sie weiter bearbeiten oder stehenlassen – oder wieder streichen – möchte (Giuriato/Stingelin/Zanetti 2008). All diese Vorgänge setzen Leseprozesse voraus, und sie setzen voraus, dass in der Lektüre selbst wiederum etwas hervorgebracht werden kann, etwas, das die Abfolge von Schreibenwollen, Idee, Umsetzung und Ergebnis (das heißt Zwischenergebnis) neu in Bewegung bringt.

Modell 2: Schreiben als potenzierter Rückkopplungsprozess

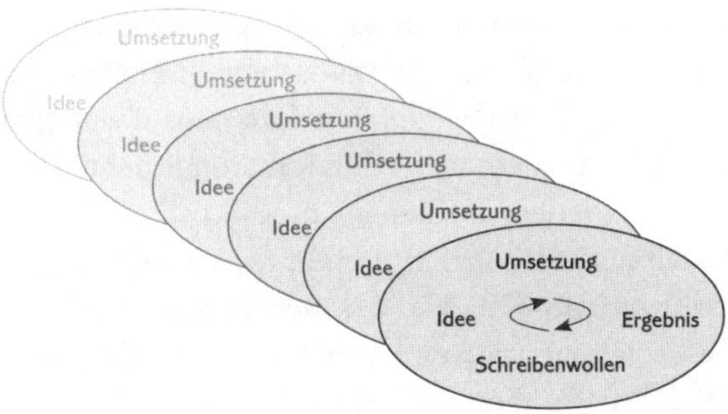

Entsprechend ist auch das Poetische, verstanden als das ›Hervorbringende‹, beim Schreiben stets doppelt konnotiert. Es sind Texte, die schreibend hervorgebracht werden. Die geschriebenen Texte bringen aber auch ihrerseits – in der Lektüre – etwas hervor: Vorstellungsbilder, Klangassoziationen, Geschichten usw. Dieser **doppelte Schauplatz** des Poetischen, und des Literarischen in diesem Sinne, lässt sich produktionsästhetisch genauer bestimmen, wenn man die Sphäre der Rezeption (Wahrnehmung, Imagination, aber auch Analyse, lektürebezogene Mit- und Weiterarbeit usw.) nicht einfach von jener der Produktion (Textherstellung) trennt. Es kommt vielmehr darauf an, die Verbindung zu sehen: Schreibprozesse sind bereits von sich aus durch fortlaufende (Selbst-) Rezeptionsakte bestimmt. Diese sind deshalb als integrale Bestandteile literarischer Produktionsprozesse zu begreifen (Giuriato/Stingelin/Zanetti 2008).

Damit ist zugleich eine Brücke zu einem umfassenderen Begriff des literarischen Schreibens geschlagen, den man sich als die Summe und die spezifische Gestaltung möglicher einzelner poetischer Verfahren und Verfahrensschritte, aus denen sich ein literarischer Schreibprozess zusammensetzt, denken kann.

Poetische Verfahren im Einzelnen wiederum können im Anschluss an das bisher Ausgeführte als diejenigen Vorgehensweisen bestimmt werden, die in der Lage sind, die stets einzuräumende Differenz nicht nur zwischen einer Idee und ihrer Umsetzung, sondern ebenso zwischen dem jeweiligen Akt der Umsetzung und dem weiterhin lesbaren Ergebnis des Schreibens immer wieder von neuem produktiv werden zu lassen. Der Spielraum, der sich zwischen dem zunächst Gedachten, dem momentanen Akt des Schreibens und dem schließlich Geschriebenen auftut, ist ein Spielraum mit poetischem Potential: Daraus kann weiterhin etwas werden!

Das in diesem Spielraum stattfindende Nachdenken oder Nachempfinden ist in der Regel nicht nur rückwärtsgewandt, sondern enthält auch Momente eines Vordenkens oder Vorempfindens: Was ging und geht mir schreibend durch den Kopf? Was steht jetzt da? Und was kann oder soll aus beidem nun wiederum werden? Das poetische Potential eines Schreibprozesses entfaltet sich in und ausgehend von diesen Momenten, in der Art, wie die unterschiedlichen, mehr oder minder bewussten Differenzerfahrungen im Prozess selbst anschluss- und ausbaufähig gehalten werden. Die Art, wie dies geschieht oder geschehen kann, lässt sich als die spezifische **Produktionslogik** eines Verfahrens bestimmen.

Kennzeichnend für die Verlaufsweise eines Schreibvorhabens ist die Art, wie mit der Spannung zweier oder mehrerer unterschiedlicher Zeitlichkeiten umgegangen wird. Diese sind ihrerseits auf die Differenz zwischen Idee, Umsetzung und Ergebnis (oder Konzept, Akt und Produkt) zurückzuführen. So impliziert die Spur oder die Schrift, die aus einem Schreibprozess hervorgeht (und ihm auch vorhergeht) gegenüber dem chronologischen Fortgang des Schreibprozesses eine andere **Zeitlichkeit**. Im Unterschied zum Prozess bleibt Schrift auf dem Papier oder (transformiert) auf der Festplatte gespeichert, und sei es nur temporär, während der Prozess fortschreitet. Schreiben produziert, anders gesagt, Schrift mit einer temporären Beharrlichkeit. Aber der Prozess selbst bleibt – anders als das während des Schreibens fortlaufend materialiter Produzierte oder schlicht Hinterlassene – in Bewegung: sofern weitergeschrieben, weiterkorrigiert, gestrichen oder ergänzt wird. Die Ideen zu einem Projekt wiederum können sich wie bei einem Einfall blitzhaft einstellen oder sich zu andauernden Leitvorstellungen oder Überzeugungen verfestigen.

Aus all dem lässt sich die These gewinnen, dass das spezifisch Poetische eines Verfahrens dort einsetzt, wo der Prozess zu einer produktiven Gewichtung, Integration oder Konfrontation dieser unterschiedlichen Zeitlichkeiten gelangt. Die »**Spürbarkeit der Zeichen**«, die Roman Jakobson als Kriterium für Poetizität formuliert (Jakobson 1960, 93), sollte dann nicht mehr nur als Textmerkmal begriffen werden, sondern als **Prozessmerkmal**: Im fortlaufenden Kontakt mit der sprachlichen Materialität und den darauf zurückbezogenen imaginären, reflexiven, rhythmischen Impulsen und Unterbrechungen bewegt sich der Schreibprozess in die ihm gemäße Richtung.

Im Anschluss an die vorgeschlagene Orientierung an der Differenz nicht nur zwischen Idee und Umsetzung, sondern zwischen der Umsetzung (als Prozess) und ihrem Ergebnis, dem Akt und dem Produkt, kann literarisches Schreiben als ein Schreiben bestimmt werden, das die **Rückwirkung** des fortlaufend Geschriebenen auf den Prozess selbst nicht oder nicht nur als Problem, sondern als **Möglichkeitsspielraum** erkennt. Erst im Hinblick auf diesen Möglichkeitsspielraum ergibt sich auch die Chance, den Prozess selbst als wertvoll, relevant, aufschlussreich zu begreifen.

Damit ist nicht gesagt, dass eine Orientierung auf ein möglichst dauerhaftes Ergebnis prinzipiell abwegig oder irrelevant wäre. Im Gegenteil, meistens dürfte eine solche Orientierung sogar besonders wichtig und hilfreich, manchmal hingegen auch frustrierend sein. So wichtig eine derartige Orientierung sein kann, die konkrete Arbeit mit Stift und Papier oder vor dem Computer hat es mit kleinteiligeren Entscheidungen in differenzierteren Erprobungs- und Findungsprozessen zu tun. Diese können nicht übersprungen werden und verdienen deshalb besondere Aufmerksamkeit.

1.9 Welche Form? Welcher Inhalt?

Die für die Schreibprozessforschung zentrale Frage danach, was man von einem Prozess – in der Regel nachträglich – überhaupt wissen kann, ist keineswegs nur für die wissenschaftliche Auseinandersetzung wichtig. In der Rezeption legt diese Frage eine entsprechend gewichtete Aufmerksamkeit auf die Möglichkeitsbedingungen ebenso wie auf das prinzipiell begrenzte Erklärungspotential der jeweils vorliegenden Materialien nahe. Doch die Grenzen, auf die diese Frage stößt, sind im Schreiben nicht aufgehoben: Wer sollte schon in der Lage sein, sich die einzelnen Momente eines Schreibvorgangs durchgängig bewusst zu halten? Bereits die Tatsache, dass geschrieben und nicht nur nachgedacht, gefühlt oder erinnert wird, dürfte auf eine prinzipielle Notwendigkeit hindeuten, Aspekte, die man nicht einfach für oder in sich ›behalten‹ kann, auszulagern: Schreiben heißt **Externalisieren**. Schreiben heißt somit auch: Einräumen und Zulassen, dass man über seine Gedächtnis, Gefühls-, Denk- und Vorstellungsinhalte keine vollständige Kontrolle hat. Schreibend werden allenfalls Bezugspunkte geschaffen, zu denen man sich wiederum verhalten kann.

Im Hinblick auf diese Bezugspunkte sind Schreibende nicht grundsätzlich in einer anderen Situation als Forscherinnen oder Forscher, sofern diesen das entsprechende Material zugänglich ist. Anders ist auf dieser grundsätzlichen Ebene nur, dass Schreibende im Hinblick auf das von ihnen Geschriebene außerdem über ein Repertoire von Erinnerungen, von Denk- und Vorstellungsinhalten sowie von affektiv bestimmten Reaktionsmustern und habitualisierten Umgangsformen mit dem jeweils Vorliegenden verfügen – ein Repertoire, das der Forschung nicht unbedingt zugänglich ist (allerdings auch den Schreibenden selbst nicht bewusst sein muss, um schreiben zu können).

Doch *was* wird da eigentlich geschrieben, wenn geschrieben wird, und *in welcher Form*? Dass die Frage nach **Inhalt und Form** des Schreibens letztlich nur individuell zu klären ist, wobei kulturelle, gruppenspezifische und historische Parameter wiederum als mitbestimmende Faktoren im Spiel sind, dürfte sich von selbst verstehen. Weiterführend ist dagegen die Frage, wie man die traditionellen Kategorien von Inhalt und Form so bestimmen kann, dass sie für eine Auseinandersetzung mit Schreibprozessen aufschlussreich werden. Dazu ist vorauszuschicken, dass jedes Vorhaben, Inhalte strikt von Formen zu trennen, gerade im Bereich der Literatur, in der beides – harmonisch oder kontradiktorisch – zusammenspielt, in sich absurd wäre. Darüber hinaus bleibt zu klären, was Inhalt und Form im Hinblick auf literarische Schreibprozesse überhaupt bedeuten können und wie deren Verhältnis sinnvoll zu beschreiben ist.

Folgt man Theodor W. Adorno (1903–1969), dann ist Form das, was sich in einem Prozess allmählich ›gesetzt‹ hat, vergleichbar dem Kaffeesatz, der übrig bleibt, wenn der eigentliche Inhalt bereits verschwunden ist bzw. sich (z. B. durchs Trinken) transformiert hat. Negativ verweist aber, wie der Kaffeesatz, auch die Form noch in ihrem entleerten, möglicherweise aber gerade deshalb besonders manifesten Zustand noch auf den Inhalt als das ihr der Möglichkeit nach Zugehörige. Die Form ist in dieser Sicht das, was von einem Prozess übrig bleibt, ein Rückstand, eine scharf oder unscharf umgrenzte Gestalt, die allerdings nicht nur Dokument einer – ihrer – Vergangenheit ist, sondern gleichzeitig in der Lage ist, neue Prozesse auszulösen. Das kann entweder dadurch geschehen, dass die Form, gespenstisch, Inhalte als Vorstellungsinhalte aufruft, oder dadurch, dass sie tatsächlich mit neuen Inhalten gefüllt oder angereichert wird. In seiner posthum erschienenen *Ästhetischen Theorie* (1970) charakterisierte Adorno die Prozesslogik in der Art und Weise, wie etwas zu einer Form wird, mit dem Begriff »**Formgesetz**«. Dieses besagt kurzum, »dass ästhetische Form sedimentierter Inhalt sei« (Adorno 1970, 15).

Der auch mit dieser Definition noch denkbar weit gefasste Formbegriff bringt den Vorteil mit sich, dass er – zumindest für den Bereich der Ästhetik und somit auch für die Literatur – die zeitliche Komponente der Form*werdung* eigens betont und somit überkommene Definitionen der Form beispielsweise als zeitloser Gestalt überwindet. Bereits auf dieser Ebene, der Prozessualität und (so paradox das klingen mag) der Materialität der Form, liegt eine mögliche Verbindung zum Schreibprozess nahe, produziert dieser doch fortlaufend **Ablagerungen** (Schriftformen), die wiederum auf den Prozess zurückwirken. Gleichzeitig offeriert der von Adorno vorgeschlagene Begriff der Form die Möglichkeit, *auch* mentale Inhalte als prozessbezogene Größen – genau genommen als formal bedeutete und gemeinte, als abwesende, aber doch provozierte und auf dieser Ebene beschreibbare Gehalte – zu denken. In einem ganz allgemeinen Sinne ist dies für die Form der Schrift, mit der Schreibprozesse operieren, zutreffend, sind die durch Schrift *bedeuteten* Inhalte doch grundsätzlich nicht *in* der Schrift – materialiter – enthalten, sondern durch sie bloß aufgerufen oder angedeutet.

Nun kann der Formbegriff im Falle der Literatur selbstredend auf sehr unterschiedliche Bereiche bezogen werden, auch auf solche, die weniger elementar sind als der Bereich der Schrift. Klassischerweise hängt die gesamte Gattungsfrage am Begriff der Form. Bezogen auf den Schreibprozess muss allerdings betont werden, dass die Wahl einer bestimmten **Gattung** (Epik, Dramatik, Lyrik …) oder die Entscheidung, sich überhaupt, kritisch oder affirmativ, an erkennbaren überlieferten literarischen Formen zu orientieren, nicht schon *vor* dem Anheben des Stiftes oder der Betätigung einer Tastatur getroffen sein muss.

Die im folgenden zweiten Teil dieses Buches skizzierten möglichen Phasen oder Momente eines Schreibprozesses setzen deshalb nicht bei der Frage nach der möglicherweise beabsichtigen Form und auch nicht bei der Frage nach den denkbaren inhaltlichen Bestimmungen eines Schreibprojektes an. Vorausgesetzt wird vielmehr, dass es möglich ist, sowohl die Frage nach der Form als auch die nach dem Inhalt *im* Prozess des Schreibens zu klären – oder die Klärung aufzuschieben – bis zum Zeitpunkt einer etwaigen Publikation (oder sogar über diesen hinaus).

Das heißt nun allerdings umgekehrt nicht, dass insbesondere die Gattungsfrage den Schreibprozess nicht auch ganz entscheidend – gegebenenfalls von Anfang an – mitbestimmen *kann*. Das ist oft bereits deshalb schon der Fall, weil Schreibprojekte, gerade in der Gegenwart, kaum je losgelöst von entsprechenden Gruppierungen stattfinden, von Vorlieben abhängen, was den etwaigen Publikationskontext angeht, oder schlicht von den Gesetzen des Marktes geprägt sind. Man mag das beklagen oder begrüßen, aber man wird es nicht leugnen können. Romane oder Erzählungen verkaufen sich beispielsweise im Schnitt besser als Lyrik, und wenn jemand sein Schreiben auf die Verkaufbarkeit des schließlich Geschriebenen hin orientiert (wobei diese durchaus in Konflikt zu den eigenen literarischen Ansprüchen geraten kann), dann wird die Gattungsfrage in diesem Sinne auch den Schreibprozess maßgeblich mitbestimmen.

Entsprechende **Schreibratgeber** wie etwa das Buch von James N. Frey (*1943) *How to Write a Damn Good Novel* (*Wie man einen verdammt guten Roman schreibt*), haben das Kriterium der **Verkaufbarkeit** oder, allgemeiner gesprochen, das Kriterium der möglichst breitenwirksamen **Lesbarkeit**, bereits so verinnerlicht, dass es gar nicht mehr eigens reflektiert wird (Frey 1987). Man lernt dann, dass beim Schreiben alles, aber auch wirklich alles darauf ankommt, dass man spannende Figuren – im Sinne von Protagonisten, Helden, Identifikationsträgern – schafft. Diese Figuren müssen sodann in einen Konflikt geraten, und sie müssen diesen Konflikt in irgendeiner Weise bewältigen, und zwar so, dass in der Lektüre Spannung entsteht und diese Spannung am Ende ausreicht, um ein Buch, nachdem man es gekauft hat, von vorne bis hinten tatsächlich auch zu lesen.

Von einem eher symbolischen Kapital beim Schreiben wird man dagegen in den Fällen auszugehen haben, in denen die Entscheidung für eine gattungsbestimmte Form des Schreibens, etwa die der experimentellen Lyrik, Aussicht auf Anerkennung im reflektierten Umgang mit Sprache verschafft. Auch vermeintlich zweckfreie Literatur ist, so gesehen, nie ganz und gar autonom. Manchmal ist sogar das Gegenteil der Fall: Sprachzentriertheit und soziale bzw. ökonomische Abhängigkeit oder zumindest Orientierung schließen sich jedenfalls nicht aus, wie man am Beispiel von Stipendienvergaben oder Literaturpreisen sehen kann.

Perspektiven dieser Art können also das Schreiben sehr wohl mitbestimmen, und sie tun es in der Regel auch. Geht man allerdings, wie im vorangegangenen Kapitel skizziert, davon aus, dass literarische Schreibprozesse – wenn man **Literarizität** bereits als Kennzeichen des Prozesses und nicht erst des Ergebnisses bestimmen möchte – grundlegend durch eine produktiv werdende Differenz zwischen Konzept und Akt, zwischen einer etwaigen temporären (auch formalen) Zielsetzung oder Idee und ihrer Umsetzung bestimmt sind, dann wird man auch den vermeintlichen Entscheidungszwang in der Formfrage nicht als notwendige Voraussetzung eines Schreibprozesses bestimmen wollen.

Nimmt man diesen Sachverhalt ernst, dann wird auch verständlich, warum es Schreibende immer wieder dazu drängt, die Ergebnisse ihres Schreibens nicht ohne weiteres einer bestimmten Form zuzurechnen. So ist zwar beispielsweise dem Roman als moderner Gattung gerade dessen Formlosigkeit oft vorgeworfen worden. Für Verlage hingegen ist die Bezeichnung ›Roman‹ aus ökonomischen Gründen attraktiv. Die Bezeichnung erweist sich dann allerdings selbst als Form – als Form, die Erwartungen weckt, die wiederum ein Autor oder eine Autorin womöglich gar nicht erfüllen will.

Beispiele für eine **kritische Haltung** gegenüber derartigen Bezeichnungen findet man besonders in der Literatur der vergangenen Jahrzehnte zuhauf. So etwa in Thomas Bernhards *Holzfällen* von 1984, das im Untertitel bzw. auf dem

Umschlag nicht als »Roman« bezeichnet wird, sondern die schlichte, nicht frei von Komik artikulierte Bezeichnung trägt: *Eine Erregung*. Oder man findet sie bei Klaus Merz (*1945), dessen Buch *Jakob schläft* von 1997 mit ganzem Titel heißt: *Jakob schläft. Eigentlich ein Roman*. Oder man findet sie bei Elfriede Jelinek (*1946), deren Roman *Michael* von 1972 den Untertitel *Ein Jugendbuch für die Infantilgesellschaft* trägt. Markierungen dieser Art machen deutlich, dass die **Gattungsbezeichnungen** Erwartungen provozieren, zu denen man sich als Autor oder Autorin irgendwie verhalten muss. Die Beispiele zeigen außerdem, dass man Buchumschläge, Betitelungen, Klappentexte usw. – also Paratexte im Sinne Gérard Genettes (Genette 1987) – bestenfalls selbst als Spielräume poetischer Artikulation begreifen kann.

Dass diese Spielräume, was nun die Gattungsbezeichnungen angeht, überhaupt vorhanden sind und genutzt werden können, sofern auch die Verlage oder entsprechende Plattformen mitspielen, ist bemerkenswert. Es liegt daran, dass die klassischen, im deutschsprachigen Raum im Grunde erst seit der Goethezeit bestimmend gewordenen drei Gattungsbezeichnungen des Romans (sowie der kleineren epischen Formen wie der Erzählung oder der Kurzgeschichte), dann des Dramas (genau genommen des Dramentextes) und schließlich der Lyrik kaum noch mit verbindlichen Formvorgaben zu assoziieren sind. In historischer Perspektive erscheinen dementsprechend auch Verlegenheitsbezeichnungen wie etwa der schon im 19. Jahrhundert aufkommende Ausdruck ›Prosagedicht‹ bereits als Indizien einer **Krise der klassischen Gattungsdefinitionen**, die freilich von Insidern der literarischen Szene schon vorher erkannt wurde. So etwa von Friedrich Schlegel (1772–1829), der in seinen *Kritischen Fragmenten* rundheraus sagt: »Alle klassischen Dichtarten in ihrer strengen Reinheit sind jetzt lächerlich« (Schlegel 1797, 62 [Nr. 60]).

Die Krise der klassischen Gattungsdefinitionen hat später, im 20. Jahrhundert, Literaturwissenschaftler wie Emil Staiger (1908–1987) dazu angehalten, allenfalls noch vom ›Epischen‹, vom ›Dramatischen‹ und vom ›Lyrischen‹ als Grundbegriffen der Poetik, als grundsätzlich in **Mischformen** auftretenden Tendenzen in der sprachlichen Gestaltung eines Textes zu sprechen (Staiger 1946, Breithaupt 2003). Im Bereich des Buchmarktes ist von einer derartigen Krise allerdings wenig zu spüren: Die überlieferten Begriffe scheinen auch dort noch erfolgreich Orientierung zu versprechen, wo die entsprechenden literarischen Formen sich im Grunde dagegen sträuben.

Der **Baustellencharakter**, den die im besten Sinne fragwürdig gewordenen Gattungsbezeichnungen erhalten haben, hat Konsequenzen für die Schreibpraxis. Dieser steht es heutzutage weitgehend frei, sich individuell zwischen mindestens zwei Grundoptionen zu bewegen: Entweder man wendet sich, unbewusst oder bewusst, affirmativ oder kritisch, aus handwerklichen, vielleicht didaktischen Gründen oder verstärkt reflexiv, naiv, naiv gespielt oder ironisch den überlieferten historischen Formen zu, indem diese adaptiert werden, oder man investiert die Energie in die Entwicklung möglichst eigener, noch nicht bekannter Formen und Formprinzipien. Zwischen diesen beiden Grundoptionen der **Adaption** und der **Innovation** sind erneut unendliche Differenzierungen, Überlagerungen und Abweichungen denkbar, die auch innerhalb eines Schreibprozesses wechseln können und die sich außerdem auf unterschiedlichen Ebenen der Formgebung abspielen können. Was Letzteres angeht, so bilden die traditionellen Gattungen ja nur einen der möglichen Spielräume der **Formgebung**.

Will man einen Roman schreiben? Eine Erzählung? Einen Dramentext? Ein Gedicht? Oder eine Kritik? Einen poetologischen Text? Eine Mischform? Das sind Entscheidungen, die schreibend zu treffen oder zu verwerfen sind. Die zu treffenden oder zu dispensierenden Formentscheidungen haben selbstredend Konsequenzen für die tatsächliche Arbeit an einem Text. Dabei sind diese Entscheidungen auch auf der Ebene von gattungsinternen Formtraditionen zu treffen oder zu verwerfen. Um beim Beispiel der Lyrik zu bleiben: Verschafft man dem Reim, zu dem sich heute in der Lyrik kaum noch jemand verpflichtet fühlen dürfte, wieder ein eigenes Gewicht? Rekurriert man auf traditionelle, verhältnismäßig streng festgelegte Formen wie das Sonett? Erweitert man diese Formen oder nutzt man die Vorgabe, um die Möglichkeiten und Grenzen formaler Restriktionen auszutesten? Macht man das zu reinen Übungszwecken? Oder geht es, beispielsweise, darum, eine Tradition kritisch weiterzuführen, um auf diese Weise auch eine womöglich neue Sicht auf das Vergangene zu gewinnen? Oder ist das Projekt viel stärker zukunftsorientiert, indem die traditionellen Formen nur den Anlass bilden, um selbst auf Ideen zu kommen oder andere auf Ideen zu bringen, die man ohne diese Formen nicht gehabt hätte oder haben könnte?

Diese Fragen müssen in einem Schreibprozess nicht explizit werden. Aber sie dürften doch deutlich machen, dass beim Schreiben Entscheidungen dieser Art bewusst oder unbewusst ohnehin fortlaufend getroffen werden bzw. getroffen werden müssen. Dazu kommen Fragen nach dem Stil, dem Rhythmus, dem Tempo, der Länge oder Kürze eines Textes, die grundsätzliche Entscheidung, in welcher Sprache man schreibt, der Muttersprache, einer Fremdsprache, im Dialekt oder einem Soziolekt – oder einer Simulation davon? Reserviert man formale Eigenarten für bestimmte Passagen oder Figuren *in* einem Text, oder geht es darum, den ›Sound‹ eines Textes insgesamt an derartigen Formprinzipien zu orientieren? Hat man den Mut, eigene Formprinzipien zu formulieren und sich ihnen entlang zu bewegen? Oder sind diese – etwa durch einen vorab festgelegten Seitenumfang – von vornherein vorgegeben? Nimmt man es in Kauf, durch die Entwicklung eigener oder zumindest eigenartiger Formprinzipien als unverständlich oder verbohrt wahrgenommen zu werden? Oder interpretiert man bereits die Inkaufnahme eines solchen Risikos als bloße Masche und wendet sich deshalb konsumierbareren Formen des Schreibens und des schließlich Geschriebenen zu?

Allgemeinverbindliche Antworten auf diese Fragen wird man aus einer reflektierenden Perspektive auf die unterschiedlichen *möglichen* Formen des Schreibens selbstverständlich nicht erwarten können. Was die Fragen aber *als* Fragen bezwecken können (und hier an dieser Stelle sollen), ist eine Steigerung der Aufmerksamkeit im Hinblick auf das *Spektrum* an Möglichkeiten, an Spielräumen und Alternativen, vor deren Hintergrund sich die *in* einem Prozess schließlich tatsächlich getroffenen oder erst noch zu treffenden Entscheidungen umso schärfer bestimmen, vertreten oder verwerfen lassen. Die Frage nach dem möglichen Inhalt eines Schreibprojektes im Sinne etwa einer thematischen Ausrichtung wird durch die Schulung der Aufmerksamkeit auf die Formfrage im Übrigen nicht überflüssig. Nur sollte die Betonung der Formfrage als Frage nach der Konturierung möglicher Inhalte inzwischen deutlich gemacht haben, dass es schreibend nie einfach darum gehen kann, für einen – feststehenden? – Inhalt noch die passende Form zu finden (oder für eine scheinbar schon vorhandene Form den passenden Inhalt).

Behauptungen wie die, dass es doch in der Literatur letztlich immer um die Liebe oder den Tod gehe, sind entsprechend irreführend. Sie suggerieren nicht nur, dass die Inhaltsfrage wichtiger sei als die der Form, sie verstellen auch den Blick dafür, dass Inhalte in der Literatur dadurch charakterisiert sind, dass sie eine bestimmte Form aufweisen, dass diese Form mit dem Inhalt einen je spezifischen **Komplex** bildet und dass deshalb eine Vergleichbarkeit unterschiedlicher Texte ebenso wie von Schreibprojekten rein auf der Ebene von Inhalten (oder von Motiven in diesem Sinne) strukturell nicht gegeben ist und deshalb weder analytisch noch schreibpraktisch weiterführt.

Zwar lassen sich Inhalte als mögliche Orientierungspunkte eines Schreibprojektes durchaus festlegen (wenn sie nicht ohnehin schon, zum Beispiel unbewusst oder durch institutionelle Vorgaben, festgelegt sind – oder zumindest scheinen). Aber die *Art* der Festlegung wird sich doch schon auf der Ebene etwaiger Initialzündungen zu einem Projekt bereits als formal infiltriert erweisen, so dass Schreiben sinnvollerweise nur heißen kann, Form und Inhalt in jeder möglichen Phase eines Projektes als einen jeweils in sich differenzierten Komplex zu erachten, der schreibend bearbeitet wird und einer Umarbeitung grundsätzlich offensteht.

Geht man noch einmal zurück zum Modell eines im Schreiben sich fortlaufend neu vollziehenden und verschiebenden Rückkopplungsprozesses zwischen Schreibenwollen, Idee, Umsetzung und (Zwischen-)Ergebnis (und fortgesetztem Schreibenwollen, revidierter Idee usw.), dann ist der Form-Inhalt-Komplex sowohl auf der Ebene der Idee als auch im Verhältnis von Idee, Umsetzung und wahrnehmbarem (Zwischen-)Ergebnis zu situieren. Letzteres macht klar, warum es auf der Ebene der Lektüre und Rezeption auch von Außenstehenden möglich ist, etwas über diese Komplexe, die fürs Schreiben elementar sind, in Erfahrung zu bringen. Man könnte auch sagen: Jeder Schriftsteller, jede Schriftstellerin braucht ein **Problem**, an dem er oder sie sich schreibend – also externalisierend und das Externalisierte wiederum wahrnehmend – abarbeiten kann.

2 Momente: von den ersten Ideen bis zur Veröffentlichung

2.1 Wahrnehmungen, Lektüren, Erinnerungen, Ideen

Wie kommt im literarischen Schreiben der Rückkopplungsprozess zwischen Schreibenwollen, Idee(n), Umsetzung und immer wieder neuem Ergebnis in Gang? Und wie verschiebt er sich? Welche Phasen sind denkbar? Welche **Momente** sind womöglich entscheidend?

Die folgenden Kapitel sind unterschiedlichen Momenten gewidmet, die im Schreibprozess wichtig werden können. Dabei verhält es sich genau gleich wie bei den eingangs (→ Kap. 1.2) vorgestellten Produktionsstadien aus der antiken Rhetorik – 1) *inventio* (Auffindung des Stoffs), 2) *dispositio* (Gliederung und Strukturierung des Stoffs), 3) *elocutio* (sprachliche Ausführung oder Einkleidung, Darstellung), 4) *memoria* (Auswendiglernen), 5) *actio* oder *pronuntiatio* (Aufführung oder Vortrag des Geschriebenen): Es gibt gute Gründe, die für eine entsprechende Reihenfolge sprechen, aber es gibt kein Gesetz, das es einem verböte, anders vorzugehen.

Entsprechend ist auch die implizite Chronologie, die den folgenden Kapiteln – »von den ersten Ideen bis zur Veröffentlichung« – zugrunde liegt, nicht als notwendiger Verlauf, nicht als Kausalkette zu verstehen, sondern lediglich als ein **Muster**. Dieses dürfte sich allerdings für eine große Anzahl von literarischen Schreibprozessen als weiterführend herausstellen. Dabei verweisen insbesondere die letzten beiden Kapitel – zur Veröffentlichung und zur Frage »wie weiter?« – bereits auf Produktionsstadien, die nur in einem weiten Sinn noch zum Schreibprozess zu rechnen sind, diesen aber gleichwohl, in seiner projektiven Ausrichtung, von Anfang an mitbestimmen können.

Vor allem bei geübteren Autorinnen oder Autoren kommt es außerdem oft vor, dass mehrere Schreibprojekte praktisch gleichzeitig oder nebeneinander verfolgt werden, dass Vorhaben, die nicht in der erwarteten Weise vorankommen, ruhen gelassen werden oder dass sich aus einem geplanten Vorhaben auf zuvor unabsehbare Weise ein ganz anderes Projekt entwickelt. All diese Prozesse, Verzweigungen, Latenzzeiten, **Überlagerungen** sind nicht nur möglich, sie sind im Grunde der Regelfall. Unterschiedliche Schreibprozesse können sich in ihren Phasen und Momenten ebenso überlagern, wie jedes einzelne Vorhaben durch Faktoren, die nicht direkt zum Schreiben gehören (Verpflichtungen oder Ereignisse aller Arten), unterbrochen, gestört – oder bereichert – werden kann.

Wo und wie anfangen? Das von Roland Barthes so sehr betonte Schreibenwollen (Barthes 2008, 39) bildet für literarische Schreibprozesse, die dem Paradigma der Individualität zu entsprechen suchen, einen vielversprechenden Ausgangspunkt. Ein solches Wollen wird man in aller Regel allerdings nicht nur als verhältnismäßig diffus einzuschätzen haben. Das Schreibenwollen wird sich auch von Anfang an mit bestimmten Vorstellungen, Eindrücken, Erinnerungen assoziieren, die das Subjekt des Schreibens eher als betroffenes, als passives etwas angehen, als dass es sich in jedem Moment als Meister(in) dieser Wahrnehmungen begreifen könnte.

Die Liste der leitenden Begriffe beginnt hier deshalb mit **Wahrnehmungen**, wobei diese auch aus Lektüren, aus Erinnerungen, aus Beobachtungen, aus ersten, vielleicht nur vage erfassten Ideen bestehen können. Der Grundgedanke der folgenden Ausführungen lautet: Nur was wahrgenommen, nur was in irgendeiner Weise aufgenommen wird, kann auch wiedergegeben werden. Dabei ist entscheidend, dass sich zwischen **Aufnahme** und **Wiedergabe** stets eine **Transformation** vollzieht – ja der Schreibprozess *ist* diese

Transformation. Ohne Vorgabe, ohne Vorlage oder Vorprägung gibt es allerdings kein Schreiben.

Das heißt zugleich: Der Beginn eines Schreibprozesses, wo auch immer man ihn situieren möchte, besteht in einem Akt der **Bezugnahme**. Durch Beobachtung kann Bezug genommen werden auf das direkt oder indirekt Wahrgenommene: auf Situationen, Personen, Dinge, Ereignisse, Sachverhalte, aber auch auf Gelesenes, auf Gehörtes oder Gesehenes, sei es im Radio, im Fernsehen oder in anderen Medien. Die Bezugnahme kann sich als Selbstwahrnehmung vollziehen: durch Erinnerungen, Reflexionen der eigenen Wahrnehmungstätigkeit usw. Oder die Bezugnahme spielt sich im Bereich des Gedachten ab: Einfälle werden registriert und schreibend weiterbearbeitet (oder erstmal bloß festgehalten), Ideen werden notiert, Vorstellungen gewinnen Form und werden dann gegebenenfalls schreibend weiterverfolgt.

In all diesen Fällen hat man es mit Transformationsprozessen zu tun: Was vor dem Schreiben war, geht in einen transformativen Prozess oder die Möglichkeit einer Prozessauslösung ein, es wird durch das Folgende aber prinzipiell auch verwandelt. In dieser **Verwandlung** liegt im Übrigen auch der Grund für die Fragwürdigkeit des Modells vom ›Einfluss‹: Wohl ist es richtig, dass jede Schreiberin und jeder Schreiber geprägt ist von ihren oder seinen individuellen, den historischen sowie gegebenenfalls auch den gruppenspezifischen Vorbildern und Vorgaben. Solche Prägungen können unbewusst oder bewusst vorhanden sein. Sie können im Gestus der Begeisterung (Inspiration, Adaption, Jüngerschaft) hingenommen oder im Gestus der Ablehnung (Einfluss-Angst, Kritik, Zerstörung) abgewehrt werden (Bloom 1973). Elementar für den Schreibprozess ist, dass diese Prägungen durch den Schreibakt in jedem Fall eine Veränderung erfahren. Dabei sind zwei gegensätzliche Positionen denkbar.

Die eine Position bestünde in einer Schreibpraxis, die diese Veränderung möglichst klein halten will, indem sie das Wahrgenommene in Form eines Wahrnehmungsprotokolls, das Gelesene in Form einer Abschrift oder Adaption, das Gedachte in Form beispielsweise einer noch weitgehend unstrukturierten Gedankenfolge möglichst direkt und unvermittelt zu Papier bringt. Der Schreiber oder die Schreiberin wird hier im Idealfall als bloßes Medium für etwas begriffen, das er oder sie durch sich hindurchgehen lässt. In der gesteigerten Variante wird diese Konzeption zur expliziten Affirmation: Es geht dann darum, das Aufgenommene und Mitgeteilte uneingeschränkt als wertvoll auszuweisen und sich selbst in den Dienst der mitgeteilten Sache oder des mitgeteilten Stils zu stellen.

Thomas Bernhard beschrieb einmal das Phantasma eines Schreibprozesses, der in einer bloßen Ausleerung des Kopfes – und das heißt wohl des Gedachten, des Ausgeheckten oder mental Zusammengesponnenen – bestehen sollte, wie folgt: »seinen Kopf urplötzlich von einem Augenblick auf den anderen auf das rücksichtsloseste um- und also die Studie auf das Papier zu kippen« (Bernhard 2004, 231). Man hat es hier tatsächlich mit einem Phantasma der **Differenzminimierung** zu tun: Was in diesem Fall a) gedacht worden ist und was am Ende b) auf das Papier kommt, soll möglichst identisch sein. Im Anschluss an die surrealistische *écriture automatique* übte sich die amerikanische Beat-Literatur in einem vergleichbaren Pathos der Unmittelbarkeit (→ Kap. 3.2). Das entsprechende Motto lautete: »First thought, best thought« (Ginsberg 2001, 366). Was einem zuerst in den Sinn kommt, soll nicht nur sofort aufs Papier transferiert werden, es soll zugleich das Beste sein, was einem beim Schreiben passieren kann.

Differenzminimierung kann sich jedoch, verstanden als mögliche Idealvorstellung, nicht nur auf das subjektiv Gedachte, Gefühlte oder Erinnerte beziehen. Auch Vorgaben oder Vorlagen ganz anderer, äußerer Art können im Schreiben zum Gegenstand einer möglichst unveränderten Wiedergabe avancieren: bereits Geschriebenes oder Gedrucktes etwa, das nur noch abgeschrieben oder kopiert wird. Ein solches Abschreiben wird etwa von den beiden Figuren *Bouvard et Pécuchet* im gleichnamigen Roman von Gustave Flaubert (1821–1880) vorgeführt (Flaubert 1881), während das Prinzip des Copy & Paste in dem von Kenneth Goldsmith (*1961) propagierten *Uncreative Writing* zum Produktionsparadigma schlechthin erklärt wird.

Die Gegenposition zur Differenzminimierung besteht in der **Differenzmaximierung**: in einer Schreibpraxis, die sich vom jeweils Vorliegenden oder den entsprechenden Vorprägungen prinzipiell *absetzen* möchte und gerade den angestrebten Unterschied zum Einsatzpunkt der Arbeit nimmt. Hier ist das Schreibsubjekt eher antagonistisch zu denken: als Instanz, die sich konfrontativ zum (inneren oder äußeren) Ausgangsmaterial verhält und sich ihm gegenüber durch Abgrenzung zu verstehen und zu definieren versucht. Aus der Rezeptionsperspektive lässt sich das Verhältnis zum inneren Ausgangsmaterial (Erinnerungen, Wünsche, ausgedachte Denk- und Artikulationsformen, Prägungen aller möglichen Art) selbstredend nie direkt erfassen, höchstens über Umwege, über eine spekulative Analyse von Überarbeitungsstufen, die allerdings primär als Überreste einer Arbeit an bereits veräußertem Material zu interpretieren sind. Letzteres lässt sich etwa an Friedrich Hölderlins (1770–1843) zersetzenden Umarbeitungen bereits eigenhändig angefertigter Reinschriften wie im Falle der Elegie »Brod und Wein« gut zeigen (Groddeck 2012).

Die vor allem in Spätwerken (Zanetti 2012a) häufig zu beobachtenden Widerrufe oder schlicht Abgrenzungen gegenüber *eigenen* Vorarbeiten, auch gegenüber bereits publizierten Werken, bilden *eine* Form von Differenzmaximierung oder zumindest der Steigerung von Differenz gegenüber

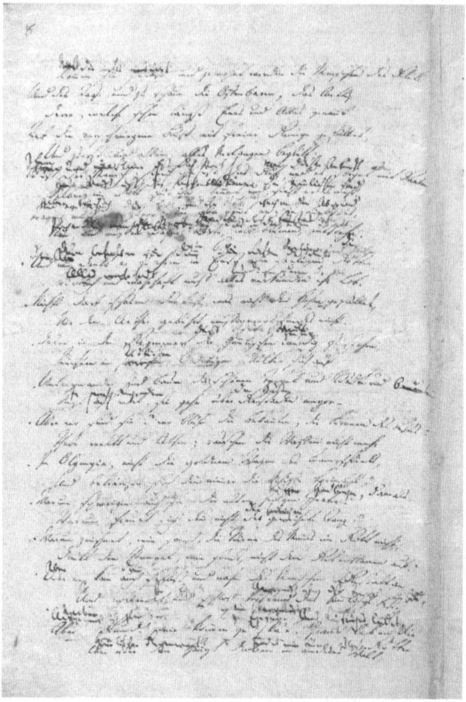

dem jeweils Vorliegenden. Abgrenzungen gegenüber Werken *anderer* Autorinnen oder Autoren oder gar von ganzen Epochen oder Richtungen bilden eine andere, wohl mindestens so häufig, wenn nicht häufiger vorkommende Form von Differenzsteigerung oder -maximierung. Besonders vehemente Abgrenzungen finden sich in avantgardistischen Manifesten. So etwa in demjenigen des russischen Futurismus mit dem Titel »Eine Ohrfeige dem öffentlichen Geschmack« aus dem Jahr 1912: »Das Vergangene ist eng. Die Akademie und Puškin sind unverständlicher als Hieroglyphen. Puškin, Dostojevskij, Tolstoj usw. usw. sind vom Dampfer der Gegenwart zu werfen« (Burljuk/Kručonych/Majakovskij/Chlebnikov 1912, 107).

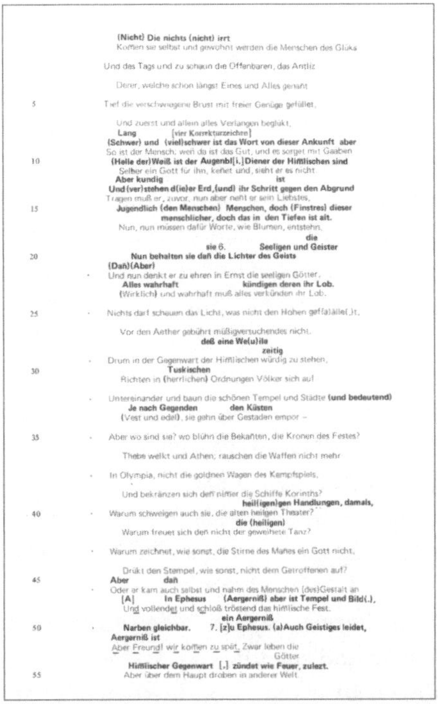
(Nicht) Die nichts (nicht) irrt
Koñen sie selbst und gewohnt werden die Menschen des Glüks
Und des Tags und zu schaun die Offenbaren, das Antliz
Derer, welche schon längst Eines und Alles genañt
Tief die verschwiegene Brust mit freier Genüge gefüllet,
Und zuerst und allein alles Verlangen beglükt,
Lang [vier Korrekturzeichen]
(Schwer) und (viel)schwer ist das Wort von dieser Ankunft aber
So ist der Mensch; weñ da ist das Gut, und es sorget mit Gaaben
(Helle der)Weiß ist der Augenbl[i.]Diener der Hiñlischen sind
Selber ein Gott für ihn, keñet und, sieht er es nicht
Aber kundig ist
Und (ver)stehen d(ie)er Erd,(und) ihr Schritt gegen den Abgrund
Tragen muß er, zuvor, nun aber neñt er sein Liebstes,
Jugendlich (den Menschen) Menschen, doch (Finstres) dieser
menschlicher, doch das in den Tiefen ist alt.
Nun, nun müssen dafür Worte, wie Blumen, entstehn.
die
sie 6. Seeligen und Geister
Nun behalten sie dañ die Lichter des Geists
(Dañ)(Aber)
Und nun denkt er zu ehren in Ernst die seeligen Götter.
Alles wahrhaft kündigen deren ihr Lob.
(Wirklich) und wahrhaft muß alles verkünden ihr Lob.
Nichts darf scheuen das Licht, was nicht den Hohen gef(a)ällе(.)t,
Vor den Aether gebührt müßigversuchendes nicht.
deß eine We(u)ile
zeitig
Drum in der Gegenwart der Hiñlischen würdig zu stehen,
Tuskischen
Richten in (herrlichen) Ordnungen Völker sich auf
Untereinander und baun die schönen Tempel und Städte **(und bedeutend)**
Je nach Gegenden den Küsten
(Vest und edel), sie gehn über Gestaden empor –
Aber wo sind sie? wo blühn die Bekañten, die Kronen des Festes?
Thebe welkt und Athen; rauschen die Waffen nicht mehr
In Olympia, nicht die goldnen Wagen des Kampfspiels,
Und bekränzen sich deñ nimer die Schiffe Korinths?
heil(igen)gen Handlungen, damals,
Warum schweigen auch sie, die alten heilgen Theater?
die (heiligen)
Warum freuet sich deñ nicht der geweihete Tanz?
Warum zeichnet, wie sonst, die Stirne des Mañes ein Gott nicht,
Drükt den Stempel, wie sonst, nicht dem Getroffenen auf?
Aber dañ
Oder er kam auch selbst und nahm des Menschen (des)Gestalt an
[A] In Ephesus (Aergerniß) aber ist Tempel und Bild(.),
Und vollendet und schloß tröstend das hiñlische Fest.
ein Aergerniß
Narben gleichbar. 7. [z]u Ephesus. (a)Auch Geistiges leidet,
Aergerniß ist
Aber Freund! wir koñen zu spät. Zwar leben die
Götter
Hiñlischer Gegenwart [.] zündet wie Feuer, zulezt.
Aber über dem Haupt droben in anderer Welt

Friedrich Hölderlin, überarbeitete Reinschrift zu »Brod und Wein« (Seite aus dem *Homburger Folioheft* und Transkription)

Für beide Positionen, Differenzminimierung und Differenzmaximierung, gilt selbstredend, dass sie höchstens als Richtungsvorgaben zu verstehen sind und dass in einem Schreibprozess außerdem jeweils *unterschiedliche* Ausgangsmaterialen, die wiederum auf verschiedenen Ebenen liegen können, die Basis bilden. Doch selbst wenn man bei jeweils nur *einem* wahrgenommenen und subjektiv für relevant befundenen Ausgangsmaterial ansetzt, wird es die genannten Positionen der Differenzminimierung und der Differenzmaximierung kaum je in unvermischter Form geben: Die Veränderung des Ausgangsmaterials durchs Schreiben selbst lässt sich grundsätzlich nicht aufhalten, höchstens minimieren, umgekehrt ist eine totale Differenz zwischen Vorlage und Resultat, Material und Bearbeitung, Konzept und Umsetzung gar nicht denkbar, weil die *Arbeit* an Differenz bereits Bezugnahme, wenn auch durch Abgrenzung, bedeutet.

Schreiben bedeutet stets, mit dem **Veränderungspotential** zu arbeiten, das sich ausgehend von etwas bereits Bestehendem (Wahrgenommenem oder Erinnertem, Adaptiertem oder selbst Erarbeitetem) in der Auseinandersetzung mit ihm ergibt. Eine solche Arbeit kann eher kontrastiv oder eher affirmativ erfolgen, sie kann darauf abzielen, eine eigene Position zu entwickeln und in Abgrenzung gegenüber anderen stark zu machen. Oder sie kann dem Bestreben folgen, sich in den Dienst einer bestimmten Sache, einer Programmatik oder eines Formideals zu stellen. Damit dies geschehen kann, bedarf es jedoch zunächst einmal einer Bezugnahme auf das, was für das eigene Schreiben als Grundlage erachtet wird. Diese Grundlage ist hochgradig von individuellen Dispositionen abhängig.

Stark konzeptuell arbeitende Schriftstellerinnen und Schriftsteller werden die Grundlage ihres Schreibens in bestimmten Leitvorstellungen, in gruppenspezifischen oder individuellen Konzeptvorgaben sehen. Schreibende mit einem dokumentarischen Anspruch werden die Grundlage ihrer Tätigkeit in den Materialien sehen, die sie zunächst sammeln und aufbereiten, um dann mit ihnen zu arbeiten. Autobiographisch interessierte Literaten werden die Grundlage ihrer Arbeit verstärkt in den eigenen Erinnerungen ausfindig machen, denen sie sprachlich Form zu geben versuchen. Parallel zu den individuellen Präferenzen wird zudem kaum eine Schriftstellerin oder ein Schriftsteller ihr oder sein Schreiben losgelöst von prägenden Texten, von Lektüreerfahrungen, von bereits bestehender Literatur also betreiben (Kutzmutz/Porombka 2007).

In jedem Fall bilden die je unterschiedlich wahrgenommenen und wahrnehmbaren Grundlagen des eigenen Schreibens – Beobachtungen, Eindrücke, Lektüren, Erinnerungen, Konzepte – einen wichtigen Bezugspunkt in jedem Schreibprozess. Eine ganze Reihe von Problemen des Schreibens entsteht im Übrigen gerade bei Schreibprojekten, die noch am Anfang stehen, auf dieser Ebene: Zu den häufigsten Problemen zählen die, dass die Materialgrundlage eines Schreibvorhabens sich als entweder zu ausufernd oder als zu klein herausstellt. Oft bedeutet ›ausufernd‹ allerdings nur, dass ein strukturierter Zugang zur Fülle der Materialien fehlt oder dass die Materialien trotz scheinbarer Fülle (wie zum Beispiel im Internet) nur in einem ganz beschränkten Format vorliegen und sich kein verlässlicher Bezug dazu etablieren lässt.

Hier muss, schreibpraktisch gesprochen, der Blick geweitet werden, der Orientierungsphase und den vielfältigen Bewegungen darin Raum gegeben werden, der Bequemlichkeit in den Zugriffsmöglichkeiten ausgewichen werden. Wird die Materialgrundlage hingegen als zu ›klein‹ erachtet, fehlt es oft gar nicht so sehr an Material, sondern an Sinn für Details, für Nuancen und Auffälligkeiten. Oder das eigene Ich rückt derart ins Zentrum, dass nur noch die eigene Befindlichkeit wahrgenommen wird, und diese wiederum bleibt ihrerseits taub, wenn sie nicht mit Gegenständen, mit Materialien, mit Problemen und Fragen, kurzum mit Impulsen konfrontiert wird.

Um die Logik eines Schreibprojektes verstehen zu können, ist es wichtig, die **Ausgangssituation** zu kennen, von der aus ein Projekt seinen Lauf nimmt. Damit ist nicht gesagt, dass ein solches Verständnis unbedingt nötig ist, um das *Ergebnis* eines solchen Projektes – den schließlich geschriebenen Text – zu verstehen: Texthermeneutik ist etwas anderes als Schreibprozessanalyse, die Analyse schließlich publizierter Texte umfasst mehr und anderes als die produktionsästhetische Analyse von Prozessspuren (und *vice versa*). Auch ist damit nicht gesagt, dass ein Schreibsubjekt sich selbst vollkommen darüber im Klaren sein muss, von welchem Punkt oder von welchen Punkten es in seinem Schreiben ausgeht. Wichtig ist die Frage nach dem Ausgangspunkt aber dann, wenn es darum geht, die *Prozessphasen* und somit die *Transformationsbewegung* nachvollziehbar zu machen, die ein Schreibprozess durchlaufen hat oder gerade durchläuft.

Was am Anfang steht, egal ob es sich dabei primär um Erinnerungen handelt, um Gelesenes, um Wahrgenommenes oder um Ideen, steht dem Schreibprozess insgesamt als **Material** zur Verfügung, das im weiteren Verlauf des Prozesses bearbeitet werden kann. Dabei mag es hilfreich sein, sich an das in der Antike geprägte Bild der *tabula rasa* zu erinnern (Platon 1958, 159–163 [*Theaitetos*, 191c-195b], Aristoteles 2011, 153 [429b29–430a2]). Dieses Bild galt lange Zeit als Metapher für das menschliche Gedächtnis und fand schließlich auch als Modell für die menschliche Bildung viel Beachtung (Grimmelshausen 1668, 71, Locke 1689, 101). Die **tabula rasa** ist eine unbeschriebene Wachstafel, so wie sie in der Antike als Schreibgerät verwendet wurde. Mit dem Griffel – dem Stilus – wurden Schriftzeichen in die weiche Wachsschicht gekerbt, wobei der Griffel mit seinen beiden Enden zwei Funktionen erfüllte: An dem einen Ende war er scharf, um Schriftzeichen in die Wachsschicht einritzen zu können, am anderen Ende war er flach, so dass er, im Vorgang des Glattstreichens, auch als Löschwerkzeug genutzt werden konnte.

Mit der Übertragung dieses Modells auf das menschliche Erinnerungsvermögen wurde die Wahrnehmung und die daran anschließende Gedächtnisbildung selbst als Schreib- und Lesevorgang verständlich: Was wahrgenommen wird, schreibt sich in das Gedächtnis ein, dadurch wird es bewahrt und kann (in Analogie zum Lesen) erinnert werden. Nicht geklärt werden konnte mit diesem Modell allerdings, wie der **Zugriff** auf die bewahrten Gedächtnisinhalte, also das ›Lesen‹ genau stattfinden soll und an welcher Stelle das Vergessen einsetzt (Letzteres wurde gelegentlich mit der Beschaffenheit des Wachses erklärt). Sigmund Freud (1856–1939) unternahm 1925 in seiner kurzen »Notiz über den Wunderblock« (Freud 1925) eine Art Aktualisierung dieses Modells. Zwar löste auch Freud das Problem des Zugriffs nicht, aber er erkannte es *als* Problem, indem er darauf aufmerksam machte, dass die Wachsschicht eher als eine Art Palimpsest, als mehrfach überschriebenes und unleserlich gewordenes Dokument aufgefasst werden sollte. Freud zufolge gibt es auf dieses Dokument grundsätzlich keinen direkten Zugriff, sondern höchstens einen, der durch Verstellungen und Transformationen gekennzeichnet ist.

Für ein Verständnis von Schreibprozessen ist das von Freud aufgegriffene und erweiterte Modell der *tabula rasa* insofern aufschlussreich, als es zeigen kann, inwiefern selbst ein Schreibakt, der scheinbar ganz intuitiv und subjektiv erfolgt, bereits von **Vorprägungen** abhängt, die dem Bereich der Schrift (in ihrer Speicherfunktion) zumindest nahestehen. Dabei sind diese Vorprägungen ihrerseits Resultate von Übertragungs-, von Verschiebungs- und Verdichtungsprozessen, die sich der bewussten Kontrolle in der Regel entziehen. Produktiv sind sie gleichwohl. Das Schreiben wird somit insgesamt als weitgreifender Transformationsprozess verständlich, der in einem permanenten Um- und Weiterschreiben besteht. Wer schreibt, ist dabei prinzipiell *kein* ›unbeschriebenes Blatt‹, also keine *tabula rasa* im wörtlichen Sinn, sondern Regulierungsinstanz oder Schaltstelle in einem Transformationsprozess, der durch individuelle und kulturelle Einspurungen vorgeprägt ist. Diese Vorprägungen bilden zusammen mit etwaigen zusätzlichen Dokumenten und Realien sowie mit den konkreten Schreibwerkzeugen und Schreibunterlagen das Material, das beim Schreiben bearbeitet wird.

Die *Art* der **Bearbeitung** ist dabei hochgradig von den individuell und kulturell bedingten Präferenzen und Umständen abhängig. Situativ und historisch bestimmte Orientierungsmuster, Stilvorgaben und Rahmensetzungen gehören dazu, ebenso explizite oder implizite Zensurmechanismen, die mitbestimmen, was aufs Papier kommt und was nicht. So unterschiedlich einzelne Schreibakte jedoch sind, sie werden stets auf ihre jeweiligen Ausgangsmaterialien zurückgreifen, die in weiteren Prozessphasen bearbeitet werden. Gemäß dem hier vorgestellten Modell einer Rückkopplung zwischen Schreibenwollen, Idee, Umsetzung und Ergebnis wird das Ergebnis immer wieder zum möglichen Ausgangsmaterial für eine erneute Bearbeitung, vielleicht auch für eine neue Idee.

Wie eingangs angedeutet, weisen die im Folgenden vorgestellten Momente oder Phasen im Schreibprozess nur **Modellcharakter** auf. Weder müssen in einem Schreibprozess sämtliche Phasen durchlaufen werden, noch steht die Reihenfolge im Einzelnen fest. Gleichzeitig ist davon auszugehen, dass in der Arbeit an einem Text einzelne Phasen und Abläufe wiederholt durchlaufen werden, andere Phasen wiederum abgekürzt oder wiederum parallel zu anderen ablaufen – je nach Textzustand. Die folgende Einteilung dient entsprechend vornehmlich dazu, das Feld *möglicher* Momente und Komponenten in der Arbeit an einem Text abzustecken, so dass sich auch etwaige Schwierigkeiten oder Optimierungsmöglichkeiten beim Schreiben genauer lokalisieren lassen.

2.2 Einfälle, erste Notizen, Stoffe, Skizzen, Pläne

Worauf man schreibend bauen kann, die Gehalte und Implikationen der Beobachtungen, Lektüren, Erinnerungen und Ideen, könnte man auch als **Stoffe** bezeichnen (→ Kap. 3.4). Die Stoffe bilden die Rohmaterialien, mit denen man schreibend arbeiten kann, indem sie gestaltet, angereichert, ausgedünnt oder, ausgehend von bereits vorliegenden Formen und

Strukturen, transformiert werden. Das bloße Vorhandensein (oder Vorhandenscheinen) von Stoffen reicht allerdings nicht aus, damit ein Schreibprojekt in Gang kommen, Fahrt aufnehmen, Richtung gewinnen kann. Dazu bedarf es im Hinblick auf ein entsprechendes Schreibenwollen einer oder mehrerer **Initialzündungen**, eines oder mehrerer Einfälle, *wie* man die potentielle Unendlichkeit der stofflichen Anordnungs- und Ausrichtungsmöglichkeiten in eine endliche Form bringt oder auch nur in eine bestimmte **Richtung** lenken kann. Es gibt Schreibende, bei denen der Kristallisationspunkt eines bestimmten Schreibprojektes – das kann die Arbeit an einem kurzen Text, einem Gedicht sein – erkennbar wird, bevor eine einzige Zeile geschrieben worden ist. In diesem Fall wird der anschließende Schreibprozess sich stets an diesem anfänglichen Moment der Richtungsklärung orientiert haben können.

Oft stellen sich Momente dieser Art aber nicht einfach so ein. Eine grobe Vorstellung, wohin das Projekt gehen könnte, mag zwar bestehen, eine mögliche Karte aber, auf der man den Weg ablesen könnte, den man im Einzelnen nehmen müsste oder könnte, scheint nicht greifbar. Die Differenz zwischen dem allenfalls vorhandenen diffusen Anspruch an ein Vorhaben und der Wirklichkeit auf dem Papier oder dem Bildschirm scheint dann maximal. Um diese Differenz zumindest in bestimmten Momenten zu minimieren und die Chance zu erhöhen, einem Projekt die erwünschte Richtung und den nötigen **Schwung** zu verleihen, greift eine ganze Reihe von Schriftstellerinnen und Schriftstellern zum Mittel der **Heftführung**: Ein Notizheft, es kann auch ein Kalender oder das Tagebuch oder eine offene Datei im Computer oder eine Notiz auf dem Smartphone sein, wird als eine Art Vorratskammer für den möglichen künftigen Gebrauch einzelner Aufzeichnungen eingerichtet.

Alles Mögliche wird da hineingeschrieben: Dinge, die einem auffallen, Beobachtungen, die man nicht vergessen möchte, Projekte, die man realisieren könnte. Eingerichtet wird ein Schreibraum, der ganz davon lebt, dass er *nicht* unter dem Zwang steht, Endgültiges verzeichnen zu müssen. Die *Sudelbücher* von Georg Christoph Lichtenberg (1742–1799) oder die Notizhefte von Friedrich Nietzsche (1844–1900) haben den Charakter derartiger Speicher und **Experimentierstationen**, ebenso die sogenannten »i-Hefte« von Paul Celan (1920–1970) oder die Notizbüchlein von Max Frisch (1911–1991) oder Peter K. Wehrli (*1939). Es versammeln sich in diesen handlichen Vorratsspeichern ganz und gar heterogene Eintragungen, die oft auch die Grenze von der schriftlichen Aufzeichnung zur visuellen Graphik und Zeichnung überschreiten.

Notizhefte, Sudelbücher oder Journale, die geführt werden, dienen auf einer ganz niederschwelligen Ebene dazu, zu schreiben, ohne dass das Geschriebene bereits mit einem bestimmten Zweck verbunden sein müsste. Es handelt sich um ein Schreiben, das Roland Barthes versuchsweise als ›intransitives Schreiben‹ (Barthes 1970) bezeichnet hat: ein Schreiben, das sich nicht dadurch definiert, dass etwas Bestimmtes, d. h. etwas in seiner Ergebnisform bereits Absehbares – eine Erzählung, ein Gedicht oder schlicht ein Buch – geschrieben wird, sondern dadurch, dass der Prozess als solcher vonstattengeht.

In einem ganz basalen Sinne hält die Tätigkeit des Notierens das Schreiben als Grundaktivität am Laufen. Es ist vielleicht so wie bei einem Motor, den man laufen lässt, damit er warm ist und bei der ersten Steigung nicht gleich absäuft. Notizhefte, es können auch Zettel sein, sind darüber hinaus Experimentierstationen, aber auch Übungsfelder, wenn es darum geht, einer Idee eine bestimmte Form zu geben, einen Gedanken mal in diese, mal in jene Richtung zu drehen und zu lenken. Auf diese Weise können tatsächlich konkretere Vorstellungen davon entstehen, wie sich ein Schreibprojekt entwickeln sollte, in welche Richtung es gehen könnte und welche Form das allmählich Projektierte schließlich gewinnen kann.

Entscheidend bei diesen tentativen Prozessen ist der Moment, in dem jemand an etwas *hängenzubleiben* beginnt: der Punkt, an dem etwas einrastet, eine Idee tragfähig wird. Es geht um den Moment, in dem eine Geschichte erzählbar wird, der Eindruck einer bestimmten Anordnung von Wörtern Aussicht auf eine durch ihn bestimmte und weiterhin bestimmbare Zukunft gewinnt. Das vorläufig Notierte wird dann so wahrnehmbar, dass es ein **Versprechen** in sich trägt: Daraus wird noch etwas! Das Vertrauen in dieses Versprechen ist oft nötig, damit die Motivation für ein entsprechendes Schreibprojekt aufrechterhalten werden oder überhaupt erst entstehen kann. Bricht diese Motivation ein, müssen andere Anhaltspunkte gesucht und gefunden werden – oder man lässt das Projekt bis auf weiteres (oder auch definitiv) liegen.

Die **Visualisierung** der Komponenten, die einer Vorstellung Gestalt verleihen, erweist sich bei denjenigen, die sich der Leidenschaft des Notierens verschreiben, oft als besonders wichtiger Anhaltspunkt in der Ausgestaltung eines Projekts. Gegenüber der bloß mentalen Repräsentationsfähigkeit (oder -unfähigkeit) erweist sich eine externalisierte Visualisierung insofern als vorteilhaft, als sie dabei hilft, Distanz zu einem Vorhaben zu gewinnen. Es ist eine Distanz, die es möglich macht, das zu Erarbeitende in eine vorwegnehmende Übersicht zu bringen. Das Notierte gewinnt eine visuelle Gegenständlichkeit in dem einfachen Sinne, dass es einem entgegensteht, und zwar so, dass man sich dazu verhalten kann. Die Arbeit auf dem Papier oder auf dem Bildschirm kann dann losgehen. Es gibt dann etwas, worauf man sich weiterhin beziehen, an dem man arbeiten kann, ohne dass man sich allzu sehr mit ihm identifizieren müsste.

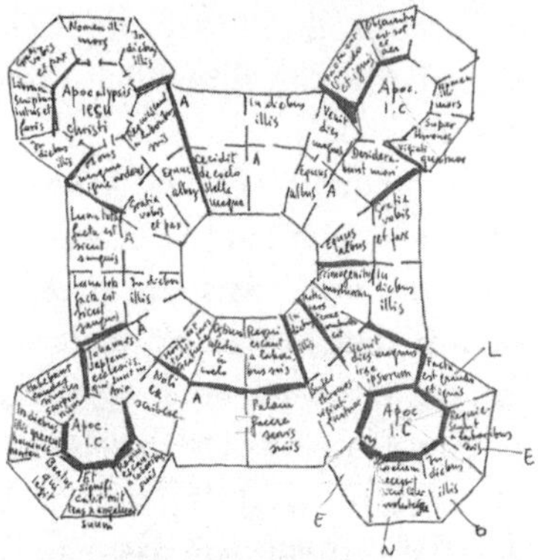

Die **Bezugsräume**, die notierend geschaffen werden, haben immer auch den Charakter von Kontrasträumen. Denn das, was auf dem Papier oder auf dem Bildschirm steht, ist prinzipiell, schon der Erscheinungsform nach, etwas anderes, manchmal auch nur etwas geringfügig anderes als das, was man sich mit offenen oder geschlossenen Augen vorstellt oder vorgestellt hat. Auch hier geht es wieder um die bereits mehrfach betonte Differenzerfahrung, die man im Schreiben grundsätzlich nicht als Problem, sondern, wenn schon, als Chance ansehen sollte: Die Externalisierung bietet die Möglichkeit, das, was man auf eine Oberfläche bringt, so auf sich zurückwirken zu lassen, dass die Differenz zur vorausliegenden, vielleicht nur diffus vorhanden gewesenen Vorstellung genutzt werden kann, um einem Projekt Kontur zu verleihen, seine Umrisse festzuhalten und auf diese Weise **Anschlussmöglichkeiten** für das Folgende zu schaffen.

Neben dem Notieren von Zeichen in Schriftform kann das Arbeiten mit ersten Einfällen und Ideen auch darin bestehen, **Skizzen** anzufertigen: bildliche Darstellungen, Pläne, Zeichnungen von Figuren und kleinen Porträts, aber auch Visualisierungen abstrakter Formprinzipien in Form von Listen oder Schemata.

Umberto Eco, Grundriss der Bibliothek und Skizze der Mönche (*Der Name der Rose*)

In einer Art Verkleinerungsform bieten Skizzen die Möglichkeit, Übersicht zu gewinnen, modellhaft und in groben Strichen **Anhaltspunkte** für eine räumliche Orientierung zu schaffen. Auch können Skizzen dazu verwendet werden, Eindrücke festzuhalten, deren Ausformulierung in Sprache noch nicht möglich oder sinnvoll scheint. Skizzen in diesem Sinne sind Versuche, Kompositionsprinzipien oder Eindrücke, die in einem Buch am Ende gar nicht mehr sichtbar sein müssen, in eine handhabbare Form zu bringen, so dass sie als Arbeitsmittel dabei helfen können, dem Schreibprozess, aber letzten Endes auch dem schließlich Geschriebenen oder zu Schreibenden **Struktur** zu geben. Vergleichbar der von Ludwig Wittgenstein (1889–1951) in seinem *Tractatus logico-philosophicus* beschriebenen Leiter, die man »wegwerfen« kann, »nachdem« man »auf ihr hinaufgestiegen ist« (Wittgenstein 1921, 115).

Denkbar ist auch, dass Leitern dieser Art durch akustische Aufzeichnungen hergestellt werden. Bekannt geworden sind in diesem Zusammenhang etwa die Tonbandaufzeichnungen von Rolf Dieter Brinkmann (1940–1975): Aufzeichnungen, mit denen Brinkmann in den frühen 1970er Jahren ganz alltägliche Beobachtungen protokollierte, aber auch bereits stark verdichtete Wahrnehmungen, die teilweise schließlich zu Gedichten in Schriftform transformiert wurden (Brinkmann 2005). Der Klang der Sprache und der Stimme im Besonderen gewinnt in akustischen Aufzeichnungsverfahren selbstverständlich ein besonderes Gewicht. Der Duktus mündlicher Rede kann auf diese Weise viel direkter eingefangen werden. Allerdings lassen sich **akustische Aufzeichnungen** nicht unvermittelt aufs Papier übertragen – sofern aus dem ganzen Prozess am Ende ein Text in Schriftform resultieren soll. Man wird also beim Einsatz von akustischen Aufzeichnungstechniken zur Verfertigung von Texten in Schriftform in jedem Fall von anschließenden Übersetzungs- und Transformationsprozessen auszugehen haben, wobei diese Prozesse selbst kreatives Potential aufweisen.

Vergegenwärtigt man sich die von Schriftstellerinnen und Schriftstellern mehrheitlich benutzten Techniken der Ideenfindung und Ausarbeitung, dann fällt auf, dass akustische Aufzeichnungstechniken eher ein marginales Dasein fristen. Das dürfte darauf zurückzuführen sein, dass bei akustischen Aufzeichnungen der zeitliche Ablauf auf eine Weise festgelegt ist, wie dies beim Verfertigen von visuellen Zeichen ebenso wie bei deren Lektüre nicht der Fall ist. Sieht man von den mittlerweile vorhandenen technischen Möglichkeiten automatischer Transkriptionen ab, deren Eigenlogik samt Fehlererzeugung sicherlich auch poetisch genutzt werden kann, so bringt die Umschrift von Mündlichem beim Schreiben einen Aufwand mit sich, der von Schreibenden in den wenigsten Fällen als produktiv erachtet wird.

Allerdings befinden wir uns gerade jetzt in einer Zeit des medialen Umbruchs, in der sich die Frage nach dem Transkriptionsbedarf und mehr noch nach den **Transkriptionsmöglichkeiten** neu stellt. Nach wie vor benutzen viele Schriftstellerinnen und Schriftsteller Notizhefte, in denen von Hand mit einem Bleistift oder Kugelschreiber Auffälliges notiert wird. Das hochmobile Aufzeichnungsmedium des Notizhefts erhält allerdings mächtige Konkurrenz durch ebenso mobile elektronische Aufzeichnungsmedien, so wie sie in jedem Smartphone oder Tablet ganz selbstverständlich implementiert sind. Nicht nur Notizen lassen sich damit vergleichsweise mühelos anfertigen (und ebenso leicht in andere Medien übertragen). Auch Ton-, Bild- und Filmaufnahmen sind problemlos möglich, und diese können wiederum in Schreibprojekten Verwendung finden. Dabei stellt sich, wie bei Brinkmanns Tonaufnahmen, die Frage, wie mit ihnen im Anschluss umzugehen ist: Will man sie transkribieren? Als bloße Gedächtnisstütze nutzen? Oder nimmt man sie zum Anlass, mit hybriden Darstellungsformen zu operieren, in denen Töne, Bilder und Filmaufnahmen gleichermaßen zum Zuge kommen können?

Es ist davon auszugehen, dass Schriftstellerinnen und Schriftsteller in Zukunft vermehrt **hybride Darstellungsformen** nutzen werden. Dies umso mehr, als auch die entsprechenden – elektronischen – Publikationsformen dafür längst bereitstehen und fortlaufend weiterentwickelt werden. Noch nie war es so einfach, hybride Text-Ton-Bild-und-Film-Kompositionen samt Verlinkungen nach außen nicht nur herzustellen, sondern – online – auch sofort öffentlich zu machen. In den sozialen Medien oder in einem Blog kann heutzutage der Abstand zwischen Verfertigung und Publikation auf Sekundenbruchteile reduziert werden (Porombka 2012). Die Möglichkeit eines solchen minimalen Abstands ist historisch neu. Ebenso neu ist die **Niederschwelligkeit der Partizipation**: Es braucht vergleichsweise wenig, um ›mitmachen‹ zu können – um Texte, Bilder und Töne in die Welt senden zu können.

Gleichzeitig ist davon auszugehen, dass das Schreiben im engeren Sinne des Schriftgebrauchs eine Tätigkeit ist, die in absehbarer Zeit nicht verschwinden wird, auch wenn sie im

Kontext anderer Aufzeichnungs- und Darstellungspraktiken und -techniken immer wieder eine neue – eine neue alte – Bedeutung erlangen wird. Dazu gehört, dass der *bildliche* Charakter der Schrift zumindest auf den entsprechenden Benutzeroberflächen weiterhin diversen – schriftbildlichen, diagrammatischen und zeichnerischen – Nutzungen und Transformationen offenstehen wird. Dabei dürfte die im Prinzip stumme Dimension der Schrift gerade in ihrem Kontrast zu einer Welt, die nicht nur voll von Bildern, sondern auch voll von Geräuschen und Tönen ist, ihre Wirkung entfalten.

Man kann im Hinblick aufs Schreiben gleichwohl von einer **Dialogizität** sprechen. Das Geschriebene lässt sich schlicht als Antwort auf das zuvor Gedachte (oder Wahrgenommene oder bereits Geschriebene) begreifen. Ja mehr noch: Das Geschriebene ist etwas, das einem aufgrund der Verwandlung, die es im Prozess seiner Materialisierung durchlaufen hat, so entgegentritt (oder wenigstens so entgegentreten kann), als wäre es von jemand anderem. Darüber hinaus ist Sprache, in welcher Verwendungsform auch immer – mündlich oder schriftlich – insofern grundsätzlich dialogisch orientiert, als das Gesagte – das Gesprochene oder Geschriebene – die Möglichkeit in sich trägt, aufgenommen zu werden: gehört oder gelesen. In diesem ganz elementaren Sinne ist Sprache und somit auch Schrift durch Dialogizität bestimmt: nicht im Sinne einer tatsächlich vollzogenen Wechselrede zwischen zwei bestimmten Subjekten, doch in dem Sinne, dass Schrift durch die Zeit hindurch die Ansprache eines anderen, auch des schreibenden Ichs als eines anderen, dann nämlich lesenden Ichs ermöglicht (Celan 1983, 186).

2.3 Öffnungen nach außen: Rekurrieren, Aneignen

Wenn Schreiben Externalisieren heißt und wenn umgekehrt das Externalisierte – wie es das Modell von Freuds Wunderblock nahelegt – ein transformiertes Verinnerlichtes ist, das aber ebenfalls auf externe Faktoren (Wahrgenommenes usw.) zumindest zurückweist, liegt es nahe, die Subjektivität des Schreibers oder der Schreiberin als **arrangierende Subjektivität** zu begreifen: Schreibend werden jene Stoffe arrangiert, die das Subjekt auf die eine oder andere Weise ›angesprochen‹ haben und mit denen hernach, auf dem Papier oder dem Bildschirm, gearbeitet werden kann.

Von einer Öffnung nach außen während des Schreibprozesses kann nun in mehrfacher Hinsicht die Rede sein. Zunächst einmal in dem schnell übersehenen, weil so sehr naheliegenden Sinne, dass das Geschriebene jenen, die schreiben und das Geschriebene zugleich lesen, bereits als etwas Äußerliches entgegentritt. Nicht immer wird dies von den Schreibenden selbst auch so wahrgenommen. Gelegentlich liegt in diesem Nichtsehen aber auch ein Problem, und zwar das folgende: dass das Geschriebene viel zu sehr als etwas ganz und gar Individuelles oder Intimes verstanden wird, als etwas, mit dem man sich um jeden Preis identifizieren muss.

Wenn nicht gesehen wird, dass das Geschriebene eine **Unabhängigkeit** vom Schreiber oder der Schreiberin gewinnt, ja gewinnen muss, sofern es auch für andere lesbar werden soll, dann hat man vom Schreiben wenig verstanden. Das heißt nicht, dass nicht trotzdem identifizierend geschrieben wird und dass die entsprechenden Bücher nicht auch (in großer Zahl sogar) gekauft würden. Es heißt nur, dass man es in diesen Fällen mit einer Suggestion von Identität zu tun hat, wobei Letztere durch die faktische Ablösung des Autors oder der Autorin vom Text gerade nicht als gegeben vorauszusetzen ist.

Nach wie vor sehr aufschlussreich sind in diesem Zusammenhang die folgenden Sätze, die Roland Barthes in seinem Aufsatz *La mort de l'auteur* (*Der Tod des Autors*) festgehalten hat (Barthes 1967, 185 f.):

> Die Schrift ist der [...] Ort, wohin unser Subjekt entflieht, das Schwarzweiß, in dem sich jede Identität aufzulösen beginnt, angefangen mit derjenigen des schreibenden Körpers. [...] Sobald ein Ereignis [...] *erzählt* wird, vollzieht sich diese Ablösung, verliert die Stimme ihren Ursprung, stirbt der Autor, beginnt die Schrift. [...] Unsere heutige Kultur beschränkt die Literatur tyrannisch auf den Autor, auf seine Person, seine Geschichte, seinen Geschmack, seine Leidenschaften. [...] Die *Erklärung* eines Werkes wird stets bei seinem Urheber gesucht – als ob sich hinter der [...] Fiktion letztlich immer die Stimme ein und derselben Person verberge, die des *Autors*, der Vertraulichkeiten preisgibt.

In welcher Weise einem das eigenhändig Geschriebene als etwas Äußeres entgegentreten kann, lässt sich wiederum an folgendem Zitat von Claude Simon gut nachvollziehen. Die Passage stammt wie die im Einleitungskapitel wiedergegebene Visualisierung des Schreibprozesses aus Simons *Orion aveugle* (*Der blinde Orion*) von 1970. In ihr werden die im Kapitel zuvor erläuterten möglichen Schritte in der schreibend stattfindenden **Ideenentwicklung** geradezu mustergültig vorgestellt (Simon 1970, 9–11):

> Was mich angeht, so kenne ich keine anderen Pfade der Schöpfung als jene, die Schritt für Schritt, das heißt Wort für Wort, durch den Fortgang des Schreibens selbst gebahnt werden. Bevor ich mich daran mache, Zeichen aufs Papier zu setzen, gibt es nichts außer einem formlosen Magma mehr oder weniger verworrener Empfindungen,

mehr oder weniger präziser, angehäufter Erinnerungen und einen vagen – sehr vagen – Plan. Erst beim Schreiben bildet sich etwas heraus, in allen Bedeutungen des Worts. Es fasziniert mich, dass dieses Etwas immer sehr viel ergiebiger ist als das, was zu tun ich mir vorgenommen hatte. Es hat also den Anschein, als spielten das weiße Blatt Papier und das Schreiben eine zumindest ebenso wichtige Rolle wie meine Absichten, als wäre die Langsamkeit des materiellen Akts des Schreibens notwendig, damit die Bilder Zeit haben, sich anzusammeln (manchmal freilich kommen sie schneller herbei, und ich muss innehalten, um sie rasch am Rand zu notieren). Vielleicht aber muss ich die Wörter ja *sehen*, gleichsam aufgespießt, gegenwärtig, so dass ich ihnen nicht mehr entfliehen kann? Dabei sind es doch keine an sich existierenden Materialien wie die Steine einer Mauer, ein Farbfleck – der nur auf sich selbst verweist – oder Bronze, die man anfassen kann. [...] Auch wenn kein Blutstropfen jemals aus dem Riss eines Blatts Papier gefallen ist, auf dem die Leiche einer Person beschrieben wird, auch wenn die Seite, auf der eine Feuersbrunst erzählt wird, niemals jemanden verbrannt hat, auch wenn das Wort Blut kein wirkliches Blut ist, wenn das Wort Feuer nicht das wirkliche Feuer ist, wenn die Beschreibung außerstande ist, die Dinge zu reproduzieren, und stets andere Gegenstände nennt als diejenigen, die wir um uns herum wahrnehmen, so besitzen die Wörter doch jene wunderbare Macht, das, was ohne sie verstreut bliebe, zusammenzubringen und nebeneinanderzustellen.

Die Stelle mag in einem ersten Moment so verstanden werden, als handle sie von einem ganz und gar immanenten, selbstbezüglichen, von jeder Außenwelt abgeschotteten Schreibprozess. Tatsächlich aber hat man es hier mit der Schilderung eines Prozesses zu tun, in dem das Geschriebene selbst *nicht* oder nicht primär als Ausdruck eines individuellen, durch innerlichen Reichtum geprägten Denkens oder Fühlens bestimmt wird, sondern als etwas berückend Äußerliches, Fremdartiges, das in seiner **Eigenartigkeit** erst einmal *angesehen* werden muss.

Das imaginäre Zusammenbringen und Nebeneinanderstellen dessen, was durch Wörter bezeichnet werden kann, gerade weil es nicht *in* ihnen schon enthalten ist, macht Simon zufolge den entscheidenden Punkt beim Schreiben aus. Dabei gesteht der Autor den Wörtern in ihrer Äußerlichkeit von Anfang an die »Macht« zu, jene Zusammenkunft des Bedeuteten zu befördern, die auf dem Weg bloßer Innerlichkeit nicht zu leisten wäre. Die Kunst des Schreibens besteht Simon zufolge darin, das Geschriebene wahrzunehmen, auf dessen Bedeutungsevokationen zu achten, auf es lesend zu rekurrieren, um dann *mit* ihm als dem fortlaufend auch Gelesenen weiterarbeiten zu können. Das eigenhändig Geschriebene, so könnte man auch sagen, muss einem zuerst fremd werden (oder als immer schon **Fremdes** anerkannt werden), wenn mit ihm im Modus der Rekursion wieder gearbeitet werden können soll.

Das widerspricht im Übrigen nicht verwandten Verfahren der Ideenfindung wie etwa dem **Brainstorming** oder dem Mind-Mapping. Bei diesen ist der entscheidende Punkt ebenfalls weniger in dem zu sehen, was aus einem heraus an Ideen und Assoziationen auf eine Oberfläche kommt, als vielmehr in dem, was sich in den hervorgeholten und aufgezeichneten Wörtern an möglichen, weiterführenden Verbindungen erkennen lässt. Ebenso ist das von Heinrich von Kleist (1777–1811) prominent formulierte Verfahren der »allmählichen Verfertigung der Gedanken beim Reden« (Kleist 1805/06) vornehmlich aus einem Grund als ein – auch im Medium der Schrift – zumindest in Ansätzen praktikables Verfahren der Ideenfindung und -entwicklung anzusehen: Es zwingt das sich artikulierende Subjekt dazu, sich selbst als mit- und weiterdenkende Hör- und Interpretationsinstanz gegenüber dem bereits Geschriebenen und dem weiterhin Schreibbaren ernst zu nehmen.

Mit all den genannten Verfahren ist nun allerdings erst die eine, leicht vergessene Seite in der Öffnung nach außen beim Schreiben wieder in Erinnerung gerufen. Es ist jene Öffnung, die man bereits im Binnenraum einer Schreibwerkstatt, im fortlaufenden rekursiven Wahrnehmen und Lesen des gerade Geschriebenen, des gerade nach außen Versetzten und von dort aus wieder Wahrnehmbaren am Werk sehen kann. Wenn man die Öffnung nach außen als Öffnung der Wahrnehmung auf all das, was einen beim Schreiben umgeben kann oder womit man sich auch gezielt umgeben kann, versteht, dann fallen auch die erwähnten ganz alltäglichen Beobachtungen ins Gewicht (→ Kap. 3.9).

Worin in einem Schreibprozess die Öffnung nach außen besteht, ist abhängig davon, was für jemanden als Außen in Frage kommt. Eine Reihe von Schreibprojekten zielt darauf ab, zumindest in einer Anfangsphase Eindrücke zu sammeln, festzuhalten, was sich, auch und gerade jenseits des eigenen Schreibtisches, ereignet, was passiert und was sich nicht einfach ausdenken lässt. Die Tonbandaufnahmen von Rolf Dieter Brinkmann folgen über weite Strecken einem solchen Programm. Ebenfalls in den frühen 1970er Jahren unternahm der französische Schriftsteller und Filmemacher Georges Perec (1936–1982) ein noch reduzierteres, dokumentarisches oder dokumentarpoetisches Projekt, indem er sich, im Oktober 1974, an die Place Saint-Sulpice in Paris begab, um schlicht festzuhalten, was sich dort alles beobachten lässt. In der *Tentative d'épuisement d'un lieu parisien*, dem Versuch, einen Ort in Paris nicht nur (erschöpfend) zu beschreiben, sondern (schreibend) zu erschöpfen, verzeichnet Perec zuerst das Datum, dann den genauen Standort, dann das Wetter, dann was sich dem Sehen geradezu aufdrängt, dann wohin bestimmte Buslinien führen, dann Farben usw.

Perec versucht von seiner subjektiven Befindlichkeit möglichst abzusehen. Er lenkt stattdessen die Aufmerksamkeit auf die möglichen Ordnungen, nach denen sich ein Wahrnehmungsfeld strukturieren lässt. Der Schreibprozess könnte diese **Wahrnehmungsprotokolle** als Ausgangspunkt, als Materialsammlung für eine Geschichte verwenden, die an diesem Ort stattfindet. Oder für eine Recherche, die dazu dient, Hintergrundwissen über eine bestimmte Zeit oder einen bestimmten Ort zu gewinnen. Dann wäre diese Materialsammlung tatsächlich nur ein Moment in der Abfolge eines länger andauernden Schreibprozesses. Perec bleibt allerdings gezielt an diesem Punkt stehen. Es geht um die Beschreibung eines Moments oder einer Abfolge von Momenten als solchen. Der Schreibprozess *muss* also an diesem Punkt gar nicht weitergehen, er *kann* es allerdings – abhängig von der jeweiligen Idee, die man mit einem Schreibprojekt verfolgen möchte.

Eine weitere Form der Öffnung nach außen kann darin bestehen, dass das Außen aus bestimmten anderen Texten besteht, auf die man sich schreibend bezieht. Schriftstellerinnen und Schriftsteller, die offensiv mit **Intertextualität** arbeiten, werden ihre Außenorientierung vornehmlich im Blick auf andere Texte vollziehen und daraus für das eigene Schreiben die entsprechenden Konsequenzen ziehen (→ Kap. 3.6). Sie werden sammeln, priorisieren, ordnen, verwerfen. Sie werden exzerpieren, kopieren, zitieren, gegebenenfalls verfremden. Auch hier kann der Bezug nach außen entweder dazu dienen, schlicht Material für den weiteren Vorgang eines Schreibprojektes zu gewinnen, auch im Sinne einer wissenschaftlichen oder anders gelagerten Recherche. Oder der Bezug nach außen kann darin bestehen, die Arbeit mit dem Material als solche zum Programm zu erklären. Man hat es dann, je nach Akzentsetzung, mit jeweils unterschiedlichen Poetiken zu tun.

Das Rekurrieren auf das jeweils eigene oder fremde Material, das Recherchieren in Zusammenhängen, die man noch nicht oder noch nicht genügend kennt: Das sind alles Vorgänge, die den Schreibprozess auf ein jeweils unterschiedliches Außen hin öffnen. Dabei kann sich eine solche Öffnung auch als **Aneignung** vollziehen. Aneignung heißt in diesem Zusammenhang: erproben, wie es ist, wenn man sich der Logik eines anderen Textes oder eines anderen Sachzusammenhangs unterstellt – und dann *mit* dieser Unterstellung arbeitet. Die ganze *Appropriation Art* lebt davon, dass das, was es bereits gibt, jeweils – allerdings auf eine je eigene Weise – angeeignet wird, wodurch sich das Angeeignete allerdings immer auch verändert. Schreibprozesse lassen sich ebenso als Aneignungsprozesse denken und praktizieren: Was passiert, wenn ich mich an die Vorgaben eines bestimmten Formats (Trauerrede, Sonett, Katalog usw.) oder einer bestimmten Poetik (das Perec'sche Wahrnehmungsprotokoll, die Simon'sche Langsamkeit im Schreiben und im Blick darauf, die Brinkmann'sche Verschaltung von Beobachtung, Reflexion und Abschweifung) halte?

Das Sich-Abarbeiten an einer bereits artikulierten Poetik kann ganz pragmatischen Gesichtspunkten folgen: Sehen, wozu man selbst in der Lage ist, Erproben, ob das Angeeignete sich für ein eigenes Projekt als weiterführend herausstellt (oder nicht), Wissenwollen, welche Auswirkungen es haben kann, wenn man sich einer bestimmten Pragmatik unterstellt, Herausfinden, warum man sich (bewusst oder unbewusst) für oder gegen eine bestimmte Poetik entscheidet, bereits entschieden hat oder noch entscheiden wird. Das alles mag auch eine Hilfe dabei sein, die eigenen Routinen, wo sie lästig werden, nicht als sakrosankt zu empfinden.

2.4 Im Zickzack: zwischen Schreibstrom und Unterbrechung

Am 23. September 1912 hält Franz Kafka (1883–1924) in seinem Tagebuch akribisch fest, wie er in der Nacht zuvor die Erzählung *Das Urteil* zu Papier brachte (Kafka 2002b, 460):

> Diese Geschichte »Das Urteil« habe ich in der Nacht vom 22 zum 23 von 10 Uhr abends bis 6 Uhr früh in einem Zug geschrieben. Die vom Sitzen steif gewordenen Beine konnte ich kaum unter dem Schreibtisch hervorziehen. Die fürchterliche Anstrengung und Freude, wie sich die Geschichte vor mir entwickelte [–] wie ich in einem Gewässer vorwärts kam.

Es ist für die folgenden Überlegungen unerheblich, ob Kafkas Beschreibungen im Einzelnen zutreffend sind. Auch wenn durchaus nichts dagegenspricht, dass sie stimmen – wichtiger ist, dass sie eine mögliche **Wahrnehmung des Schreibprozesses** eigens hervorheben, die auch dort, wo nicht eine ganze Nacht lang durchgeschrieben wird, bestimmend werden kann: den Eindruck, mitten im Prozess zu sein, in einem **Schreibstrom**, der einen vergessen lässt, wo und wer man ist, in einem Fluss zu sein, der einen eher mitnimmt, als dass man ihn umgekehrt bewusst hervorbringen könnte.

In der Psychologie wurde für diese Art des selbstempfundenen konzentrierten und vertieften Aufgehens in einer Tätigkeit nicht von ungefähr der Begriff *Flow* geprägt, wobei dieser durch den begleitenden Diskurs der Selbstoptimierung leider fast unbrauchbar geworden ist (Csíkszentmihályi 1996). Das Bild des Flusses ist allerdings viel älter, es findet sich bereits in den antiken Rhetoriken, etwa jenen von Cicero und Quintilian, wobei es dort vornehmlich auf das möglichst ›flüssige‹ Sprechen bezogen war (Heine 2018).

Kafka schreibt: »wie ich in einem Gewässer vorwärts kam« und »wie sich die Geschichte vor mir entwickelte« – als ob die Geschichte sich mit einem gewissen Vorsprung fast unabhängig von ihrem Autor formierte. Es entsteht das Bild eines Autors, der vom Geschriebenen eher mitgenommen wird, als dass er über das Geschriebene verfügte. Nimmt man das Bild ernst, dann verliert der Autor hier gerade seine Autorschaft im strengen Sinne der Urheberschaft und Verantwortlichkeit – er wird zum bloßen Schreiber des zu Schreibenden oder des am Ende Geschriebenen.

In den Sätzen, die unmittelbar auf die zitierten folgen, berichtet Kafka von einem merkwürdigen Gefühl von Leichtigkeit, einem Anflug von Größenwahn, einer im Wortsinn ›verrückten‹ Vermischung von Vorstellungen, Bildern, Wahrnehmungen, und bei all dem – einem völligen Vergessen der Zeit (Kafka 2002b, 460 f.):

> Mehrmals in dieser Nacht trug ich mein Gewicht auf dem Rücken. Wie alles gewagt werden kann, wie für alle, für die fremdesten Einfälle ein großes Feuer bereitet ist, in dem sie vergehn und auferstehn. Wie es vor dem Fenster blau wurde. Ein Wagen fuhr. Zwei Männer über die Brücke giengen. Um 2 Uhr schaute ich zum letztenmal auf die Uhr. [...] Nur so kann geschrieben werden, nur in einem solchen Zusammenhang, mit solcher vollständigen Öffnung des Leibes und der Seele.

»Öffnung des Leibes und der Seele«: Das heißt, mit den Worten des vorangegangenen Kapitels, **Öffnung nach außen**, nur ist dieses Außen hier ein Konglomerat aus Empfindungen, Gedanken, aber auch tatsächlichen Wahrnehmungen, die im Schreibstrom scheinbar losgelöst von etwaigen bewussten Intentionen des Autors »vergehen und auferstehen« und somit zu etwas Neuem werden.

Das derart Geschaffene ist **Fiktion**. Ebenso wie die nachträgliche Beschreibung der Situation Fiktion ist. Fiktion allerdings, die unablässig auf das rekurriert, was schreibend tatsächlich wahrnehmbar ist: das bereits Geschriebene ebenso wie das darüber hinaus Wahrnehmbare – und am Ende wiederum Schreibbare. Für dieses **Schreibbare** muss, so könnte man mit Blick auf Kafka sagen, im Schreiben selbst bereits der Eindruck entstehen können, es schriebe sich von selbst. Gilles Deleuze (1925–1995) und Félix Guattari (1930–1992) sprachen einmal von einer Kraft der »Selbst-Setzung des Geschaffenen, das sich in sich erhält, vom Schöpfer unabhängig«. Und sie schlossen daraus für die Existenzweise eines Kunstwerkes, so wie es sich schreibend als Literatur erweisen kann: »Was sich bewahrt, erhält, die Sache oder das Kunstwerk, ist *ein Empfindungsblock, das heißt eine Verbindung, eine Zusammensetzung aus Perzepten und Affekten*« (Deleuze/Guattari 1991, 191).

Die Schaffung eines derartigen **Empfindungsblocks** (frz. »bloc de sensations«) oder, übertragen auf die Literatur, einer Abfolge, Rhythmisierung, Verkettung oder Unterbrechung von Empfindungsblöcken kann man in Erweiterung des von Deleuze und Guattari vorgeschlagenen Modells als mögliches Ziel literarischen Schreibens bestimmen. *Keine* allgemeingültige Regel wird man hingegen dafür formulieren können, *wie* man für Situationen und Schreibumstände sorgen kann, die das Schaffen solcher Empfindungsblöcke und das Arbeiten mit ihnen, die sich der subjektiven Verfügungsgewalt immer ein Stück weit entziehen, begünstigen.

Was lässt sich tun, um a) in einen Schreibfluss zu kommen und b) darin – metaphorisch gesprochen – jenen schreibend hervorgetriebenen Formationen und Figuren zu folgen, für die man am Ende vielleicht gerne als Urheberin oder Urheber gälte? Ganz lapidar hielt Virginia Woolf (1882–1941) in ihrem kämpferischen Essay *A Room of One's Own* (*Ein Zimmer für sich allein*) als Bedingung zur Förderung literarisch schreibender Frauen fest: »A woman must have money and a room of her own if she is to write fiction« (Woolf 1929, 6).

Was für schreibende Männer damals als Selbstverständlichkeit gelten konnte, dass sie Geld hatten oder erwerben konnten und dass sie **Raum (und Zeit) fürs Schreiben** beanspruchen konnten, wird über die Forderung Woolfs als Unselbstverständlichkeit besonders für schreibende Frauen, zugleich aber auch als schlicht grundlegender Faktor fürs literarische Schreiben überhaupt kenntlich gemacht. Dabei gilt das Gesagte auch für die Schriftstellerei heute: Ökonomische und soziale Bedingungen müssen dafür gegeben sein oder geschaffen werden, weil andernfalls die Chancen darauf schwinden, dass Literatur entstehen kann. Das Schreibenwollen, mit Barthes gesprochen, mag am Anfang des literarischen Schreibens in einem modernen Sinne stehen. Dieses Wollen muss aber zunächst einmal in einem ganz basalen Sinne auf Umstände treffen, die es möglich machen, dass es überhaupt Folgen zeitigen kann.

In der **Kunstsoziologie** wurde einige Mühe darauf verwendet zu zeigen, unter welchen sozialen, ökonomischen und politischen Bedingungen Kunst und Literatur im Besonderen in der Moderne gedeihen können: Die ›Autonomie‹ der Kunst hat einen Preis, der von irgendjemandem bezahlt werden muss (Bourdieu 1992). Allerdings wird in der Kunstsoziologie auch gerne vergessen, dass es Autorinnen und Autoren gab und gibt, die bereit sind, diesen Preis selbst zu bezahlen – d. h. zu schreiben, auch wenn sich damit nichts oder kaum etwas verdienen lässt, zu schreiben, ohne zu wissen, ob das je zu einem Erfolg in welchem Sinne auch immer führen wird. Kafka ist dafür übrigens ein gutes Beispiel: Denn wer war Kafka, als er geschrieben hat – und fast niemand ihn kannte?

Literarisches Schreiben muss auf Umstände treffen, die es begünstigen oder zumindest nicht vollständig verhindern. Diese Umstände sind allerdings heterogen und machen ihrerseits deutlich, dass das Schreiben jeweils in unterschiedliche

Dimensionen von Produktivität verstrickt ist. Die Literatursoziologin Carolin Amlinger (*1984) schlug im Hinblick auf eine umfassende »Soziologie literarischer Arbeit« vor, **vier Dimensionen** zu unterscheiden (Amlinger 2016):

> [N]eben a) der individuellen Produktion des literarischen Werkes lässt sich b) dessen ökonomische Produktion als Ware Buch, sowie c) die symbolische Produktion des ästhetischen Werts und d) die soziale Produktion des Autors als Schriftsteller unterscheiden.

Für die gegenwärtige Produktion und Distribution von Literatur lohnt es sich in der Tat, diese Dimensionen auseinanderzuhalten und zugleich als bestimmend anzuerkennen.

Selbst (wie im Falle Woolfs) sehr konkret benannte Umstände des Schreibens *erklären* aber in der Regel nicht, warum es im Einzelfall zum Schreiben kommt – oder nicht. Literatur wird schließlich noch unter verheerendsten Bedingungen geschrieben, manchmal nur noch gekritzelt oder streckenweise im Modus einer inneren Aufzeichnung verfertigt: in Gefängnissen, in Arbeitslagern, selbst in Konzentrationslagern. Der Schluss liegt nahe, dass die Selbständigkeit, ja **Gegenständlichkeit**, die das wie auch immer rudimentär Aufgezeichnete gewinnen kann, in bestimmten im Grunde unerträglichen Situationen Halt geben kann (Thun-Hohenstein 2005), und zwar gerade weil es ein Stück weit losgelöst vom schreibenden Subjekt, aber auch von einem wie auch immer zu bestimmenden Markt existiert.

Wie man ins Schreiben kommt, das lässt sich also nicht allgemein beantworten. Fest steht jedoch, dass die Frage, wie man ins Schreiben kommen kann, für Schriftstellerinnen und Schriftsteller selbstredend vital ist und dass sie dafür auch unterschiedliche Mittel und Wege gefunden haben, den Vorgang zu fördern und zu begünstigen. Merkt ein Schriftsteller, dass das Kaffeehaus die richtige **Umgebung** für sein Schreiben bildet, wird er als Ort des Schreibens das Kaffeehaus wählen. Benötigt eine Schriftstellerin absolute Ruhe, Einsamkeit und Konzentration, um ihre Art des Schreibens betreiben zu können, dann wird sie alles daransetzen, einen ungestörten Ort zum Schreiben zu finden.

Merkt jemand, dass er nur in der Nacht oder nur frühmorgens ins Schreiben kommt, dann wird er dafür sorgen, dass diese Zeit dafür freigehalten wird. Weiß eine Schriftstellerin, dass sie nur schreiben kann, wenn sie sich mehr oder weniger gleichzeitig in die Lektüre von Texten anderer vertiefen kann, dann wird sie ihre Schreibumgebung so einrichten, dass Bücher – oder das Internet – in Reichweite sind. Andere wiederum werden gerade die Ablenkung durch andere Lektüren oder durch den latenten Zwang, online zu sein, meiden wollen. Wiederum andere setzen gezielt auf **Stimulanzen** unterschiedlicher Art – Alkohol, Tabak, Drogen, Liebschaften, Sex, Musik, ungewohnte Umgebungen auf Reisen –, um fürs Schreiben in einen bestimmten Groove zu kommen. Oder sie wollen solche Stimulanzen in einer Art Exzess von Nüchternheit oder durch Meditation geradezu auf eine Nullstufe reduzieren, vielleicht um das Schreiben selbst als Antriebskraft wirksam werden zu lassen.

Zur Frage nach der Schreibumgebung gehört auch die Wahl der Schreibgeräte. Zusätzlich zu den gerade skizzierten individuellen Präferenzen und den auch darin wirksamen sozialen und ökonomischen Prädispositionen ist hier der medienhistorische Stand der vorhandenen und verfügbaren **Techniken** zu berücksichtigen. Aus heutiger Perspektive gefragt: Will man noch, was ja durchaus möglich ist, von Hand schreiben? Oder setzt man bewusst auf die neueste oder eine bereits wieder veraltete Technik, weil sich mit ihr bestimmte poetische Effekte – etwa auf der Ebene der Schriftbildlichkeit – erzielen lassen?

In der vierten These seines ebenso pointiert wie teils erratisch ausgefallenen Kurzratgebers »Die Technik des Schriftstellers in dreizehn Thesen« aus dem Band *Einbahnstraße* von 1928 schreibt Walter Benjamin: »Meide beliebiges Handwerkszeug. Pedantisches Beharren bei gewissen Papieren, Federn, Tinten ist von Nutzen. Nicht Luxus, aber Fülle dieser Utensilien ist unerlässlich« (Benjamin 1928, 106).

Diese Tipps waren und sind im Detail gewiss nicht für alle Schreibende gleichermaßen oder gar für alle Zeiten zielführend. Sie lenken allerdings die Aufmerksamkeit darauf, dass es im Einzelnen durchaus pedantische Züge im Umgang mit bestimmten Schreibutensilien sein können, die über den Erfolg oder Misserfolg eines schriftstellerischen Projektes mitentscheiden.

Was kann man aus all dem lernen? In allen erwähnten Beispielen und Fragen ging es darum, wie man ins Schreiben kommen kann, welche Maßnahmen Schriftstellerinnen und Schriftsteller hierfür ergriffen haben und welche davon sich allenfalls auch heute noch als weiterführend erweisen. Eine allgemeine Regel ist im Zeitalter individualisierter Produktion von Literatur auch dort, wo nach dem Prinzip Copy & Paste *Uncreative Writing* betrieben wird und paradoxerweise fortlaufend höchst eigenartige, also individuelle Ergebnisse zum Vorschein kommen, nicht in Sicht.

Zu fragen wäre in diesem Zusammenhang einzig, ob man Produktionsprozesse von komplett computergenerierten, auf **Algorithmen**, Permutationen und Rekodierungen beruhenden Texten überhaupt noch als Schreibprozesse fassen möchte (→ Kap. 1.1). Während sich der für Schreibprozesse in einem präzisen Sinne notwendige Bestandteil an Instrumentalität und Sprachlichkeit in der computergenerierten Produktion von Texten noch ohne weiteres nachweisen lässt, wird es schwierig, den Aspekt der Geste und Körperlichkeit noch zu erkennen. Es sei denn, man denkt den menschlichen Körper und die damit verbundenen Gesten und Interaktionen als Störgröße(n) im Prozess automatisierter Textproduktion mit: Dann hat man es allerdings nicht mehr mit einem rein rechnerisch zustande gekommenen Produktionsprozess zu tun, und das ist für jedes weitere Nachdenken in diese Richtung entscheidend.

Das Modell eines Schreibstroms erscheint dagegen als verhältnismäßig subjektzentriert. Und tatsächlich stellt sich die Frage, wie weit die Vorstellung von einem Schreibstrom, so wie sie von Kafka in seinem Tagebucheintrag aufgerufen wird, trägt (Kleinwort 2010). Niederschreiben, was einem in den Sinn kommt, das zeitigt, wie die Ausführungen zur *écriture automatique* und zu Jack Kerouacs *On the Road* noch zeigen werden (→ Kap. 3.2), kaum je besonders druckreife Ergebnisse, auch wenn das durchaus nicht ausgeschlossen ist. Aber die Behauptung einer besonders spontanen Schreibweise und die tatsächliche Verlaufsform des Schreibens sind in der Regel nicht deckungsgleich. Genauso wie übrigens die literarische Technik des **Bewusstseinsstroms** (*stream of consciousness*), so wie er unter anderem von Virginia Woolf in *The Waves* von 1931 eingesetzt wurde, *nicht* aus einem entsprechend ›strömenden‹ Schreibprozess, einem Schreibfluss resultieren *muss*.

Schreiben »in einem Zug«, wie Kafka schreibt, das wird von den Schreibenden in aller Regel als positiv, gar als beglückend empfunden. Kafka präzisiert, was ihn angeht: »fürchterliche Anstrengung und Freude, wie [...] ich [...] vorwärts kam«. Dass aber sodann auch das Ergebnis als geglückt empfunden wird, ist seltener der Fall. Um auf das Modell einer fortlaufenden **Rückkopplung** zwischen Schreibenwollen, Idee, Umsetzung und Ergebnis zurückzukommen: In der Vorstellung eines Schreibstroms rücken Idee und Umsetzung praktisch auf die gleiche Stufe, im Idealfall auch das Ergebnis – aber die *Wahrnehmung* des Ergebnisses und die gegebenenfalls darauf zurückverwiesene Bekräftigung, weiterschreiben zu wollen, wird mit Differenzen zu rechnen haben, was selbst bei Kafka der Fall war, tritt er doch bereits mit dem Tagebucheintrag des übernächtigt begonnenen Tages in eine reflexive Distanz zum Geschriebenen und setzt den Prozess auf einer anderen Ebene, eben jener des Tagebuches, fort.

Die reflexive Distanz kann allerdings als Unterbrechung bereits im Schreibvorgang selbst stattfinden. Und es ist diese **Unterbrechung** des Schreibstroms, die sich je nach der verfolgten Idee des Schreibens oder dem jeweiligen – bewusst oder unbewusst zum Tragen kommenden – Konzept des Schreibens als entscheidend erweisen kann. Der französische Schriftsteller, Kritiker und Literaturtheoretiker Maurice Blanchot (1907–2003) setzte an diesem Punkt an. In seinem erstmals 1953 erschienenen Essay *La solitude essentielle* (*Die wesentliche Einsamkeit*) entwarf er das merkwürdige Bild zweier Hände: Die eine Hand lässt sich als Verkörperung des Schreibflusses, die andere als Indiz für den Moment der Unterbrechung lesen (Blanchot 1953, 98):

> Die Meisterschaft des Schriftstellers liegt nicht in der Hand, die schreibt, [...] die den Stift niemals loslässt, die ihn nicht loslassen kann [...]. Die Meisterschaft [...] liegt immer bei der anderen Hand, derjenigen, die nicht schreibt, fähig, im geforderten Moment einzugreifen, den Stift zu nehmen und ihn zu entfernen. Die Beherrschung liegt also in der Macht, mit dem Schreiben aufzuhören, das, was sich schreibt, zu unterbrechen, sie liegt darin, den Augenblick und die Schneide, mit der entschieden wird, in ihr Recht zu setzen.

Die Unterbrechung also dessen, was »sich von selbst schreibt«, ist die **Geste**, die für Blanchot die Meisterschaft im Schreiben – man könnte auch weniger emphatisch sagen: die literarische Qualität im Schreiben – ausmacht. Da das Bild der beiden Hände eben ein Bild ist, das außerdem mit einem konkreten Schreibablauf nur schlecht in Übereinstimmung zu bringen ist, stellt sich die Frage, ob es nicht auch für Prozesse, die *mental* vonstattengehen, als triftig zu erachten ist. In jedem Fall macht das Bild deutlich, dass auch und gerade das Modell des Schreibstroms mit gegenläufigen, unterbrechenden, reflexiven Momenten zu rechnen haben wird, und es stellt sich die Frage, ob diese Momente fürs Schreiben nicht mindestens so wichtig sind.

An Kafka selbst wiederum lässt sich ermessen, inwiefern diese unterbrechenden Momente auch materialiter ihre Spuren hinterlassen und damit von einer **Reflexion** im Wortsinn – einer ›Zurückbeugung‹ – zeugen können, die sich für die Ausrichtung eines Schreibvorhabens als wichtig herausstellen kann. Der Anfang von Kafkas unbeendet gebliebenem Roman *Das Schloss* ist dafür ein gutes Beispiel: An der überlieferten Handschrift lässt sich ablesen, dass Kafka den Roman zuerst aus der Ich-Perspektive schrieb. Erst nachdem er bereits einige Seiten des Anfangs geschrieben hatte, änderte er die Erzählperspektive und ersetzte im Nachhinein überall das Pronomen »ich« durch »K.« oder »er« (Kafka 2002a, 34, Zanetti 2011a).

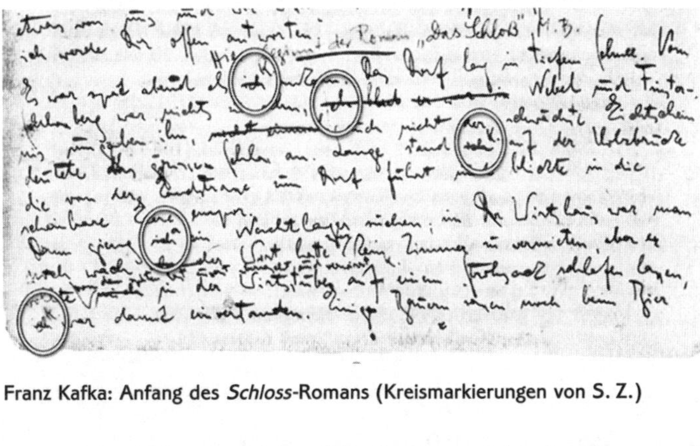

Franz Kafka: Anfang des *Schloss*-Romans (Kreismarkierungen von S. Z.)

Der **Wechsel der Perspektive**, der sich an den Streichungen und Ersetzungen nachvollziehen lässt, muss nicht als Indiz eines Wechsels vom Biographischen zum Unpersönlichen eines fiktionalen Werkes gelesen werden. Denn selbstverständlich kann auch ein geschriebenes »Ich« fiktiven Charakter aufweisen, also für eine erfundene Person stehen. Was sich an dem Wechsel hingegen mit einiger Sicherheit ablesen lässt, ist die mit dem Wechsel der Perspektive einhergehende Schaffung einer Welt, die *in sich* geschlossen – ein *Schloss* in diesem Sinne – ist: ein Schloss, in dessen Einflussbereich ein Dialog nach außen, so wie er erzählperspektivisch durch ein sprechendes und also nach außen dringendes Ich notgedrungen eröffnet würde, eine Unmöglichkeit darstellen sollte.

In einer kritischen Auseinandersetzung mit der surrealistischen *écriture automatique* wandte der Ethnologe Claude Lévi-Strauss (1908–2009) einmal gegenüber André Breton (1896–1966), dem Miterfinder dieser Schreibweise (→ Kap. 3.2) ein, es reiche nicht aus, die künstlerische Qualität eines Schreibprozesses in dessen **Spontaneität** zu begründen. Es bedürfe vielmehr einer – wie er mit implizitem Bezug auf Sigmund Freud festhielt – »**sekundären Bearbeitung**« (Lévi-Strauss 1993, 135 f.), damit etwas tatsächlich zu Kunst werden könne. Die Unmittelbarkeit des Ausdrucks müsse gerade überwunden werden, da man es andernfalls nur mit Rohmaterial zu tun habe (Zanetti 2014, 273–283).

Man wird aus der von Lévi-Strauss formulierten Kritik nicht folgern können, dass Kunst, die auf Spontaneität beruht, *partout* nicht Kunst sein kann. Man wird das schon deshalb nicht tun können, weil eine sekundäre (oder tertiäre, quartäre …) Bearbeitung längst stattgefunden haben kann, auch spontan, *bevor* jemand einen Stift aufs Papier drückt. Dazu kommt, dass man es auch dann schon mit einer Bearbeitung zu tun hat, wenn künstlerisches (oder vielmehr: noch gänzlich unkünstlerisches) Rohmaterial, wie man etwa an einigen der Readymades von Marcel Duchamp (1887–1968) zeigen könnte, auf eine bestimmte Weise, in einem bestimmten Kontext *präsentiert* wird. Letzteres trifft auch auf Editionen zu, ja selbst Faksimiles sind Artefakte, Bearbeitungen, kein bloßes Rohmaterial.

Für das literarische Schreiben, verstanden als Prozess, in dem die Differenz zwischen Idee und Umsetzung sowie zwischen dem Akt der Umsetzung und dem Ergebnis oder Zwischenprodukt als elementar anzusehen ist, wird es grundsätzlich sinnvoll sein, von mehr oder weniger großen Unterbrechungen im Schreibfluss, von mehr oder weniger umfangreichen Überarbeitungsprozessen auszugehen. Das Schreiben, so gesehen, vollzieht sich in einer **Zickzackbewegung** zwischen dem, was man sich vorstellt, und dem, was man tut, außerdem zwischen dem, was man als bereits Geschriebenes liest, und dem, was man für das Geschriebene noch als Zukunft vorsehen kann. In der Art, wie sich die Zickzackbewegung vollzieht, liegt die Poetik eines Schreibprozesses begründet: die Weise, in der etwas hervorgebracht wird.

2.5 Die Arbeit am eigenen Stil

Stilistische Eigenarten im Schreiben entstehen dadurch, dass die Ansprüche, die man an das eigene Schreiben stellt oder die von außen an es gestellt werden, immer wieder *ähnliche* **Bearbeitungsmuster** zeitigen. In dieser Ähnlichkeit verweisen Schreibprozesse auf sich selbst, auf ihre eigene Form, ihre Struktur, ihre Artikulationsweise. Der französische Dichter und Literaturtheoretiker Paul Valéry (1971–1945) definierte diese Form der **Selbstähnlichkeit** als das ›Werk‹ eines Schriftstellers. Valéry zufolge kommt Selbstähnlichkeit durch Selbstnachahmung zustande. Selbstnachahmung wird von ihm als Prozess gefasst, in dem sich allmählich etwas Selbstähnliches herausbilden kann: etwas, das in sich ein gewisses Beharrungsvermögen aufweist (Valéry 1933, 231):

> Sich selber nachahmen.
> Es ist für den Künstler wichtig, dass er sich selber nachzuahmen versteht.
> Nur so kann er ein Werk aufbauen, – das heißt ein Unternehmen wagen, das sich […] gegen die […] Unbeständigkeit des Geistes, des Lebens, der Stimmung richtet.

Valéry spricht an dieser Stelle nicht vom Stil, sondern vom Werk. Werk, so könnte man aber sagen, ist Arbeit an Selbstähnlichkeit und also an Stil in diesem Sinne. Dabei lässt Valéry offen, wie man sich den Prozess der Selbstnachahmung genau vorzustellen hat. Denkbar ist sowohl, dass dieser Prozess schon innerhalb eines Subjekts stattfindet, als auch, dass dieser Prozess vornehmlich im Schreiben eben, das heißt im **Wechselspiel von Entäußerung und Selbstrezeption** Kontur gewinnt – mit allen Konsequenzen, die dieses Wechselspiel für das Subjekt mit sich bringt.

Dass ein Künstler oder Autor, der ein Werk in die Welt setzt, mit Konsequenzen hinsichtlich seines eigenen Selbstverständnisses, ja tatsächlich hinsichtlich seiner eigenen Subjektivität zu rechnen hat, das gab wiederum Valéry selbst bereits zu bedenken. Er schreibt an anderer Stelle (Valéry 1934, 259):

> Das Werk verändert den Autor.
> Bei jeder Bewegung, die es aus ihm herausholt, erfährt er eine Veränderung. Ist es vollendet, wirkt es nochmals auf ihn. Er wird dann, zum Beispiel, derjenige, der fähig war, es zu erzeugen.

Diese Sätze sind nicht nur aufschlussreich für ein avanciertes Verständnis von Schreibprozessen. Sie zeigen darüber hinaus, warum biographistische Literaturinterpretationen – also Ergebnisinterpretationen – schon im Ansatz vor einem methodologischen Problem stehen: Diese Interpretationen gehen in der Regel davon aus, das **Subjekt** des Schreibens sei in irgendeiner Weise schon bekannt; zu leicht und zu schnell geht dabei aber vergessen, dass der Schreibprozess für das Subjekt selbst transformierend ist. Es müsste also, wenn man Biographie – im Wortsinn ›Lebensschrift‹ – wirklich ernst nehmen möchte, zuerst die Frage gestellt werden, wie Leben und Schrift interagieren: wie Leben nicht einfach in Schrift *eingeht*, sondern durch diese selbst Prägungen, Veränderungen und nicht zuletzt die Möglichkeit eines Zugewinns an Reflexion *erfährt*.

So wichtig diese Überlegungen sind, sie lenken zugleich ab von der Frage nach der internen **Konsistenz** der Ergebnisse und Zwischenergebnisse, die das Schreiben auf dem Papier oder einer anderen Oberfläche zeitigen kann – und in der Regel wohl auch soll. Es ist Valérys eigene Frage: die nach dem ›Werk‹ oder, wie hier vorgeschlagen wurde, die nach dem ›Stil‹ oder, wie man wiederum mit Adorno ergänzen könnte, die nach der ›Form‹ gemäß der Prämisse, »dass ästhetische Form sedimentierter Inhalt sei« (Adorno 1970, 15). Was bleibt? Was soll bereits im Prozess stehenbleiben? Und was soll am Ende vom Prozess insgesamt übrig bleiben?

Fragt man so, dann steht die **Selbständigkeit** – um nicht zu sagen: die Objektivität oder Autonomie – des Geschriebenen oder zu Schreibenden im Fokus des Interesses. Der englische Schriftsteller und *Creative-Writing*-Dozent Toby Litt (*1968) erachtet dieses Interesse als ausschlaggebend für einen Wechsel, der sich ihm zufolge innerhalb eines literarischen Schreibprozesses selbst vollziehen sollte: Die Frage: »Was will ich schreiben?« sollte abgelöst werden durch die distanziertere Frage: »Was wird da geschrieben?« – Litt spricht von einem im Bewusstsein des Schreibers oder der Schreiberin zu vollziehenden **Übergang** von »*I want to write this* to *this is being written*« (Litt 2011, 241, McNeil 2019).

Nimmt man diesen Übergang ernst, so ist paradoxerweise gerade die Arbeit am eigenen Stil, sofern diese als wünschenswert angesehen wird, zurückverwiesen auf die Einsicht, dass eine solche Arbeit nur dann gelingen wird, wenn das Geschriebene als losgelöst von den eigenen Wünschen in Frage kommt. Das heißt aber auch, dass das Subjekt des Schreibens mit der nicht leicht zu beantwortenden Frage nach den Möglichkeiten, aber auch den Grenzen einer **Selbstdistanzierung** konfrontiert ist.

Paul Valéry, um auf ihn zurückzukommen, erachtete es als im Grunde unmöglich, die Instanz der Erzeugung eines Werkes und diejenige ihrer Beobachtung als Einheit zu denken (Valéry 1937, 125):

> [U]nmöglich, in ein und demselben Zustand oder in ein und demselben Aufmerken die Bedeutung des Geistes, der das Werk erzeugt, und die Beobachtung des Geistes, der irgendeinen Wert dieses Werkes erzeugt, zu vereinigen. Kein Blick vermag diese beiden Funktionen gleichzeitig zu beobachten: Produzent und Konsument sind zwei wesensmäßig verschiedene Systeme.

Man könnte die Kritik noch erweitern und sagen: Es ist unmöglich, »in ein und demselben Zustand oder in ein und demselben Aufmerken« 1) das schreibend Geschriebene, 2) sich selbst beim Schreiben und 3) sich selbst beim Beurteilen dessen, wie man schreibt, zu beobachten. Implizit liefert Valéry selbst allerdings bereits einen möglichen Schlüssel dazu, wie man diese »wesensmäßig verschiedene[n] Systeme« vielleicht doch beobachten kann.

Die Antwort lautet: Indem man das alles nicht genau gleichzeitig tut, sondern zu unterschiedlichen Zeiten und mit unterschiedlichen Aufmerksamkeiten. Die Rhythmik von Schreibprozessen lebt schließlich von solchen Abwechslungen – was sich selbst an dem im Kapitel zuvor erörterten Beispiel Kafkas mit dem Schreiben »in einem Zug« und der nachträglichen Reflexion und Poetisierung dieses Zuges, dieses Schreibstroms, gut zeigen ließe. Die Abwechslungen im Schreiben zwischen dem Tun und der Reflexion – und möglicherweise der Reflexion der Reflexion – dieses Tuns entsprechen der erläuterten Zickzackbewegung. Sie lenken zudem die Aufmerksamkeit darauf, dass eine reflektierte Form des Schreibens stets auch mit Fragen der Adressierung konfrontiert sein dürfte: Möchte ich das lesen? Aber auch: Schreibe ich das so, dass es möglicherweise für andere lesbar und interessant ist? Oder (andersrum): Wie müsste der Leser oder die Leserin sein, dem oder der das Geschriebene zusagt?

Einen eigenen **Schreibstil** entwickeln heißt: bewusst oder unbewusst Antworten auf diese Fragen zu formulieren. Es heißt aber auch: Abstand nehmen von der Vorstellung, das Eigene müsse aus einem selbst kommen. – Inwiefern kann dann aber überhaupt von einem eigenen Schreibstil die Rede sein?

Der russische Literaturtheoretiker Michail Bachtin (1895–1975) versuchte in seinen Aufzeichnungen der 1960er und 70er Jahre zu ergründen, inwiefern ein Autor sich überhaupt auf die Suche nach einem eigenen Stil begeben kann. Die Antwort fand er darin, dass er nicht von einem eigenen Stil ausging, sondern von der Möglichkeit, sich gegenüber bereits bestehenden Stilen, Genres, Sprech- und Schreibweisen zu *positionieren*. Eigenartig kann nach Bachtin die Art sein, wie man sich zu bereits bestehenden Gattungen und Formen schreibend *verhält*.

Im Unterschied zu Valéry besteht für Bachtin die entscheidende Frage eines Schriftstellers nicht darin, wie er es durch

Selbstnachahmung schafft, eigenständige Formen zu etablieren, ein eigenes »Werk« in diesem Sinne (Zanetti 2012a, 239–259). Die entscheidende Frage lautet vielmehr, wie es gelingen kann, seine Eigenart als Autor dadurch zu finden, dass man sich gegenüber der Geschichtlichkeit der Überlieferung und ihren Materialien und Formen schreibend in Position bringt (Bachtin 2002, 412):

> Die Suche nach dem eigenen Wort ist in Wirklichkeit eben nicht die Suche des eigenen Wortes, sondern eines Wortes, das über mich hinausweist: Sie ist ein Streben danach, den eigenen Worten, mit deren Hilfe nichts Wesentliches gesagt werden kann, zu entfliehen. [...]. Die Suche des Autors nach dem eigenen Wort ist im Grunde genommen die Suche nach dem Genre und Stil, die Suche nach der Position des Autors.

Als Beispiele nennt Bachtin dann konsequenterweise, wie Leo Tolstoi (1828–1910) die Volkserzählung oder biblische Zitate als Formen wiederaufleben lässt, wie Fjodor Dostojewskij (1821–1881) in seinen polyphonen Romanen eine Vielfalt an Stimmen zu Wort kommen lässt oder wie die Literatur seiner Gegenwart (also der 1960er und 70er Jahre) mit der Montage von Dokumenten operiert.

»All diese Phänomene«, schreibt Bachtin weiter, »können in gewissem Sinne als verschiedene Formen des Schweigens gedeutet werden«: Nicht der Autor spricht, sondern der Autor ist derjenige, der die Dinge, Geschichten, Dokumente und Personen zur Sprache kommen lässt oder ihre Sprache auf eine bestimmte Weise adaptiert, imitiert und arrangiert, man könnte auch sagen: zur Aufführung bringt. Mit Valéry wäre allerdings zu überlegen, ob das von Bachtin entworfene, stärker an den überlieferten sprachlichen Formen und ihrer Geschichte orientierte Produktionsmodell von Literatur nicht ebenso darauf hinausläuft, am Ende *etwas* der Rezeption zu überlassen, das in seiner sprachlichen Beschaffenheit, seiner nach innen und nach außen gerichteten Dialogizität eine anhaltende Selbständigkeit gewinnt.

2.6 Variieren, Ergänzen, Streichen, Verdichten

Es gibt Schreibprojekte, die, nachdem sie einmal in Angriff genommen worden sind, immer weitergehen. Oder zumindest kein absehbares Ende haben. Geht man mit Roland Barthes davon aus, dass das Schreibenwollen in der Moderne – und bis heute – als Antriebsfeder zu den individuellen Grundvoraussetzungen literarischen Schreibens gezählt werden muss, dann wird man im Umstand, dass es Schreibprojekte gibt, die *nicht* zu einem bestimmten Abschluss in Form etwa einer Publikation gelangen, nicht unbedingt ein Problem sehen.

Allerdings wird schreibend ja doch immer *etwas*, wenn auch oft nur etwas Provisorisches, produziert, zu dem man sich weiterschreibend oder es so belassend wiederum verhalten muss. Dabei wird kaum jemand den bloßen Fortgang eines Prozesses als bereits – in sich – genügend begreifen. So unabdingbar das Schreibenwollen allein schon aus motivationspsychologischen Gründen für den Anfang und auch den Fortgang eines Schreibprojektes sein dürfte, so wenig dürfte es als solitäre Antriebskraft zur Realisation eines Projektes ausreichen – wenn es nicht mit *Ergebnissen* konfrontiert wird, die es im Anschluss lohnend erscheinen lassen, den Prozess fortzusetzen und gegebenenfalls auch abzuschließen.

Gemäß dem hier vorgestellten Modell einer **fortlaufenden Rückkopplung** zwischen Schreibenwollen, Idee, Umsetzung und Ergebnis wird nicht nur immer wieder von neuem Geschriebenes produziert. Dieses wird auch stets unter neuen Vorzeichen rezipiert und interpretiert, gegebenenfalls auch kritisiert, korrigiert, kommentiert. Auf diese Weise bilden die Ergebnisse schließlich immer auch Stützen oder Sprungbretter für das, was aufs gerade Geschriebene folgt oder folgen soll. Manchmal sind es auch Irrwege, die jedoch insofern wieder als Sprungbretter dienen können, als sie anzeigen können, wohin der Prozess *nicht* steuern sollte.

In all diesen Teilprozessen steht auch die **Idee des zu Schreibenden** fortlaufend auf dem Prüfstand: *Wie* und *als was* soll das zu Schreibende am Ende lesbar oder auch hörbar sein? Das Schreibenwollen fungiert dabei als Grundmotivation, die Idee als regulatives Prinzip, die Umsetzung als Akt der Konkretisierung, das Ergebnis als Anhaltspunkt, von dem aus der Rückkopplungs- oder Zickzackprozess, der ohne weiteres Krümmungen, Faltungen und Unterbrechungen aufweisen kann, seine Richtung gewinnt.

Die Idee muss im Fortgang eines Prozesses nicht mehr unbedingt der anfänglichen Idee zu einem Schreibprojekt entsprechen. Sie kann sich durchaus ändern. Deshalb ist mit Idee auch keine abstrakte und überzeitliche Form gemeint wie etwa bei Platon, sondern gemeint ist damit bloß die Vorstellung, womöglich auch nur ein Gefühl davon, was aus dem Prozess am Ende resultieren sollte. Eine solche Idee wird sich fortlaufend an dem messen lassen, was als Ergebnis jeweils produziert wird. Das Ergebnis wird zum Prüfstein für das Vorhaben: Entspricht es dem, was jemand sich vorgenommen hat? Muss allenfalls das Vorhaben selbst und also auch die leitende Idee geändert werden? Oder muss am Ergebnis gearbeitet, gefeilt werden?

Es ist davon auszugehen, dass der Schreibprozess in seinem gesamten Verlauf für die Schreiberin oder den Schreiber dann zu einem erfolgreichen Ende kommt, wenn die Differenz zwischen Idee und Ergebnis nicht oder kaum mehr vorhanden ist – oder nicht mehr als störend empfunden wird. Es ist der Moment, in dem gesagt werden kann: Gut so! Um zu diesem Punkt zu gelangen, falls man zu ihm gelangen möchte, gibt es eine Reihe von Verfahren, die unmittelbar das Verhältnis von Idee und Ergebnis zur Grundlage haben. Variationen gehören dazu. Sie können sich sowohl auf die Idee als auch auf das Ergebnis beziehen: Was passiert, wenn ich eine Erzählung von der Er-Perspektive in die Ich-Form versetze – oder umgekehrt? Was passiert, wenn ich die Verben eines Textes nicht in der Vergangenheitsform belasse, sondern in die Gegenwart oder die Zukunft hole? Was passiert, wenn ich alle Adjektive aus einem Text streiche? Was passiert, wenn ich indirekte Rede vermeide und stattdessen direkte Rede verwende? Was passiert, wenn ich alle Sätze auf höchstens zehn Wörter kürze oder auf Satzzeichen oder AUF KLEINBUCHSTABEN GANZ VERZICHTE?

Die **Erprobung von Alternativen** gehört sicherlich zu den wichtigsten Schritten in der Feinarbeit an einem Text. Variantenbildungen können grundsätzlich in jedem Moment der Arbeit an einem Text stattfinden. Ertragreich sind sie aber vor allem dann, wenn ein Projekt bereits über etwaige Anfangsschwierigkeiten hinausgelangt ist. Alternativen werden erst dann sinnvoll, wenn es bereits etwas gibt, zu dem man sich verhalten kann, wenn also ein Text bereits ein eigenes ›Gewicht‹ bekommen hat. Die Arbeit an Variationen dient dazu, die möglichen Wirkungen eines Textes abzuschätzen. Sie ist außerdem ein Mittel, um einem Projekt die Starre zu nehmen, wenn es nicht mehr vorangeht. Über die Variation im Ergebnis wird schließlich auch die Möglichkeit einer Variation der zugrundeliegenden Idee verhandelbar – und umgekehrt.

Ergänzungen und **Streichungen** bilden weitere Verfahren, um einem Text mehr Profil zu geben. Man kann hier an die Arbeit eines Künstlers denken, der eine Skulptur aus Lehm oder Ton fertigt und dabei in Feinarbeit immer wieder das Verhältnis von Idee und Umsetzung prüft, Material hinzufügt und wegnimmt, Detailmodellierung und Gesamtein-

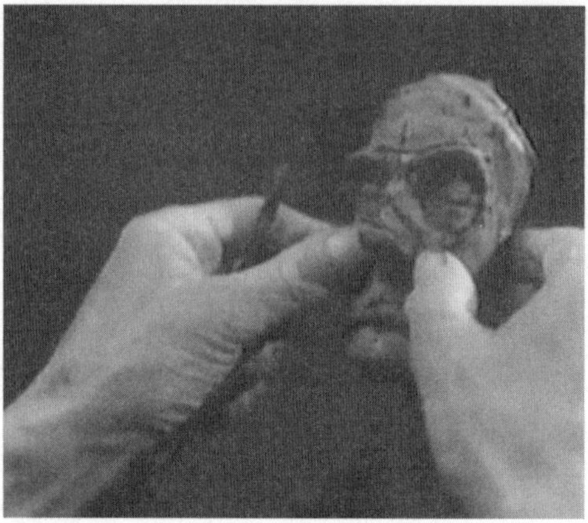

Alberto Giacometti bei der Arbeit (1965)

druck aufeinander abstimmt. Der Vergleich hinkt sicherlich wie jeder Vergleich, da Arbeit an und mit Sprache im Ergebnis anders zeitbetont und bedeutungsevozierend ist als eine räumliche Plastik. Aber vom Arbeitsprozess her vermag das Bild doch zu erklären helfen, worum es geht.

Auch die Arbeit an einem sprachlichen Gebilde besteht, allein schon von der manuellen Seite her betrachtet, in der Gestaltung eines Raumes, die sich im Wesentlichen wiederum durch Hinzufügungen und Wegnahmen konkretisiert. Darin ist das Vergleichsbild eines Künstlers, der wie Alberto Giacometti (1901–1966) in seinem Pariser Atelier mit Lehm oder Ton an seinen Skulpturen arbeitet, den Ton immer wieder neu ›knetet‹ (→ Kap. 3.8), passender als das Bild eines Steinhauers. Denn was bei einem Text ›weggehauen‹ wird, ist nicht ein für alle Mal weg, es kann auch wieder hinzugenommen, angeführt, pointiert werden, und dies selbst noch in der Endphase eines Projekts.

Wenn man von Verdichtung spricht, ist meistens Weglassen gemeint. Es geht darum, Texte von überflüssig scheinendem Ballast zu befreien, gelegentlich auch darum, Tempo und Rhythmus in einen Text zu bringen. Das Prinzip heißt dann:

Weniger ist mehr. Warum ist das so? Weil umgekehrt das Prinzip der Hinzufügung, das dem Fortgang des Prozesses eher zu entsprechen scheint, immer die Gefahr eines Profilverlusts mit sich bringt. Texte ufern aus. Kompensieren lässt sich diese Bewegung nur durch die **Kunst des Weglassens**, des Streichens und Offenlassens. Letzteres ist insbesondere wichtig, wenn es darum geht, einen Text dazu zu bringen, dass er nicht nur für die Selbstverständigung der Autorin oder des Autors bedeutsam ist, sondern auch für eine potentielle Leserschaft Relevanz gewinnen kann. Dies fällt in aller Regel leichter, wenn ein Text seine möglichen Adressatinnen und Adressaten nicht mit Informationen zuschüttet, sondern Freiheit zur Mitarbeit oder zum Mitphantasieren lässt. Mut zur Lücke! Oder wie es in der Sprache des Journalismus heißt: Kill your darlings!

2.7 Überarbeitung und Redaktion – Mentorat und Lektorat?

Es fällt in der Regel nicht leicht, das von eigener Hand Geschriebene auch noch zu beurteilen. Wer im Zuge der Überarbeitung zu scharf mit seinen eigenen Texten ins Gericht geht, wird auf Dauer gar nicht mehr schreiben wollen oder das Schreiben als Qual erleben. Wer hingegen das eigenhändig Geschriebene grundsätzlich gut oder sogar hervorragend findet, wird Mühe haben, Reaktionen von Personen hinzunehmen, die das nicht oder nicht ganz so sehen. Es ist in derartigen Fällen erneut ratsam, den eigenen Text nicht zu sehr als ›eigenen‹ anzusehen, sondern so, als ob er von jemand anderem geschrieben worden wäre.

Die Überarbeitungs- und Redaktionsarbeit an einem Text besteht grundsätzlich darin, das gegebenenfalls sehr intime Verhältnis, das man schreibend zu ›seinem‹ Text aufgebaut hat, zu lockern. Denn wenn das Geschriebene schließlich auch von anderen gelesen und geschätzt werden können soll, bedarf es dieser Loslösung, die ja genau genommen schon in dem Moment am Werk ist, in dem man zu schreiben beginnt: wenn die Schrift als etwas Eigenartiges, Eigenständiges Form gewinnt (Blanchot 1953, 93, Barthes 1967, 185).

Es ist deshalb nur konsequent, wenn man literarisches Schreiben als ein Schreiben begreift, das dieser Art der Loslösung besondere Wertschätzung entgegenbringt. Das heißt nicht, dass dann eine Berücksichtigung biographischer Aspekte, individueller Erfahrungen und dergleichen nicht mehr denkbar wäre. Es heißt nur, dass auch diese Bereiche, sofern sie Relevanz gewinnen sollen, als sprachlich zu realisierende und nicht einfach als irgendwie vorauszusetzende begriffen werden müssen: Letztlich muss das Geschriebene für sich selbst stehen können. Zumindest verhält sich dies so, wenn ein Text am Ende in einer **Öffentlichkeit** zirkulieren, ein Publikum finden soll.

Ob man im Einzelfall davon ausgehen kann, dass das Geschriebene diesen Punkt schon erreicht hat, ist hochgradig abhängig von den Beurteilungskriterien, die an einen Text herangetragen werden. Es stellt sich dann auch die Frage, wie sehr ein Text überhaupt an Rezeptionskriterien orientiert werden soll, die man vielleicht nicht als die eigenen anerkennen mag. Diese Frage ist durchaus ernst zu nehmen: Entscheidet man sich beispielsweise gegen eine ›leichte‹ Rezipierbarkeit seiner Texte, steigt die Wahrscheinlichkeit, dass die Reaktionen von Seiten der Rezeption entsprechend hilflos oder spröde, wenn nicht gar bösartig ausfallen. Die Frage danach, welche Beurteilungskriterien an einen Text angelegt werden, hat es in sich.

Eine radikale Position formulierte in diesem Zusammenhang Walter Benjamin. Gleich am Anfang seines Aufsatzes zur *Aufgabe des Übersetzers* von 1921 hielt er apodiktisch fest (Benjamin 1921, 9):

> Nirgends erweist sich einem Kunstwerk oder einer Kunstform gegenüber die Rücksicht auf den Aufnehmenden für deren Erkenntnis fruchtbar. Nicht genug, dass jede Beziehung auf ein bestimmtes Publikum oder dessen Repräsentanten vom Wege abführt, ist sogar der Begriff eines ›idealen‹ Aufnehmenden in allen kunsttheoretischen Erörterungen vom Übel, weil diese lediglich gehalten sind, Dasein und Wesen des Menschen überhaupt vorauszusetzen. So setzt auch die Kunst selbst dessen leibliches und geistiges Wesen voraus – seine Aufmerksamkeit aber in keinem ihrer Werke. Denn kein Gedicht gilt dem Leser, kein Bild dem Beschauer, keine Symphonie der Hörerschaft.

Zunächst ist festzuhalten, dass Benjamin an dieser Stelle nicht von einem Überarbeitungs- und Redaktionsprozess ausgeht, sondern von bereits vorliegenden Kunstwerken und Kunstformen. Und: Benjamin fragt sich, oder uns, inwiefern einem Kunstwerk oder einer Kunstform gegenüber eine ›fruchtbare‹ Erkenntnis gewonnen werden könne. Sein Interesse gilt also letztlich »kunsttheoretischen Erörterungen«, und von diesen fordert er, dass sie sich *nicht* an einem bestimmten »Publikum« oder gar am »Begriff eines ›idealen‹ Aufnehmenden« orientieren.

Diese Forderung ist verständlich. Zumal dann, wenn berücksichtigt wird, dass ein Kunstwerk wie ein literarischer Text seine Leserinnen und Leser gelegentlich überhaupt erst, und zwar in der Regel nicht unter ›idealen‹ Bedingungen, *nach* dem Tod einer Autorin oder eines Autors findet. Die Zurichtung der Kunst oder der Literatur auf eine *bestimmte* – in der Regel gegenwärtige – Rezipierbarkeit birgt tatsächlich ein Problem in sich: das der Beschränkung des *möglichen* Horizontes einer Rezeption. Außerdem ist Kunst*theorie*, Literaturwissenschaft inbegriffen, nicht gehalten, eine Form von Rezeption zu forcieren, die sich in irgendeiner Weise mit anderen Rezeptionsformen wie etwa denjenigen des Buchmarktes oder des Literaturbetriebs decken müsste.

Theorie bringt es mit sich, dass sie ein Erkenntnisinteresse verfolgt – und dass dieses Interesse sich nicht beschränken lassen sollte von vermeintlich feststehenden Faktoren wie einem Publikum oder idealen Leserinnen und Lesern. Denn bei diesen handelt es sich produktionsseitig wie rezeptionsseitig gedacht ohnehin um weitgehend imaginäre Größen (wenn auch mit realen, etwa ökonomischen, Implikationen). Die tatsächlichen Leserinnen und Leser wiederum werden sich auf das Geschriebene ohnehin ihren eigenen Reim machen (können). Am Ende hat der Autor oder die Autorin es jedenfalls nicht in der Hand, *wie* das Geschriebene gelesen werden wird.

Allerdings kann Theorie sich durchaus mit der Frage beschäftigen, wie *in* einem Kunstwerk oder wie bereits im Prozess seiner Verfertigung bestimmte Leservorstellungen – auch Autorbilder, Schreibszenen und dergleichen – entworfen werden, und zwar unabhängig davon, ob diese Vorstellungen auch einer Realität außerhalb der Kunst entsprechen. Ebenso kann Theorie, wie hier in diesem Buch, sich mit der Frage beschäftigen, welche Vorstellungen von Rezeption und Rezipierbarkeit sich für den Produktionsprozess von Kunst und von Literatur im Besonderen als wichtig herausstellen können.

Gehen wir nun einen Schritt weiter – mit und gegen Benjamin. In den bereits erwähnten 13 Thesen Benjamins zur »Technik des Schriftstellers« aus der *Einbahnstraße* von 1928 liest man an zweiter Stelle (Benjamin 1928, 106):

> Sprich vom Geleisteten, wenn du willst, jedoch lies während des Verlaufes der Arbeit nicht daraus vor. Jede Genugtuung, die du dir hierdurch verschaffst, hemmt dein Tempo. Bei der Befolgung dieses Regimes wird der zuneh-

mende Wunsch nach Mitteilung zuletzt ein Motor der Vollendung.

Diese These steht in Korrespondenz mit der zuvor zitierten Stelle aus dem früheren Essay zur *Aufgabe des Übersetzers*. Aus der Perspektive dieses früheren Essays erscheint es so, dass für Benjamin »Rücksicht auf den Aufnehmenden« nicht nur in der rezeptionsseitig betriebenen Theorie, sondern schon im Hinblick auf den Produktionsprozess ein Problem ist. In der *Einbahnstraße* artikuliert Benjamin sich deutlicher als »Schriftsteller«, und als solcher besteht für ihn das Problem darin, durch etwaige rezeptionsorientierte »Genugtuung« von der eigentlichen Arbeit abgelenkt zu werden.

Es wird an dieser Stelle allerdings klar, dass Benjamin nicht nur von einer bestimmten, durchaus nicht verallgemeinerbaren Vorstellung von Produktion ausgeht: Schreiben unter recht strikter Befolgung eines bestimmten »Regimes«, wie es heißt. Benjamin operiert in den 1920er Jahren insgesamt mit einem sehr spezifischen, später revidierten Verständnis von Kunst und von Literatur: Als künstlerisch oder literarisch wertvoll gilt ihm in dieser Zeit genau das, was anscheinend bereits von sich aus **keine Rücksicht auf Rezipierbarkeit** nimmt oder nehmen soll.

Damit verbindet sich zugleich eine sehr definierte Auffassung davon, wie Rezeption bestenfalls zu denken sei: unter gezielter *Absehung* von der Vorstellung, das Rezipierte könnte *für* die Rezeption geschaffen worden sein. Der Leitgedanke lautet, noch immer: »[K]ein Gedicht gilt dem Leser, kein Bild dem Beschauer, keine Symphonie der Hörerschaft«. Dieser Satz ist allerdings selbst durchaus aus einer Rezeptionssituation heraus formuliert, was aufgrund seiner Apodiktik vielleicht zu schnell vergessen geht. Ebenso orientiert Benjamin seine eigene Produktion, oder besser, seine **Produktionsphantasie** an einem geradezu eindeutigen Verständnis von

Rezipierbarkeit – eben: *nicht* auf momentane Genugtuung aus zu sein. Und hat Benjamin nicht genau dafür auch schon die Theorie formuliert? Und sind ihm darin nicht wiederum ganz viele Benjamin-Leser gefolgt?

Keine Rücksicht auf Rezeption zu nehmen heißt, paradox gewendet: Rücksicht darauf zu nehmen, dass sehr dezidiert keine Rücksicht genommen werden soll – es sei denn, worauf die Sätze mit der ungestörten »Vollendung« hindeuten, auf die eigene Programmatik des Schreibens – und auch des Lesens. Man kann diese Paradoxie, die sich in der Benjamin'schen Praxis und Theorie der Rezeptionsskepsis abzeichnet, als positiven Befund werten: Offenbar werden Produktionsprozesse auch und vielleicht gerade dort, wo sie sich *gegen* eine bestimmte Rezipierbarkeit wenden, von handfesten Beurteilungskriterien begleitet, die das Vorankommen (und indirekt auch die Rezeption) auf eine ebenso bestimmte und beschreibbare Weise prägen.

Überarbeiten und Redigieren sind Prozesse, in denen derartige **Beurteilungskriterien** stets mit im Spiel sind. Diese Prozesse bewegen sich weiter im Zickzack eines Abgleichs oder einer Konfrontation zwischen Idee und Ergebnis. Die Umsetzung in einem größeren Maßstab ist allerdings, schon beim Überarbeiten, erst recht aber beim Redigieren, weitgehend abgeschlossen oder zumindest schon sehr fortgeschritten. Und das Schreibenwollen ist an einem Punkt, an dem es eine reduziertere Bedeutung erlangt. Das Modell einer Rückkopplung von Schreibenwollen, Idee, Umsetzung und Ergebnis tritt im Moment der Überarbeitung und später der Redaktion seinerseits in eine neue Phase. Es wird nun verstärkt geöffnet auf eine Kehrseite, die aus den Faktoren **Lesenwollen** (will ich das lesen – und will ich weiterlesen?), **Vorlage** (was ist da zu lesen?), **Lesen** (ich lese jetzt) und **Idee** (was ist mit dem Gelesenen gesagt?) besteht, wobei die Vorlage dem beim Schreiben am Ende dastehenden **Ergebnis** entspricht:

Modell 3: Lesen als Rückkopplungsprozess

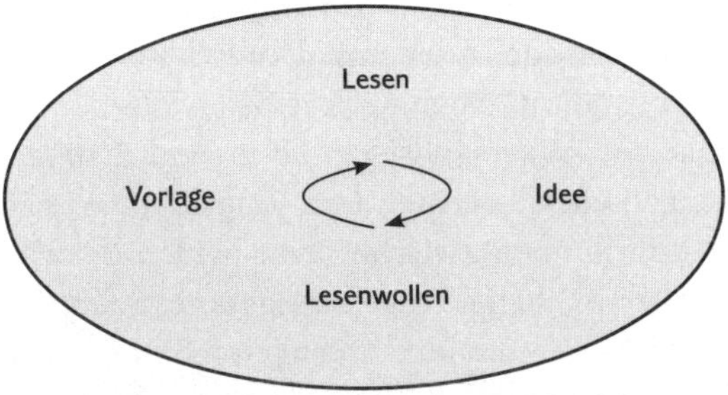

Die beiden Modelle berühren sich im Grunde nur an der Stelle des Ergebnisses. Dieses bildet aus der Perspektive des Lesens die Vorlage für den Leseprozess, wobei der Leseprozess in der Idealvorstellung einer Überarbeitung immer weniger dazu bestimmt ist, aufs Ergebnis, die Vorlage also, zurückzuwirken.

Modell 4 (Schmetterlingsmodell):
Wechselseitigkeit im Überarbeitungs- und Redaktionsprozess

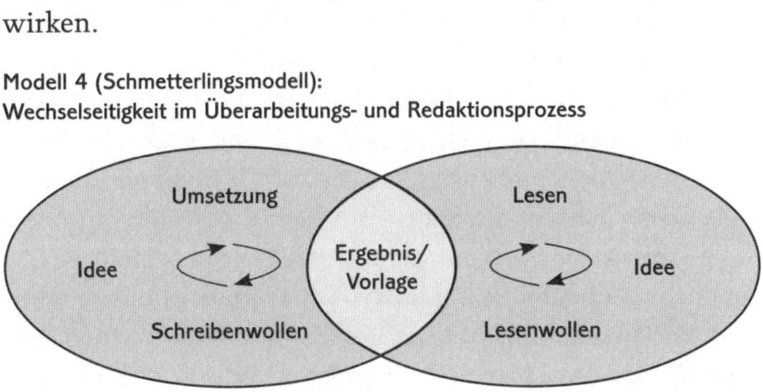

Auch schreibend, so wurde gesagt, wird gelesen. Doch zeichnen sich Überarbeitungs- und darauffolgend Redaktionsprozesse in der Regel – das heißt: wenn sie nicht ausufern – dadurch aus, dass der Anteil der **Lesezeit** gegenüber jener durch tatsächliche manuelle Interventionen gekennzeichneten **Schreibzeit** immer größer wird. Allerdings steuert die Lesezeit am Ende wiederum auf ein Minimum zu: wenn ein Text als fertig, gar als druckreif gelten kann.

Modell 4 (→ S. 143) lässt sich seinerseits – gewissermaßen im **Flügelschlag eines Schmetterlings** um die Achse Ergebnis/Vorlage – als Modell lesen, mit dem sich unterschiedliche Bewegungen rund um einen noch revisionsoffenen Text beschreiben lassen: Wege zwischen Lese- und Schreibzeiten, Rhythmen zwischen Lektüren und Eingriffen, Annäherungen und Entfernungen zwischen den beiden Seiten insgesamt. Dabei ist im Bild des Flügelschlags eines Schmetterlings mitgedacht, dass sich die Idee im engeren Sinne beim Lesen von jener, die schreibend leitend gewesen sein mag, unterschiedlich weit wegbewegen kann (ein Zickzack auch hier). Was schreibend gedacht oder geahnt und was lesend gedacht oder geahnt wird: Selbst für das Subjekt des Schreibens wird dies nie ganz deckungsgleich gewesen sein (können) – denn die Zeit, **Lebenszeit**, schreitet voran, und mit ihr die Gedanken, die man mit dem Geschriebenen verbunden haben wird.

Im Überarbeitungsprozess wird es stets um die Frage gehen, wie sich die (weit zu verstehende) ›Idee‹ auf der linken und diejenige auf der rechten Seite zueinander verhalten oder verhalten sollen, und zwar mit Blick auf das Ergebnis, die Vorlage. Dabei kann es durchaus zum Kalkül des Schreibprozesses gehören, das Spiel auf der rechten Seite des Modells sich möglichst frei entfalten zu lassen. Die Freiheit impliziert auch eine Verabschiedung von der Vorstellung eines hermeneutischen Zirkels, in dem die Idee des Autors oder der Autorin mit derjenigen des Lesers oder der Leserin ›verschmelzen‹ sollte (oder auch nur könnte). Hans-Georg Gadamer (1900–2002) hielt bekanntlich als Ziel der Hermeneutik, also der Kunst der Auslegung, die »Verschmelzung vermeintlich für sich seiender Horizonte« fest (Gadamer 1960, 311).

Setzt man hingegen von Anfang an beim Gedanken an, dass das Geschriebene, also das Ergebnis des Schreibens, am Ende für sich selbst stehen können sollte, dann ist klar, dass damit auch eine Freiheit der Lektüre einhergeht. *Wie* diese

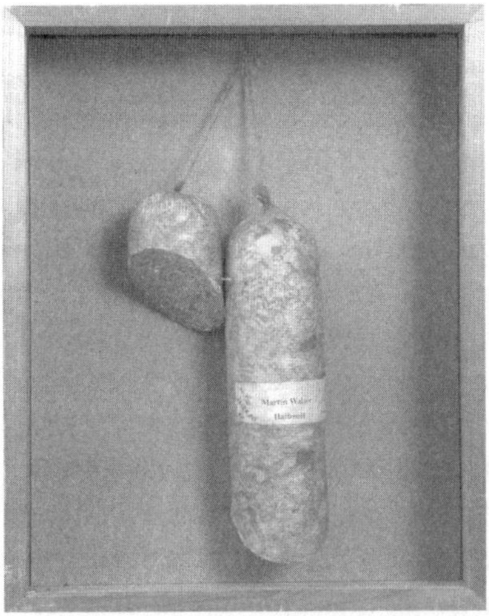

Dieter Roth, *Literaturwurst* (Martin Walser: *Halbzeit*), 1967

Freiheit am Ende – auf dem Buchmarkt, in der Schule, im Internet, von anderen Schreibenden, im Feuilleton, in der Literaturwissenschaft – genutzt oder eingeschränkt wird, steht auf einem ganz anderen Blatt. Entscheidend ist allein, dass diese prinzipielle Freiheit im Umgang und schon in der Produktion von Literatur nicht ausgeblendet werden kann. Diese Freiheit geht so weit, dass ein Buch – wie der Künstler Dieter Roth (1930–1998) mit seiner *Literaturwurst* zeigte – geschreddert und zu einer Wurst verarbeitet werden kann.

Bücherverbrennungen, Zensur und Verbote zielen dagegen *nicht* auf die freie **Wiederverwendung** eines bestimmten Exemplars oder Moments einer literarischen Produktion, sondern im Gegenteil auf die Vernichtung von Rezeptionsmöglichkeiten überhaupt – und also auch der grundsätzlichen Freiheit von Rezeption. Indirekt war diese Freiheit übrigens auch für Benjamins Kritik an der Rücksicht gegenüber einem »Publikum« leitend, sofern man unter »Rücksicht« die (unfreie) Orientierung an einer ganz bestimmten Interpretation oder gar Wertschätzung versteht.

An den Extremformen möglicher Rezeption lässt sich zeigen, dass Schreibende – jenseits der urheberrechtlichen Grenzen – über die Art der Rezeption ihrer Schriften ab dem Moment kaum mehr eine Kontrolle haben, in dem diese Schriften veröffentlicht werden und zirkulieren. Das heißt nicht, dass es über die Art der Veröffentlichung sowie der etwaigen darauffolgenden Prozesse einer Weiterbearbeitung oder Inszenierung keine Kontrolle oder zumindest Mitbestimmung von Seiten der Schreibenden geben könnte. Auch ist damit nicht gesagt, dass es Schreibenden nicht möglich wäre, mit etwaigen **Rezeptionserwartungen** zu spielen, diese, etwa durch Interviews, gezielt zu nähren, zu provozieren oder zu enttäuschen. Aber die Intelligenz – oder die Dummheit – der Rezeption wird sich nicht durch Grenzziehungen im Sagbaren und Denkbaren gängeln lassen, die von den Schreibenden selbst festgelegt werden könnten.

Was nun den Überarbeitungsprozess in der Endphase eines Schreibprozesses angeht, so stellt sich die Frage, wie sehr dieser Prozess gegenüber anderen Personen (überhaupt) geöffnet werden soll oder nicht. Diese Frage lässt sich im Grunde für den ganzen Schreibprozess schon stellen, und bei kooperativen Schreibprojekten – wenn etwa zehn Personen gleichzeitig an einem Roman schreiben – ist die Frage der Öffnung von Anfang an bereits relevant. Auch die Frage der Veröffentlichung kann in einem Schreibprozess von Anfang an wichtig sein: Soll das Geschriebene am Ende oder gar schon während des Prozesses stückweise veröffentlicht werden oder nicht, und wenn ja, wie? Hier sind Entscheidungen zu treffen, für die sich, erneut, keine allgemeingültige Regel benennen lässt.

Nimmt man Benjamins Ratschlag »lies während des Verlaufes der Arbeit nicht daraus vor« ernst oder erweitert ihn gar darauf, dass nicht nur nichts vorgelesen, sondern aus der eigenen Werkstatt im Verlauf der Arbeit niemandem etwas auch nur gezeigt werden soll, dann folgt man einem Konzept des Schreibens, das keineswegs Gültigkeit für alle mögliche Formen des literarischen Schreibens aufweist. Lektorate und Mentorate finden genau an der Systemstelle statt, die Benjamin – einem an dieser Stelle geradezu klassizistischen Modell des Schreibens folgend – als problematisch empfunden zu haben scheint.

Während **Lektorinnen und Lektoren** in Verlagen immer schon die mehr oder weniger stark intervenierende Rolle von tatsächlichen **Mitproduzentinnen und Mitproduzenten** am Text ausgeübt haben (Ortheil/Siblewski 2008), sind in den vergangenen Jahren insbesondere im Umkreis von akademischen ›Schreibschulen‹ bzw. Studiengängen oder Kursen in *Creative Writing* oder *Literarischem Schreiben*, darüber hinaus aber auch von Kulturförderungsinstitutionen vermehrt Mentoratsprogramme lanciert worden (Mohs/Zimmermann/Caffari 2019).

Im Unterschied zu Lektoraten, die in der Regel, wenn auch in schwindender Zahl und vermehrt in ausgelagerter Form, in Verlagshäusern zu Hause sind, folgen **Mentorate** dem Gedanken, Schreibprojekte im Ganzen beratend zu begleiten. Mentorate werden meist von erfahrenen Schriftstellerinnen und Schriftstellern übernommen und bedeuten für diese in der Regel auch eine Einnahmequelle. Dabei ist es nicht ausgeschlossen, dass Mentorinnen und Mentoren ihren ›Mentees‹ – also denjenigen, die sie beraten oder fördern – eine bestimmte Poetik nahelegen, womöglich auch zur Seite stehen bei juristischen oder ökonomischen Erwägungen mit Blick auf eine etwaige Veröffentlichung. Im deutschsprachigen Raum folgen Mentorate allerdings (zumindest im Kontext von Schreibschulen und öffentlichen Ausschreibungen) mehrheitlich dem Vorsatz, die individuellen Schreibprojekte in ihrer je eigenen Poetik zu fördern, wobei die Frage, worin genau eine solche Poetik bestehen kann oder soll, selbst Teil der Auseinandersetzung ist, die in einem Mentorat geführt wird.

Dabei ist das Phänomen ›Mentorat‹ selbst bereits als Effekt der Tatsache zu lesen, dass es fürs literarische Schreiben keine allgemeinverbindlichen Regeln gibt, wohl aber – schwer zu diskursivierende oder gar zu objektivierende – **Erfahrungswerte**, auch solche stilistischer Art. Dazu kommen die erwähnten juristischen und ökonomischen Gesichtspunkte, Förderstrukturen sowie überhaupt existentielle Faktoren, für die Mentorinnen oder Mentoren als bestenfalls unterstützende Begleitpersonen und Ansprechpartner in Frage kommen. Bewegt man sich nicht in akademischen, in öffentlich geförderten oder anders institutionalisierten Kontexten, sind professionelle Mentorate für individuelle Schreibprojekte wohl eher die Ausnahme als die Regel. Allerdings bewegt sich in diesem Bereich seit den 2010er Jahren sehr viel: Analoge wie digitale Angebote von ›Meisterklassen‹ (*Masterclasses*) bilden einen einträglichen **Markt**, auf dem arrivierte Schriftstellerinnen und Schriftsteller (oder ganze Firmen dahinter) ihre Erfahrungen weitervermitteln.

Während jedoch die Forschungen zur Geschichte und zum ›Impact‹ des akademischen *Creative Writing* insbesondere in den USA und überhaupt im englischsprachigen Raum inzwischen schon weit fortgeschritten sind (Adams 1993, Glindemann 2001, Myers 2006, McGurl 2009, Ruf 2016, 49–80), bleiben die aktuellen Entwicklungen im Bereich kommerzialisierter Angebote für Privatpersonen – oder ganzer Gruppen im boomenden Bereich etwa des ›**Storytelling**‹ in PR und Marketing – erst noch zu erforschen. Mit Blick auf das Mentorat im hier interessierenden Sinne bleibt jedoch ohnehin noch eine vielleicht wichtigere Praxis zu erwähnen: die auf einen Austausch zielende punktuelle Öffnung der eigenen Schreibwerkstatt gegenüber befreundeten Leserinnen oder Lesern – oft *Auch*-Schreiberinnen oder *Auch*-Schreibern. In derartigen **privaten Austauschprozessen** kommt es zu Mentoratsprozessen, auch wechselseitigen, die gar nicht diesen Namen zu tragen brauchen, informell aber diese Funktion ausüben.

Man kann das prinzipiell **dialogische Modell** des Schreibmentorats historisch bis auf Horaz' *De arte poetica* zurückführen. Im Unterschied zu Aristoteles, der in seiner *Poetik* tatsächlich ein Regelwerk formuliert, gestaltet Horaz seine Poetik als Brief, in dem er über seine persönlichen Erfahrungen Auskunft gibt, und zwar – im Unterschied zu Aristoteles – als Dichter (Klupp 2014, 141–158). Allerdings gibt Horaz auch eine ganze Reihe von Tipps, die im Kontext eines heutigen Mentorats kaum Sinn ergäben, so etwa im folgenden Satz zum möglichst still verfertigten und dann gleichsam zur Nachreife liegengelassenen Werk (→ Kap. »Zum Schluss«): »Neun Jahre halt es unsichtbar und lass die Handschrift eingeschlossen liegen« (Horaz 1985, 569).

Berührt ist damit erneut die Frage nach dem **Grad der Öffentlichkeit**, der sich bei jedem Schreibprozess stellt, und sei es auf der Ebene, dass man seine Notizen nicht frei herumliegen oder seine Dateien nicht offen zugänglich lässt. Bei einem Lektorat, das sich in der Regel stärker als ein Mentorat auf die **Feinarbeit** am Text konzentriert, finden die einzelnen Arbeitsschritte im Rahmen des vorhin skizzierten Schmetterlingsmodells rund um das Ergebnis des Schreibens bzw. die weiterhin präzisierbare Vorlage der Lektüre statt. Nur ist an diesem Prozess dann nicht nur eine Person beteiligt, sondern es sind zwei oder mehrere.

Wie bereits angedeutet, kann der Lektor oder die Lektorin mehr oder weniger stark in den Text intervenieren. Von Gordon Lish (*1934), dem Lektor des US-amerikanischen Schriftstellers Raymond Carver (1938–1988), ist bekannt, dass er die Kurzgeschichten Carvers mitunter um bis zu 70 Prozent kürzte (Mohs/Zimmermann/Caffari 2019, 14). Der knappe, lakonische Stil, für den Carver so berühmt geworden ist, verdankt sich daher auch, wenn nicht vor allem, seinem Lektor.

Bei den wenigen bislang untersuchten Lektoratsprozessen fällt insgesamt auf, dass das Kürzen, Straffen und Pointieren zu den wichtigsten Maßnahmen eines Lektorats gehört.

Ebenfalls wichtig ist das Aufmerken gegenüber sprachlichen Ticks, die einem nicht mehr auffallen, weil sie automatisiert sind, oder gegenüber Worthäufungen, die beim Lesen lähmend wirken können. Auch das Identifizieren von manifesten Fehlern gehört selbstredend zu den Aufgaben eines Lektorats. Das eigentliche Redigieren findet auf dieser Ebene statt – je nach Maßgabe dessen, was als sprachlich korrekt gilt bzw. im Rahmen der künstlerischen Freiheit noch als zulässig gelten mag. Alle Lektoratsprozesse dienen dazu, den Text in seinen Potentialen ernst zu nehmen und zu einem Punkt zu bringen, an dem er, auch und gerade als Gesamtkomposition verstanden, den Weg in eine Öffentlichkeit so antreten kann, dass die Autorin oder der Autor, der oder die im Grunde erst *mit* dem Akt der Veröffentlichung die Funktion der Autorschaft übernimmt, sich damit einverstanden erklären kann.

Nicht jeder Schriftsteller, nicht jede Schriftstellerin hat oder braucht einen Lektor oder eine Lektorin. Manche haben gar keine entsprechende Bezugsperson, manche mehrere, bei manchen wird sie als grundsätzlich außenstehende Person von einem Verlag eingesetzt, manche wünschen sich eine bereits vertraute Person, wobei in allen genannten Fällen ein Lektor oder eine Lektorin schon ganz früh in die Arbeit an einem Text einbezogen werden kann – oder erst am Ende, wo es möglicherweise nur noch um Fragen der Orthographie oder dergleichen geht. Eine jüngere Entwicklung in diesem Zusammenhang ist die Erfindung und Vermarktung von **Computerprogrammen und Websites**, die nicht nur (wie inzwischen fast alle Textverarbeitungsprogramme) in der Lage sind, orthographische und grammatische Fehler anzuzeigen, sondern die auch ›Lösungen‹ anbieten, um stilistische ›Verbesserungen‹ nach bestimmten Präferenzen vorzunehmen.

Das kommerzielle Angebot an ganzen Schreibumgebungen und Publikationsplattformen bildet einen nächsten Schritt in dieser Entwicklung. Gleichzeitig ist damit zu rechnen, dass über das Tracking des Leseverhaltens bei elektronischen Distributionsformen von Texten und Büchern (E-Books) **Rezeptionsmuster** erfasst werden, die sich indirekt wiederum auf die Produktion von Texten auswirken: Welche Texte oder gar welche Elemente eines Textes werden besonders intensiv gelesen? Und sollte sich das Schreiben durch derartige Präferenzen leiten lassen?

Zurück zum Lektorat: Die Rolle des Lektorats, und ob jemand sie beim Schreiben überhaupt vorsieht, ist letztlich von persönlichen Vorlieben oder schlicht von Sachzwängen abhängig. Ein gutes Argument *für* ein ernst genommenes Lektorat ist jedoch schnell gefunden und formuliert: Wenn Literatur – unter anderem – dadurch definiert ist, dass sie Schrift ist, die *öffentlich* gelesen werden kann, die also tendenziell bereits im Schreiben unter dem Gesichtspunkt einer irgendwann einmal durch Publikation (welcher Art auch immer) öffentlich werdenden Rezipierbarkeit steht, dann kann es grundsätzlich nicht schaden, wenn das **Öffentlichwerden** eines Textes als stufenweiser Prozess gestaltet wird, der auch die Möglichkeit von Korrekturen und Kursänderungen zulässt.

Lektorinnen oder Lektoren spielen in diesem Prozess des Öffentlichwerdens eines Textes die Rolle eines Anwaltes sowohl des Textes (mehr als der Autorin oder des Autors) als auch der Leserschaft – mit allen Fragen, die sich hierbei mit Blick auf die leitenden Präferenzen stellen. Der Autor oder die Autorin muss in diesem Prozess, wenn er oder sie sich auf ihn einlässt, bereit sein, das Lektorat als hinzukommende **Beurteilungsinstanz**, die im Idealfall den eigenen Vorstellungen nahekommt oder diese in eine wünschenswerte Richtung weitertreibt, anzuerkennen. Umgekehrt muss das Lektorat kommunizieren können, wie es seine Aufgabe überhaupt versteht, und es muss zumindest eine Grundbereitschaft geben, sich auf einen Text und seine Eigenart einzulassen. Andernfalls sind solche Prozesse kaum aussichtsreich umzusetzen.

Der Prozess des Öffentlichwerdens eines Textes ist vor allem für Schreiberinnen und Schreiber, die damit noch **keine Erfahrung** haben, ein heikler. Denn einerseits ist literarisches Schreiben etwas, das in den allermeisten Fällen isoliert stattfindet, wobei es auch Formen des literarischen Schreibens gibt, die von Anfang an öffentlich sind, zum Beispiel in Blogs oder sonstigen Foren, in denen Schreiben und Veröffentlichen praktisch im selben Zug stattfinden. Anderseits ist zumindest die Vorstellung, dass ein Text am Ende öffentlich werden kann und sollte, doch auch als Bedingung literarischen Schreibens – im Unterschied zu einem rein privaten Schreiben – anzusehen. Im Prozess des Öffentlichwerdens eines Textes gewinnen beide Tendenzen, diejenige zur Zurückhaltung und diejenige zur Veröffentlichung, ein eigenes Gewicht. Und dies nicht zuletzt deshalb, weil eine Veröffentlichung Folgefragen und Folgephänomene zeitigt.

2.8 Vorlesen, Aufführen, Veröffentlichen

Die Verlagsbranche hat sich seit der Jahrtausendwende grundlegend gewandelt. Traditionelle Verlage erhielten zunehmend Konkurrenz durch elektronische Verbreitungskanäle unterschiedlichster Art, wobei sie selbst ihre Produktion zunehmend auf digitale Produkte und Vertriebswege umgestellt haben. Das gedruckte Buch wird vom Markt nicht verschwinden, aber es eröffnen sich neue Schauplätze und Kanäle, fortlaufend. Darüber hinaus sind im Buchmarkt und im Literaturbetrieb insgesamt zunehmend Literaturagentinnen und Literaturagenten unterwegs, die den Kontakt zu den Verlagen aufsuchen, vermitteln und die juristischen und ökonomischen Konsequenzen mit im Blick haben. Auch für Auftritte, Lesungen, Messen, Signierstunden gibt es einen **Markt**, wobei sich unabhängig davon oder quer dazu immer auch Strukturen gehalten haben oder neu bilden werden, die nicht professionalisiert bzw. kommerzialisiert sind, gelegentlich auch gänzlich im privaten Rahmen stattfinden. Von Seiten der öffentlichen Hand oder durch Stiftungen und Vereine kommen **Förderstrukturen**, didaktische Angebote, Poetikvorlesungen, Stipendien hier und dort hinzu, die es schwierig machen, das Feld möglicher Förder- und Aufführungsorte von Literatur zu überblicken.

Die Entwicklungen können an dieser Stelle, auch weil sie sich laufend ändern, nicht differenziert nachvollzogen werden. Insgesamt fällt jedoch auf, dass das Interesse an **Live-Auftritten** von Autorinnen und Autoren in den vergangenen Jahrzehnten nicht etwa abgenommen, sondern trotz oder gerade wegen der vielfältigen virtuellen Erscheinungsformen von Literatur eher zugenommen hat. Vergleichbar mit den Entwicklungen in der Musikbranche, in der aufgrund sinkender Einkünfte durch den Verkauf von Platten oder Downloads die Live-Konzerte ein größeres Gewicht erhalten haben, sind Lesungen und Auftritte in unterschiedlichsten Medien für Autorinnen und Autoren auch in einem ökonomischen Sinne zu Faktoren geworden, die man, selbst wenn jemand sich dem damit verbundenen Öffentlichwerden auch seiner Person entziehen möchte, nicht ignorieren kann.

Dass dieser Markt allerdings keinen sicheren Boden hat, steht auch fest: Mit der weltweiten Verbreitung der Coronavirus-Krankheit-2019 (COVID-19) ist auf einen Schlag deutlich geworden, dass Live-Veranstaltungen mit Publikum vor Ort keine Selbstverständlichkeit sind. Gleichzeitig beschleunigte die Pandemie einen Prozess, der vorher erst partiell stattgefunden hat: die Verlagerung von Live-Veranstaltungen auf **elektronische Plattformen**. In derartigen Rochaden bleibt einzig sicher, dass es auch auf diesen ›Bühnen‹ kaum möglich sein dürfte, sich *nicht* zu den Selbstdarstellungsansprüchen von außen, wohl auch von innen, zu verhalten.

Weiterhin wird es, schreibend, die Möglichkeit geben, gegenüber all diesen Prozeduren Enthaltsamkeit zu üben. Es gibt insbesondere für Schreiberinnen und Schreiber, die noch nie veröffentlicht haben oder ›aufgetreten‹ sind, kein Rezept, wie die einzelnen Schritte in eine wie auch immer große Öffentlichkeit erfolgen sollen. Denn zu sehr verbinden sich mit diesen Schritten Entscheidungen, von denen sich einzig sagen lässt, dass sie durchaus Folgen haben werden. Denn sobald die Frage wichtig wird, ob man einen Text veröffentlichen will, gedruckt oder gesprochen, online oder in kleinerem Kreis, wird auch die Frage drängend, wie und wie sehr die eigene Person mit dem Text in Verbindung gebracht werden wird – und wie man sich dazu verhalten möchte.

Eine Veröffentlichung im Druck oder online ermöglicht rein medientechnisch eine maximale Distanz zwischen Schreibsubjekt und (veröffentlichtem) Text ebenso wie zwischen dem Text und den möglichen Lesesubjekten. Demgegenüber steht allerdings ein nicht nur marktgetriebenes, sondern wohl auch psychologisch motiviertes Interesse ganz unterschiedlicher Akteure, Texte nach wie vor mit ihren Schreiberinnen und Schreibern in Verbindung zu sehen. Von dieser Paradoxie oder Faszination lebt insbesondere das Format der traditionellen **Wasserglaslesung**: Ein Dichter oder eine Dichterin liest vor einem Publikum aus den eigenen, meistens schon publizierten, gelegentlich auch unpublizierten Texten – nebendran auf dem Tischchen steht ein Wasserglas, damit die körperlichen Bedürfnisse in den ansonsten meist kargen Inszenierungen nicht ganz vergessen gehen.

Der deutsche Komiker Loriot (1923–2011) stellte die Situation der Wasserglaslesung einmal als eine Parodie mit grotes-

Loriot als Lothar Frohwein im Film *Pappa ante portas* (1991)

ken Zügen dar. Im Film *Pappa ante portas* von 1991 tritt ein von Loriot selbst gespielter Avantgardedichter, Lothar Frohwein, auf die Bühne eines lokalen Kulturvereins. Ein Schluckauf verhindert jedoch, dass der Dichter nach ein paar einleitenden Worten mit seiner Lesung beginnen kann. Die Peinlichkeit im Saal ist mit Händen zu greifen. Als der Schluckauf schließlich weg ist und im Publikum einen neuen Leidtragenden (wiederum durch Loriot selbst verkörpert) findet, wird die gerade erst begonnene Lesung erneut unterbrochen.

Loriots Parodie zielt ebenso auf das bildungsbürgerliche Bedürfnis nach persönlichem Kontakt mit Berühmtheiten wie auf die peinliche **Bedeutungsgeladenheit** manch lyrischer Produktion der (nur damaligen?) Gegenwart – und nicht zuletzt auf den Habitus, den Schriftsteller nach wie vor gerne einnehmen, wenn sie etwas Bedeutendes vortragen wollen. Die Fallhöhe, so kann man mit Blick auf die Wasserglaslesung in Loriots Komödie lernen, ist immens.

Die Fallhöhe hat aber auch damit zu tun, dass geschriebene oder gedruckte Texte und das Vorlesen dieser Texte grundsätzlich unterschiedliche Rezeptionssituationen schaffen oder implizieren. Die **Paradoxie der öffentlichen Lesung** besteht darin, dass die körperliche Erscheinung sowie die Stimme des Autors oder der Autorin ins Zentrum rücken, wohingegen die ganze Arbeit zuvor oftmals gerade darin bestand, dem Text ein Eigenleben *losgelöst* von der Präsenz des schreibenden Körpers zu ermöglichen – eine Situation, die bei Comedy-Auftritten oder Poetry-Slams und dergleichen übrigens anders ist, weil dort die Situation der Aufführung selbst das Ziel ist. Auch die ganze *Spoken-Word*-Szene ist von Anfang an auf den Live-Moment des Vorlesens oder Vortragens ausgerichtet. Demzufolge werden auch die entsprechenden Schreibprozesse, die es ja gleichwohl gibt, diesen Moment immer schon mitkalkulieren. Etwas anderes ist es, wenn ein literarisches Schreibprojekt in einem traditionellen Sinne primär auf die Produktion eines gegebenenfalls im Stillen *lesbaren* Textes ausgerichtet ist – und wenn dann gleichwohl die Situation einer Lesung hinzukommt.

Der Schriftsteller Kurt Drawert (*1956) beschreibt diese Situation in seinem Buch *Schreiben. Vom Leben der Texte* als einen Schritt aus dem Kokon der eigenen Schreibwerkstatt hinaus in eine andere Realität (Drawert 2012, 136 f.):

> Spätestens mit dem ersten veröffentlichten Buch stürzt in diesen Kokon jener Teil der Realität, der die produktiven Sphären, wie sie sich bilden konnten, wieder zerreißt und auf die Räume eines Außen verteilt. Die Bedingungen des Schreibens sind damit abgeschlossen, es beginnen die des öffentlichen Lesens [...].

Drawert beschreibt in einer präzisen Form der **Selbstwahrnehmung**, wie sehr bei einer Lesung

> der Körper des Autors (der Texte) wieder zum Vorschein kommt und den Körper der Texte (des Autors) verdrängt. Befragt werden zu können und den Wert des Geschriebe-

> nen dadurch immer auch wieder bestätigen zu müssen, ist die eine, eher kulturanthropologische Seite der Präsenz, die sich im Radius eines plötzlich hereinbrechenden Erfolgs noch weiter aufspreizt und mit Pose besetzt. Komplizierter und auch unabwendbarer sind die andauernden Rückführungsversuche des Werkes (Transzendenz) auf seine Entstehungsgeschichte (Immanenz) durch den Interpreten; gleichviel, dass es keine hermeneutischen Prozesse in den Ursprung eines Gedankens zurück geben kann, so gibt es doch die produzierte Illusion davon und die Verführung des Lesers, den Autor dazu zu bewegen. Aktiv gewordene Germanisten auf der Suche nach einer Lösung aporetischer Knoten im Text – »Meinen Sie nicht doch, dass dann etwas sehr Dramatisches in Ihrer Familie passiert sein und verdrängt werden musste?« und so weiter – sind äußerlich und noch gut kontrollierbar. Aber was, wenn im Autor selbst dieses für die Produktion eines Buches benötigte und damit auch erschöpfte psychogene Material wieder und wieder bewegt wird [...]?

Drawert macht keinen Hehl daraus, dass er die Situation einer Lesung im Grunde als unangenehm, vor allem aber als merkwürdig, als sonderbar empfindet. Eben dadurch gelingt es ihm allerdings, die **Unselbstverständlichkeit** der Situation selbst plausibel zu machen. Darüber hinaus macht Drawert auch nachvollziehbar, *warum* die Situation der Lesung vor allem für einen, der seine Existenz in einem umfassenden Sinne aufs Schreiben gebaut hat, unangenehm sein kann (Drawert 2012, 138):

> Der Text ist ein emotionales Archiv, in dem unterwegs zu sein für den Autor immer auch regressiv enden kann – und das macht seine doppelte Anwesenheit aus: eine Beziehung zum Werk als einer literarischen Transformations-

leistung ebenso unterhalten zu müssen wie zu jenem Archiv, das es grundiert. Jeder erfolgreiche Autor konnte ein souveränes Text-Subjekt etablieren, das ihn literarisch vertritt und vordergründig in Schutz nimmt vor primitiver Zudringlichkeit – andernfalls wäre er aus einem therapeutischen Zirkel gar nicht erst herausgetreten.

An dieser Stelle wird deutlich, dass Drawert von einem im Grunde persönlichkeitsorientierten Schreiben ausgeht, dass er aber alles daransetzt, die literarische »Transformationsleistung« ernst zu nehmen.

Schreibende, die von einem distanzierteren Verhältnis zum Rohmaterial oder schlicht von einem anderen Rohmaterial ausgehen, worauf etwa die Überlegungen Michail Bachtins zum Umgang mit vorhandenen Formen und Materialien hinauslaufen (→ Kap. 2.5), werden womöglich weniger Mühe damit haben, mit dem Geschriebenen an eine Öffentlichkeit zu treten. Auch muss der Schreibprozess nicht grundsätzlich ein »souveränes Text-Subjekt« im Sinn haben und auf die Schaffung eines solchen Subjekts hinauslaufen. Gleichwohl wird auch bei Schreibprozessen, die beispielsweise kühler am Arrangieren von Material oder von Formen und Mustern interessiert sind, der Moment des Vorlesens eines ›eigenen‹ Textes mit Komplikationen zu rechnen haben.

Es gibt zu dieser Situation des Vorlesens bislang noch kaum Forschung. Gegenstand von Untersuchungen sind seit einiger Zeit **Poetikvorlesungen** (Dürr 2017), und in diesen Untersuchungen wird durchgehend Wert gelegt auf die Qualität der Inszenierung, die in dem Fall nicht nur die Inszenierung poetischer Texte umfasst, sondern die Inszenierung des Autors oder der Autorin selbst, der oder die sich mit Körper und Stimme in Szene setzt (Fischer 2016, Jürgensen 2011, Kyora 2014). Drawerts Ausführungen sind allerdings auch in diesem Zusammenhang aufschlussreich, weil in ihnen, selbst nicht frei von Inszenierung, die richtigen Fragen gestellt werden (Drawert 2012, 149):

> Denn wer, sehen wir einmal von der Diachronie ab, die zwischen Schreiben und Lesen immer besteht [...], steht vor uns und liest (von sich) ab? Der Autor als Schöpfer der Schrift? Oder der Autor als Imitator des Autors als Schöpfer der Schrift? Oder der Autor als eine Kopie des Imitators des Autors? Oder jemand ganz anderes? Die Multiplikationen des sozialen Ichs sind im Autoren-Ich noch einmal vervielfältigt; er, der Schreibende, vollzieht Akte und überschreitet Grenzen, die der andere, der nicht schreibt (und wohlgemerkt ein und dieselbe Person ist), nicht vollziehen und nicht überschreiten kann, so dass der Autor, wenn er im Autoren-Ich redet, naturgemäß ein anderer ist als der, der sein soziales Ich demonstriert.

Der Autor, der bei einer Lesung sein soziales oder, so könnte man ergänzend sagen, sein **maskiertes Schriftsteller-Ich** inszeniert, wird daraus den Schluss ziehen können, dass auch die Inszenierung dieses Schriftsteller-Ichs noch als **poetischer Akt** begriffen werden kann. Es liegt an dieser Stelle tatsächlich nahe, die Inszenierung eines Schriftsteller-, eines Schriftstellerinnen- oder schlicht eines Schreibenden-Ichs *mit* zum literarischen Schreibprozess in einem umfassenden Sinne zu zählen.

2.9 Wie weiter?

Die Frage, wie es weitergeht, stellt sich für alle Autorinnen und Autoren, die einmal die ersten Schritte in die Öffentlichkeit unternommen haben und den einen oder anderen Text in Zeitschriften oder sogar als Buch oder E-Book publiziert haben. Für Schreibende, die bislang nur ›für die Schublade‹ geschrieben haben, wird sich bei einem bestehen bleibenden Schreibenwollen jedoch ebenfalls die Frage stellen, wie es nach einem ersten Projekt oder Entwurf weitergehen kann oder soll.

Gewiss lässt sich die Frage ›wie weiter?‹ auch schlicht mit ›gar nicht‹ beantworten. Negative Erfahrungen oder Umstände können dafür ausschlaggebend sein: schlechte Resonanzen auf eine Veröffentlichung, fehlende Lust oder Zeit, andere Präferenzen oder Zwänge, Verlust einer im Schreiben empfindbaren Sinnhaftigkeit. Bekannt ist allerdings das Phänomen, dass gerade der Erfolg eines ersten ›großen Wurfs‹ – oder überhaupt Erfolg: symbolischer, finanzieller, sozialer – lähmend wirken kann. Denn drängend wird dann schnell die Frage: Schaffe ich das wieder?

Das Modell mit den vier Faktoren Schreibenwollen, Idee, Umsetzung und Ergebnis wird in diesen Fällen in einem deutlich größeren Maßstab wieder triftig. Die Grundsatzfragen, auf die hin sich das Vierermodell ummünzen lässt, lauten dann: Was habe ich bereits geschrieben (Gesamtergebnis, Werk)? Will ich überhaupt weiterschreiben (Schreibenwollen, grundsätzlich)? Was will ich allenfalls weiterhin noch schreiben (Gesamtidee)? Und wie wäre das womöglich anzugehen (Umsetzung, grundsätzlich)?

Modell 5: Schreiben, umfassend, als Rückkopplungsprozess

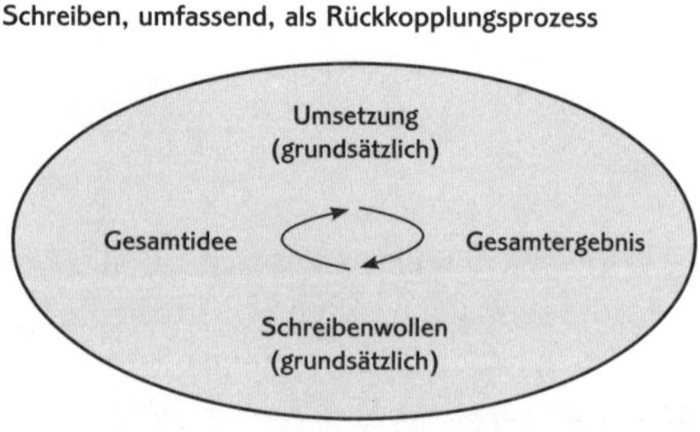

Bei Schriftstellerinnen und Schriftstellern, die bereits einen Großteil ihrer Lebenszeit mit dem Schreiben verbracht haben, stellen sich diese Fragen in einem noch weiteren Rahmen: Was kann aus all dem, was ich bereits geschrieben habe, noch werden? Wie kann ich mich darauf zurückbeziehen? Oder wie sollte ich mich davon absetzen? Und was soll am Ende übrig bleiben? Diese Fragen werden insbesondere im Spätwerk von Schriftstellerinnen und Schriftstellern wichtig. Das kann so weit gehen, dass neben dem Schreiben im engeren Sinne andere Aufgaben die schriftstellerischen Aktivitäten grundlegend mitzubestimmen beginnen, etwa die Arbeit an ganzen Werkausgaben oder die Abklärung juristischer und finanzieller Fragen mit Blick auf den Nachlass und bestehende Verträge.

Insgesamt stellt sich beim **Weiterschreiben** die Frage, *wie* der Bezug zum bereits Getanen in die Schreibarbeit eingreift. Folgende **fünf Verfahren** können dabei wichtig werden:

1) **Kumulation**
2) **Reduktion**
3) **Variation**
4) **Substitution**
5) **Reanimation**

Diese Gliederung nach fünf elementaren Verfahren wurde zur Analyse der Poetik von Spätwerken entwickelt (Zanetti 2012a, 317–326). Die einzelnen Verfahren können aber in allen Schreibprojekten relevant werden, in denen die Frage nach dem möglichen **Bezug zu bereits Geschriebenem** oder sogar Publiziertem den Prozess mitbestimmt. Die fünf Verfahren können in unterschiedlichen Gewichtungen und Segmentierungen zum Zuge kommen, wobei sie sich ohne weiteres auch wechselseitig überlagern können.

Die ersten vier Verfahren sind im Grunde erweiterte Fassungen der bereits erörterten vier rhetorischen Änderungskategorien (→ Kap. 1.2). Hier nun aber sind die Begriffe *adiectio* (Hinzufügung → Kumulation), *detractio* (Wegfall → Reduktion), *transmutatio* (Umstellung → Variation) und *immutatio* (Austausch → Substitution) nicht mehr auf den überschaubaren Bestand einzelner Wörter und Wortfolgen zu beziehen, sondern auf ganze Schreibprojekte oder Werkzusammenhänge. Der hier hinzugenommene Aspekt der Reanimation bezeichnet schließlich Formen der Erinnerung an bereits Geschriebenes, wobei dieses *als bereits Bestehendes* in Frage kommt bzw. das aktuelle Vorhaben heimsucht. Mit den anderen vier Begriffen lässt sich dieser Prozess der Reanimation höchstens indirekt fassen, weil in ihnen das Kriterium der Veränderung und nicht das einer möglichen (gegebenenfalls unheimlichen) Kontinuität zentral gesetzt ist.

Kumulation meint, dass das Schreiben als fortlaufender Prozess der Ergänzung, der Ansammlung, der Hinzufügung angelegt wird. Zwar wird schreibend gegenüber dem Geschriebenen immer etwas hinzugefügt. Wird das Verfahren der Kumulation dominant, liegt der Akzent jedoch auf der Fortsetzung als solcher. Mit kumulativen Schreibverfahren hat man es insbesondere bei Serien zu tun: wenn auf einen ersten Teil noch ein zweiter folgt und womöglich noch weitere folgen. Der Eindruck, jemand schreibe im Grunde immer nur an *einem* Roman, auch wenn (wie etwa bei Thomas Bernhard) fortlaufend neue Bücher produziert werden (Jelinek 2006, 52), lässt ebenfalls auf das Prinzip ›Schreiben als Kumulation‹ schließen.

Reduktion hingegen ist dort am Werk, wo bestehende umfangreichere Formen im Fortgang des Schreibens auf immer kleinere, überschaubarere Elemente zurückgeführt werden. Der daraus resultierende Textbestand ist gegenüber den zuvor privilegierten Arbeiten und Formen kleiner, aber deswegen nicht weniger gewichtig. Die Arbeit an und mit dem Prinzip der Reduktion kann, wie bei Beckett (→ Kap. 3.7), auch mit einem Gattungswechsel einhergehen: vom Roman und Drama hin zu Gedichten oder anderen experimentellen Kleinformen (Zanetti 2011b).

Variation findet statt, wenn Kumulation auf der Ebene des bloßen Weitermachens betrieben wird, zugleich aber Reduktion auf der Ebene der Thematik, der Perspektive oder der Ansatzpunkte stattfindet: hier nun allerdings mit dem Ziel, aus dem Bestand bestehender Elemente Abwechslung zu erreichen. An Friedrich Dürrenmatts Projekt der *Stoffe*, seinem Spätwerk, lässt sich etwa zeigen (→ Kap. 3.4), was Variation im Fortgang einer Arbeit konkret bedeuten kann. Es geht bei der Variation stets darum, nicht etwas grundsätzlich Neues zu erarbeiten, sondern aus dem Bestand des Vorliegenden heraus durch immanente Vernetzung neue Akzente und Perspektiven zu setzen.

Substitution ist überall dort leitend, wo eine bestehende poetische Programmatik gegen eine neue eingetauscht wird. Das kann mit starken Impulsen der Ablehnung des zuvor Geschriebenen einhergehen. Oder Substitution entsteht schlicht durch den Wunsch oder eine empfundene Notwendigkeit, neue Wege einzuschlagen. Bei Stéphane Mallarmé etwa kann gezeigt werden, wie er in seiner Arbeit an dem späten Gedicht *Un coup de dés jamais n'abolira le hasard* (*Ein Würfelwurf hebt nie den Zufall auf*) der neuartigen Idee Raum gibt, die Doppelseite des Buches zum graphischen Aktionsfeld der Poesie zu erklären (→ Kap. 3.7). Es handelt sich dabei allerdings nicht um eine Ersetzung früherer Texte durch neue (zumal bestehende Texte sich nicht einfach so zum Verschwinden bringen lassen …). Sondern ersetzt wird ein gewichtiger Teil des *Paradigmas* der poetischen Produktion (vom Vers zur Seite) – mit dem Ergebnis, dass nun die Typographie und die graphische Anordnung ein vorher nicht da gewesenes Gewicht erhalten.

Reanimation kann in allen anderen vier Verfahren wichtig werden, bei der Substitution und der Variation allerdings eher in negativer Form. Reanimation steht in einem dialogischen Verhältnis zum Stellenwert, dem im Weiterschreiben das bereits Getane als solches zukommt: Wie sehr ist das bereits Geschriebene und allenfalls auch Publizierte bestimmend für den gegenwärtigen Schreibprozess? Wie wird darauf zurückverwiesen? Welche Anschlüsse oder welche Abgrenzungen werden bedeutsam? Reanimation weist eine gespenstische Dimension auf: Etwas kehrt wieder. Was aber im Schreiben grundsätzlich wiederkehrt, ist die Schrift, diejenige, die geblieben ist, die sich erhalten hat und eben deshalb die Frage aufwirft, wie man sich ihr gegenüber schreibend, oder nichtschreibend, verhalten will.

Das **Nichtschreiben** (→ Kap. »Zum Schluss«) verdient hinsichtlich der Frage ›wie weiter?‹ im Übrigen auch insofern Beachtung, als Schriftstellerinnen und Schriftsteller ja nicht ununterbrochen am Schreiben sind. Im Schnitt eindeutig die Mehrheit geht Erwerbsmöglichkeiten nach, die nichts – oder nicht direkt etwas – mit dem Schreiben zu tun haben. Außerdem kann es sich als notwendig oder hilfreich herausstellen, mit dem Weiterschreiben in bestimmten Momenten oder Situationen zu warten, bis sich ein vielversprechendes Vorhaben, eine neue Idee oder, weiter gefasst, eine bestimmte Lebenspraxis im Verhältnis zum Schreiben als wünschenswert abzeichnet.

Hinzukommt, dass die schreibend kaum auszublendende **Verquickung von Ökonomie, Lebens- und Schreibpraxis** die Frage ins Spiel bringt, wie jemand das Verhältnis von Schreiben und Öffentlichkeit begreifen und ausgestalten will. Welche Kommunikationskanäle sollten genutzt (oder bewusst gemieden) werden? Welchem Publikum will jemand sich aussetzen (oder nicht)? Welche Einladungen werden angenommen (und welche nicht)? Welche Entscheidungen sind insgesamt zu treffen, um das Schreiben so zu betreiben, dass es von denjenigen, die es tun, selbst als wünschenswert erachtet werden kann?

Für diese Fragen gibt es überhaupt keine allgemeingültigen Antworten. Außer der, die schon fürs Schreiben im engeren Sinne gilt: Die Entscheidungen werden in jedem Fall, bewusst oder unbewusst, zu treffen sein. Niemand kann einer Autorin oder einem Autor diese Entscheidungen abnehmen. Gerade in diesem Zurückverwiesensein auf **nicht delegierbare Entscheidungsprozesse** und damit verbundene Wahlmöglichkeiten sind Schreibende mit ihrem Schreiben in einem ganz grundsätzlichen, wohl nicht nur erfreulichen Sinne frei: Sie tragen in sich, pathetisch formuliert, das Gewicht der Freiheit zu einer immer wieder von neuem zu erprobenden Auseinandersetzung mit der Welt, mit anderem und anderen, mit sich – durch Sprache.

3 Möglichkeiten: Schreibprojekte von Achleitner bis Zola

3.1 Friedrich Achleitner: Spiel mit dem Quadrat

Friedrich Achleitner (1930–2019) war zusammen mit H. C. Artmann (1921–2000), Oswald Wiener (1935–2021), Konrad Bayer (1932–1964) und Gerhard Rühm (*1930) Mitglied der *Wiener Gruppe*. Diese sorgte ab Mitte der 1950er Jahre für eine Erneuerung der österreichischen Literaturszene und bestimmte in der Folge die Tradition der Konkreten Poesie maßgeblich mit. Achleitner war nicht nur als Schriftsteller tätig, er war in seinen jungen Jahren auch Architekt, wobei er sich in der Folge vor allem als Architekturhistoriker bzw. -theoretiker einen Namen gemacht hat. Die ersten literarischen Veröffentlichungen fallen in die späten 1950er Jahre.

1973 veröffentlicht Achleitner das Buch *quadratroman*. In seiner umständlichen Vollversion lautet der Titel: *quadratroman von friedrich achleitner & andere quadrat-sachen, 1 neuer bildungsroman, 1 neuer entwicklungsroman etc.etc.etc.* – Im *quadratroman* findet sich Achleitners bisheriges Schaffen – **Konkrete Poesie**, Lautgedichte, typographische Experimente, Dialektgedichte – in konzentrierter Form wieder. Gleichzeitig sucht Achleitner im *quadratroman* nach einer neuen Form der Narration: Das Quadrat ist Protagonist des ›Romans‹, doch wird darin, zumindest auf den ersten Blick, keine Geschichte erzählt, sondern es findet nach jeder Seite eine neue Auseinandersetzung, ein Spiel, eine Beschriftung, Über- und Umschreibung, eine Reflexion und letztlich eine Ad-absurdum-Führung des Quadrats als Wahrnehmungs- und Gestaltungsraum statt. Das Quadrat gibt jeweils die Form vor, die mit Zeichen gefüllt oder von diesen umrankt wird. Eine Geschichte gibt es allenfalls in dem Sinne, dass diejenigen, die lesen, zwischen ihren Vorstellungen und den immer wieder neu inszenierten Quadraten einen Zusammenhang sehen können, auf dessen Dramatisierung hin die einzelnen Einträge streckenweise angelegt sind.

Ab den 1960er Jahren arbeitet Achleitner gelegentlich für die in Zürich erscheinende Zeitschrift für zeitgenössische Architektur *Bauen + Wohnen* und publiziert darin einige Artikel. Aus heutiger Perspektive fällt beim Blättern durch die entsprechenden Jahrgänge dieser internationalen Architekturzeitschrift vor allem die Strenge der rechtwinkligen Formen auf: Diese war prägend nicht nur für die in Bild und Text erörterte Architektur der damaligen Zeit, sondern auch für die typographische Gestaltung der Zeitschrift selbst.

Nach dem Verhältnis seiner Arbeit am *quadratroman* zur Architektur gefragt, verneinte Achleitner in einem Interview aus dem Jahr 2008 zwar zunächst einen Zusammenhang. Allerdings wies er dann doch – als wäre es ihm gerade erst bewusst geworden – auf die Quadratformen hin, die für das Layout der Zeitschrift *Bauen + Wohnen* und dann auch für seinen experimentellen Roman bestimmend waren (Achleitner 2008):

> Mit Architektur würde ich den *quadratroman* nicht in Zusammenhang bringen. Höchstens indirekt. Die Idee dazu entstand 1972 in Berlin, als ich im Zuge eines einjährigen Stipendiums endlich wieder Zeit für Literatur fand. Gleichzeitig schrieb ich ein wenig für die Schweizer Zeitschrift *Bauen und Wohnen*, von der ich einen Stapel von Umbruchpapier mitnahm. Auf diesen Bögen waren abgesetzte Quadrate gedruckt. Und mit der Zeit begann ich in diesen Quadraten – und drumherum – Texte zu notieren.

An den einzelnen Seiten von Achleitners *quadratroman* lässt sich lernen, inwiefern eine verhältnismäßig starre äußere Rahmenvorgabe – hier das Quadrat als Setzung – dazu beitragen kann, im Detail der Ausführung zu einer Vielfalt an möglichen Realisierungen zu gelangen. Das Verhältnis von Regelsetzung, Umsetzung und Abweichung (→ Kap. 1.3) lässt sich am Beispiel des *quadratromans* geradezu mustergültig nachvollziehen.

Als Regel dürfte folgende selbst gestellte Aufgabe leitend gewesen sein: Gehe auf jeder Seite von einem Quadrat aus, zeichne es auf und setze dich in Form von Text bzw. von Schrift oder sonstigen Zeichen auf jeweils unterschiedliche Weise mit ihm auseinander! Da das anfänglich leere Quadrat auch als Anspielung auf die leere Seite zu lesen ist, erstaunt es nicht, dass die jeweils unterschiedlichen Ausfüllungen, Umschreibungen oder Bezeichnungen des Quadrates auch grundsätzliche Reflexionen auf das Schreiben enthalten – so bereits im ersten vollbeschriebenen Quadrat, das gleich am Anfang des Buches erscheint, wobei es auf eine Seite mit einem leeren Quadrat folgt (Achleitner 1973, 5):

ich beschreibe dieses quadrat und du liest e
s das heisst ich beschreibe es nicht sondern
schreibe nur wörter darauf die im zusammenha
ng stehen oder in mehreren zusammenhängen mi
t diesem quadrat und diesem ba blödsinn blat
t natürlich und ich bin mein erster leser we
r weiss wo du jetzt steckst jetzt in diesem
moment in dem ich das schreibe und wie lange
es dauern wird bis du dich an diesen buchsta
ben entlanghanteln wirst entlangzüngeln oder
bewegst du beim lesen die zunge nicht brav b
ravo brav brav und lese genau sonst kommst d
u aus dieser schönen sache naus raus ehe du
richtig drin bist und das kann ich jetzt sch
on sagen es würde dir viel entgehen noch daz
u wo du gerade so schön drinnen bist dich so
zusagen gerade richtig eingelesen hast die f
rage für mich ist nur wies wirklich weiterge
hen soll nach meiner schätzung fehlen noch z
irka zehn zeilen in diesem quadrat bis es vo
ll ist gar nicht zu reden von den vielen and
eren die noch kommen werden und zehn zeilen
sind viel was wurde nicht schon alles in wen
iger als zehn zeilen ausgedrückt gequetscht
gebaazt respekt respekt und was wurde von de
m nicht alles gedruckt und man hat sich nich
t einfach über die zeilen geschwindelt über
die buchstaben gemogelt ausgewalzt wie einen

Friedrich Achleitner: *quadratroman* (1973)

Technisch gesehen handelt es sich um Bildreproduktionen der jeweiligen Schrift-Bild-Vorlagen. Das Ergebnis des Schreibprozesses – meist handelt es sich hier um einen Tippprozess – wird nicht von einem Setzer in eine typographische Form, d. h. in ein verlagsseitig festgelegtes Layout gebracht, sondern Typographie und Layout bleiben als elementare Bezugspunkte des Produktionsprozesses selbst im Endprodukt sichtbar. Man hat es in einem ganz praktischen Sinne mit einer ›Schreibszene‹ zu tun, die aus dem am Ende publizierten Ergebnis nicht ausgeblendet wird, sondern in diesem auf jeder Seite von neuem zur Darstellung gelangt.

Wie vielfältig innerhalb einer gesetzten Regel (der Platzierung des Quadrats) die Variation im Einzelnen ausfallen kann, wird im *quadratroman* insgesamt ausgestellt. Dabei fehlt es nicht an expliziten Auseinandersetzungen mit der ebenso programmatisch wie humoristisch fortgesetzten Tradition Konkreter Poesie (Achleitner 1973, 11):

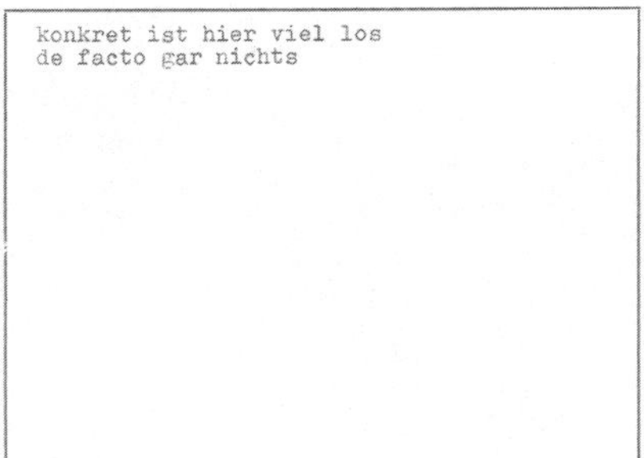
konkret ist hier viel los
de facto gar nichts

Friedrich Achleitner: *quadratroman* (1973)

Dass hier zwar »de facto gar nichts«, »konkret« aber durchaus »viel los« sei, ist schlüssig in dem Sinne, dass die Aufmerksamkeit auf die – im Sinne der Konkreten Poesie – konkreten schriftbildlichen und formalen Entwicklungs- und Begrenzungsmöglichkeiten nicht nur der Literatur in ihrer publizierten Form, sondern schon des Schreibprozesses gelenkt wird. Dabei werden zugleich elementare materiale und formale Voraussetzungen sprachlicher Handlungen überhaupt sinnfällig.

Obschon die Schreibmaschinenlettern aufs Ganze gesehen dominant sind, fehlt es in den einzelnen Beispielen nicht an handschriftlichen Aufzeichnungen oder anderen, graphischen Einsätzen und Gebrauchsformen von Schrift oder schlicht von dunkler Farbe. Das Quadrat erscheint dabei immer wieder als eine Art Fenster, das den Blick freigibt auf eine spezifische Anordnung von Schrift und Zeichen in Form beispielsweise von Plakatausschnitten, Buchstaben- und Wortkonstellationen oder Überlagerungen – wie hier, bewerkstelligt durch einen Stempel (Achleitner 1973, 20):

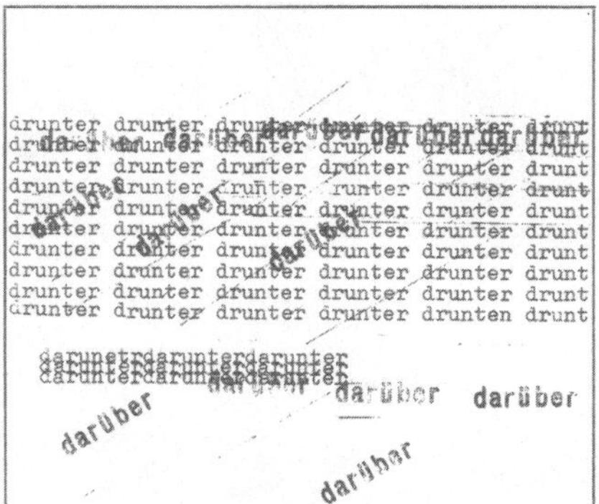

Friedrich Achleitner: *quadratroman* (1973)

Der Schreibprozess, so kann man auf jeder Seite sehen, ist darauf ausgerichtet, die Spuren des jeweiligen Prozesses selbst immer wieder von neuem ins Bild zu setzen. Dabei ergeben sich *zwischen* den einzelnen Quadraten gelegentlich Korrespondenzen. So etwa, wenn auf einer Seite die Buchstabenfolge »s a t z k o m m t v o n s e t z e n« frei schwebend bzw. fallend arrangiert wird (Achleitner 1973, 34), wobei auf der folgenden Seite die zusammengequetschte Buchstabenfolge »dersatzist ambodendersatzistambodendersatzistam« auf dem unteren Rand des Quadrates als ›Bodensatz‹ zu liegen kommt.

Erst mit der Zeit ahnt man, dass der *quadratroman* zwar keine konventionelle Geschichte erzählt, aber durchaus eine Form von Dramaturgie enthält: Diese ergibt sich – blätternd – aus dem Wechsel der Positionen, in die der Lektüreakt selbst jeweils durch die visuelle Gestaltung *in* die jeweilige Szene *hineinversetzt* ist. Der Blick aufs Quadrat enthüllt nicht nur, vom Gezeigten her, wechselnde Ansichten. Als Leserin oder als Leser erhält man selbst jeweils einen vom Quadrattext her zugewiesenen Ort. Wie bei der expliziten Du-Adressierung im ersten vollgetippten Quadrat am Anfang (»du liest«) erstreckt sich die Poetik immer wieder – im Grunde vertikal zum Blatt, also nicht in der Fläche verbleibend – in Richtung eines möglichen Dialogs mit der jeweils mitentworfenen und zugleich eingeräumten Position des Lesers oder der Leserin: Was sehen wir denn da? Und wie können oder sollen wir Bezug darauf nehmen? Das sind die Fragen, die sich mit jedem Umblättern von neuem stellen.

Zur Dramaturgie gehört auch, dass am Ende des *quadratromans* die Ausreizung der unterschiedlichen Kadrierungen in eine Umstürzung der auf einmal als trügerisch ausgewiesenen Ordnung mündet. Das Quadrat im *quadratroman*, so erfahren wir (erst) dann (falls wir es nicht vorher schon geahnt oder gemerkt haben), *ist* gar kein Quadrat: Die einzelnen ›Quadrate‹ haben eine Abmessung von 120×119 Millimetern, sind also genau genommen Rechtecke. Eben dies wird zum Schluss der Serie – als dramaturgischer Höhe- oder Tiefpunkt, wer weiß – offengelegt (Achleitner 1973, 176).

Wenn man am Anfang der Lektüre des *quadratromans* also recht schnell einmal eine Regel erkennen zu können glaubt

lieber leser vergessen sie alles was sie hie
r gelesen und gesehen haben am ende des quad
ratromanes wurde vom autor ein fürchterliche
r irrtum aufgedeckt geradezu ein katastropha
ler irrtum ich möchte es kurz heraussagen ic
h möchte sie nicht länger auf die folter spa
nnen kurz und schmerzlos heisst es so schön
in der deutschen sprache in der sprache der
deutschen und des deutschen genauigkeit ist
ebenso sprichwörtlich und ich könnte jetzt m
einen kopf aus der schlinge ziehen wiener sc
hlamperei und so meiner genauigkeit ist aber
nicht entgangen dass die hier verwendeten qu
adrate gar keine quadrate sind sie haben hie
r im original natürlich nicht in dem etwas v
erkleinerten buch das sie in der hand haben
hier auf dem format din a 4 die grösse von h
undertzwanzig ma 119 millimeter womit dem ga
nzen roman titel und basis entzogen sind das
ganze müsste wie sie schon richtig bemerkt h
aben rechteckroman heissen blöder titel und
die ganze philosophie ums quadrat herum die
ganze quadratphilosophie muss ich zurücknehm
en jedem steht es nun offen ohne ein plagiat
zu begehen einen quadratroman zu schreiben s
chauen sie aber dem setzer dem drucker der i
hnen die vordrucke macht ordentlich auf die
finger wiedereinmal hat ein millimeter wer h

Friedrich Achleitner: *quadratroman* (1973)

(›gehe von einem Quadrat aus …‹), wird einem diese Gewissheit am Ende wieder genommen. Mehr noch: Sie wird als das kenntlich gemacht, was sie ist – eine *provozierte* Scheingewissheit. Provoziert wird sie, weil die ganze Anlage des *quadratromans* darin besteht, nicht nur innerhalb einer Regel ein Spiel an möglichen Ausführungen zu betreiben, sondern hintergründig zugleich mit einer Regel zu spielen, die am Ende selbst als Scheinregel erkennbar (gemacht) wird: Misst man nach, so sind die Quadrate tatsächlich keine reinen Quadrate, wobei sich die Frage stellt, wie weit es überhaupt möglich ist, eine ideale Form per Hand (oder selbst mit einer Maschine) aufzuzeichnen: Die **Abweichungen** erscheinen im Falle des Quadrates geradezu als Zeichen einer Individualität, um nicht zu sagen Menschlichkeit, die sich im Witz der Störgröße bemerkbar macht.

3.2 André Breton, Philippe Soupault, Jack Kerouac: Los!

Über die genauen Umstände, in denen die damals noch ganz unbekannten Schriftsteller bzw. Künstler André Breton (1896–1966) und Philippe Soupault (1897–1990) im Frühling 1919 in Paris ihre ersten Experimente im ›Drauflosschreiben‹ betrieben haben, weiß man nicht sehr viel. Erhalten hat sich immerhin ein Manuskript. Es trägt die Handschrift von Breton und Soupault. Im Mai 1920 erscheint es im Druck unter dem Titel *Les Champs magnétiques* (*Die magnetischen Felder*). Vier Jahre später verkündet André Breton im ersten *Manifeste du surréalisme* (*Manifest des Surrealismus*) nicht nur den **Surrealismus** als neue literarische und künstlerische Bewegung. Breton geht in dem Manifest von 1924 auch auf die mit Soupault fünf Jahre zuvor durchgeführten Schreibexperimente ein und belegt diese nun mit dem Begriff der **écriture automatique** (*automatisches Schreiben*).

Breton erfindet diesen Begriff allerdings nicht. Er stammt eigentlich aus der Parapsychologie und Psychiatrie des 19. Jahrhunderts und bezeichnete dort ein Schreibverfahren, mit dem man in therapeutischer Absicht versucht hat, bei Schizophrenen abgespaltene Persönlichkeitsanteile (Stimmen) schreibend zum Sprechen zu bringen (James 1889, Janet 1889). Breton entwendet allerdings sowohl den Begriff als auch die damit verbundene Praxis des forcierten Drauflosschreibens aus dem Kontext der Psychiatrie und erkennt in der entsprechenden, nun allerdings selbst gewählten Technik des Schreibens utopisches Potential. Doch wie haben Breton und Soupault tatsächlich geschrieben?

Was wir von der spezifisch surrealistischen *écriture automatique* wissen (oder glauben wissen zu können), rekurriert zum einen auf Informationen, die man dem überlieferten Manuskript entnehmen kann. Zum anderen trifft man, wie so oft, auf Hinweise, die von den Autoren selbst stammen, wobei hier grundsätzlich Vorsicht geboten ist. Berühmt geworden ist insbesondere die folgende Beschreibung aus dem ersten surrealistischen Manifest, die in Form einer Anleitung formuliert ist (Breton 1924, 29 f.):

> Lassen Sie sich etwas zum Schreiben bringen, nachdem Sie es sich irgendwo bequem gemacht haben, wo Sie ihren Geist so weit wie möglich auf sich selber konzentrieren können. Versetzen Sie sich in den passivsten oder den rezeptivsten Zustand, dessen Sie fähig sind. Sehen Sie ganz ab von Ihrer Genialität, von Ihren Talenten und denen aller anderen. [...] Schreiben Sie schnell, ohne vorgefasstes Thema, schnell genug, um nichts zu behalten oder um nicht versucht zu sein, zu überlesen. Der erste Satz wird ganz von allein kommen, denn es stimmt wirklich, dass in jedem Augenblick in unserem Bewusstsein ein unbekannter Satz existiert, der nur darauf wartet, ausgesprochen zu werden.

Breton berichtet im Manifest auch direkt davon, wie er im Frühling 1919 zusammen mit Soupault Blatt für Blatt beschrieb (1924, 25):

> Wir begannen Mengen von Papier zu beschreiben, voller Verachtung für das, was dabei literarisch herauskommen würde. Die Leichtigkeit der Ausführung tat das ihre. Am Ende des ersten Tages konnten wir uns um die fünfzig so gewonnene Seiten vorlesen und unsere Ergebnisse vergleichen. Im Ganzen gesehen wiesen Soupaults und meine Seiten eine bemerkenswerte Analogie auf: die gleichen Konstruktionsfehler, Schwächen gleicher Art, bei beiden aber auch die Illusion von außerordentlichem Elan, starker Emotion, eine bemerkenswert große Auswahl derartig guter Bilder, wie wir auch nur ein einziges bei langer Vorbereitung nicht zustande gebracht hätten, etwas eigenartig

> Malerisches und hie und da irgendeinen äußerst komischen Einfall. [...] Hingegen muss ich gerechterweise betonen, dass er [Soupault] sich immer mit allen Kräften der geringsten Überarbeitung, der geringsten Korrektur von Stellen widersetzte, die mir in ihrer Art nicht gelungen erschienen. Und darin hatte er völlig recht.

Es handelt sich demnach bei dieser Schreibweise um einen Artikulationsvorgang, in dem der ordnende Verstand möglichst abgeschaltet und einfach alles notiert wird, was einem in den Sinn kommt. Entsprechend assoziativ lesen sich tatsächlich auch die Sätze aus den *Champs magnétiques* – Sätze, die darauf hindeuten, dass das Verfahren als solches womöglich interessanter ist als das Ergebnis: »Gefangene der Wassertropfen, wir sind nur ewige Tiere« (Breton/Soupault 1919, 45).

Oder will man gerade die ungehobelte Bildlichkeit, die assoziative Kraft hervorheben und darin eine ursprüngliche Form von Poesie vermuten? Für Breton bestand der Witz und die Schönheit der *écriture automatique* gerade im möglichst Unvermittelten, im rational Unverstellten. Allerdings zeichnet sich an diesem Punkt eine gewisse Spannung zur dokumentierten Schreibpraxis ab (Zanetti 2005, 226–233). Vergleicht man das erhalten gebliebene Manuskript der *Champs magnétiques* mit den Beschreibungen im surrealistischen Manifest, fällt zunächst die Regelmäßigkeit auf, mit der Breton (→ Abbildung S. 176) das Blatt beschreibt. Soupaults Handschrift (→ Abbildung S. 177) ist dagegen im Duktus freier. Soupault ist es auch, der seine Handschrift tatsächlich kaum korrigiert, während Breton sowohl bei sich als auch bei Soupault systematisch Korrekturen vornimmt (Breton/Soupault 1919, 48, 51).

Die Korrekturen sind insofern interessant, als sie fast ausschließlich darin bestehen, die Ich-Perspektive (»moi«, »je«, »mon« usw.) durch eine Wir-Perspektive (»nous«, »nos« usw.)

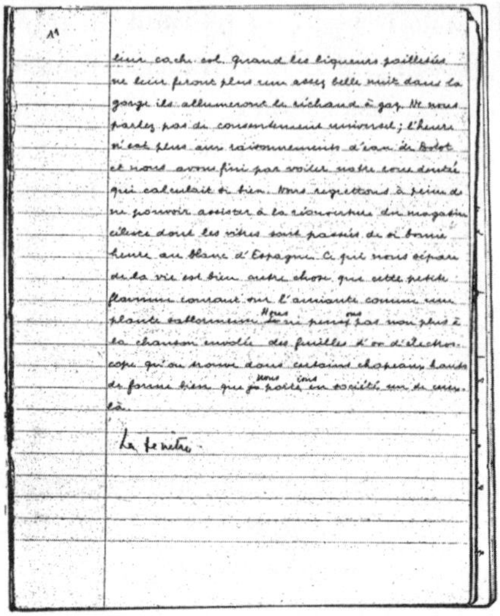

zu ersetzen. Sieht man vom gelockerten Sinn (oder vom Unsinn) der entstandenen Sätze ab, bleibt lesend doch immerhin der Eindruck, dass hier etwas aus einer Wir-Perspektive nicht nur erlebt, sondern auch geschildert wird. Ja mehr noch: dass hier gemeinsam geschrieben wird. Im normierten Drucktext verdeckt allerdings der provozierte Wir-Eindruck die Tatsache, dass an dem gesamten Prozess zwar zwei (und mit Blick auf die Publikation noch mehr) Personen am Werk waren, das Schreiben aber auf unterschiedlichen Blättern stattfand, mit markierten Überlappungen jeweils am Ende.

Dabei ist die allgemeinere Frage, die sich hier stellt, vielleicht interessanter als die Antwort, die sich im Manuskript mit dem schlichten Wechsel der beiden Handschriften, ihrer Aneinanderreihung sowie ihrer suggestiven Korrektur abgezeichnet hat: Wie kann man überhaupt im Kollektiv schreiben? Wie zu zweit? Wie zu mehreren? Im Falle von Breton und Soupault ist es klar, dass die beiden ein gemeinsames *Projekt* verfolgt haben. Aber wie bei jeder Art von Kooperation

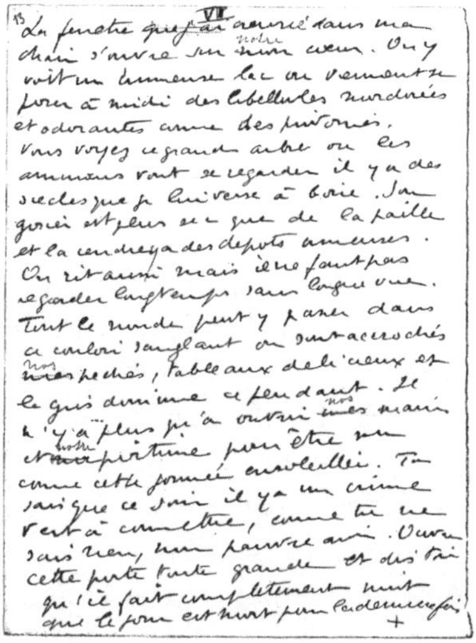

André Breton und Philippe Soupault, Manuskriptseiten von *Les Champs magnétiques* (1919)

stellt sich die Frage, was das genau heißt: Gibt es eine Arbeitsteilung, und wenn ja, welche? Arbeitet man auf verschiedenen Textträgern oder auf einer gemeinsamen Oberfläche? Welcher? Und: gleichzeitig oder nacheinander?

Mit heutiger Software ist es wohl leichter als je zuvor möglich, *gleichzeitig* auf *einer* Textoberfläche zu schreiben (zumindest dem Anschein nach). Gerade die damit verbundenen technischen Implikationen dürften allerdings deutlich machen, dass – aus einer etwas weiteren Perspektive betrachtet – ohnehin jede Art des Schreibens direkt oder indirekt auf Formen der Kooperation zwischen menschlichen sowie auch nichtmenschlichen Akteuren (Latour 2005) beruht. Die Frage ist nur, *wie* sich die Kooperation im Einzelnen jeweils gestaltet – eine Frage, die erst in jüngster Zeit in den Aufmerksamkeitsbereich der Forschung getreten ist (Ehrmann/Traupmann 2021).

Schreibpraktisch ist die von Breton und Soupault im Dialog betriebene *écriture automatique* trotz des hohen Fiktionsanteils an Wir-Stimmigkeit insofern ein interessantes Beispiel für kollektive Autorschaft, als beide Schreiber überhaupt bereit waren, ihre individuelle Autorschaft im Zuge des gesamten Prozesses ein Stück weit zurückzustellen. Wie aber sieht es mit dem Anspruch auf Unmittelbarkeit und Unverstelltheit des seelischen Ausdrucks aus?

Im Prinzip zeugen bereits die erkennbaren Korrekturen auf dem Manuskript davon, dass es kaum möglich sein dürfte, im Schreibvorgang auf einen – wenn auch nur minimalen – Anteil an Reflexion (Zurückbeugung) gänzlich zu verzichten. Die Frage nach der Reflexion ist insgesamt von einigem Gewicht, berührt sie doch die traditionell kontrovers diskutierte Frage nach dem Stellenwert von Bewusstsein: seiner spezifischen Beschaffenheit oder Abwesenheit im Prozess künstlerischer Artikulation.

Schon der Ethnologe Claude Lévi-Strauss wandte 1941 in einem viele Jahre später erinnerten und mitgeteilten Gespräch mit André Breton ein, dass Spontaneität nicht mit dem künstlerischen Wert eines Schreibaktes gleichzusetzen und damit zu verwechseln sei. Mit kritischem Blick auf die *écriture automatique* stellte Lévi-Strauss die These auf, dass ein derartiger Wert erst entstehen könne, wenn es so etwas wie eine »sekundäre Bearbeitung« gebe (→ Kap. 2.4). Dabei räumte er ein, dass eine derartige Bearbeitung auch im »spontanen Denken« vorkommen könne: »[U]nter bestimmten Bedingungen und bei bestimmten Individuen« könne ein solches Denken »ein Bewusstsein seiner selbst erlangen und wirklich reflexiv werden« (Lévi-Strauss 1993, 135, Zanetti 2014, 273–283).

Statt bloß von einem »spontanen Denken« wäre an dieser Stelle allerdings tatsächlich besser von einem spontanen Schreiben auszugehen: einem spontanen Schreiben womöglich, so wie man es Ende der 1940er, Anfang der 1950er Jahre bei Jack Kerouac (1922–1969) am Beispiel seiner Arbeit an der rasanten ›Road Novel‹ *On the Road* (*Unterwegs*) nachvollzie-

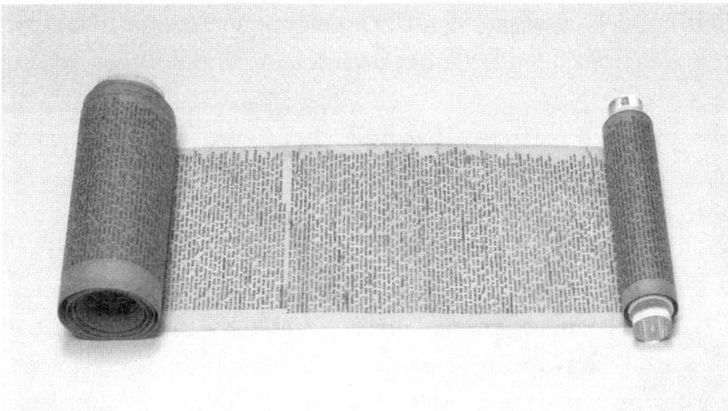

Jack Kerouac, Schriftrolle von *On the Road* (1951)

hen kann. Was zeichnet die Arbeit an dieser 1957 publizierten ›Bibel‹ der **Beat-Generation**, dieser Vorwegnahme der späteren Popliteratur aus?

Wie bei der *écriture automatique* hat man es auch bei Kerouacs Schreib- bzw. Tippstrom mit einer Reihe von nachträglich konstruierten Mythen, mit scheinbar Klarheit schaffenden programmatischen Texten sowie, immerhin auch hier, mit überlieferten Textträgern und Skizzen zu tun, die den Produktionsprozess in einem differenzierteren Licht erscheinen lassen. Der Mythos stammt von Kerouac selbst und lautet, er habe *On the Road* in einer Art Trancezustand im April 1951 mit der Schreibmaschine innerhalb von drei Wochen auf Endlospapier – die legendäre Schriftrolle, die sich tatsächlich erhalten hat – getippt. Dabei mutiert der Papierstreifen in Kerouacs Wahrnehmung selbst zu einer Straße, die beschrieben wird. In einem Brief an den Freund Neal Cassady (1926–1968) schreibt Kerouac (Cunnell 2007, 1):

> I've telled [sic] all the road now. Went fast because the road is fast ... wrote whole thing on strip of paper 120 foot

> long […] – just rolled it through typewriter and in fact no paragraphs … rolled it out on floor and it looks like a road.

Der programmatische Text heißt bei Kerouac »Essentials of Spontaneous Prose« (»Grundlagen spontaner Prosa«) und enthält Sätze wie diese (Kerouac 1957, 57 f.):

> Not ›selectivity‹ of expression but following free deviation (association) of mind […]. No pause to think of proper word […]. Nothing is muddy that *runs in time* and to laws of *time* […] – *no revisions* (except obvious rational mistakes, such as names or calculated insertions in act of not writing but inserting). […] If possible write ›without consciousness‹ in semi-trance […].

Auf der Ebene der Programmatik zeichnet sich eine offensichtliche Nähe zur surrealistischen *écriture automatique* ab: den Vorstellungen freien Lauf lassen, keine Zensur betreiben, nicht innehalten und nachdenken, möglichst nichts korrigieren. Ebenso trifft man in Kerouacs Spontanpoetik auf eine Spannung zwischen Idee und Umsetzung, Programm und Realisierung, Konzept und Akt. Nur ist diese Spannung anders gelagert: Was Kerouac in seinen expliziten Stellungnahmen zum eigenen Schreiben verschweigt, ist der Umstand, dass er *vor* dem rauschhaften Heruntertippen der ganzen Schrift-Straße auf dem Endlospapier bereits unzählige Skizzen zu dem Projekt angefertigt hatte, die zudem auf offensichtliche Weise biographisch inspiriert waren: Zeichnungen, Diagramme, Entwürfe, darunter auch ausführliche Tabellen zum Plot (Gewirtz 2007).

Mit anderen Worten: Die legendäre Geschwindigkeit, mit der Kerouac *On the Road* und später noch weitere Romane zu Papier brachte, muss mit Blick auf die Schriftrolle nicht grundsätzlich in Frage gestellt werden (Drogen werden das ihre

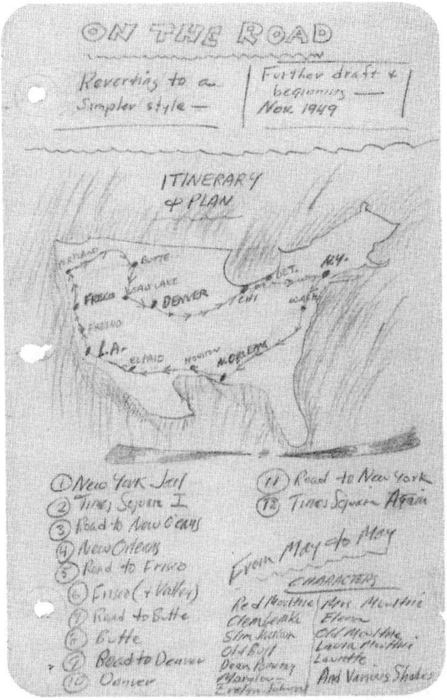

Jack Kerouac, topographische Skizze mit Reiseroute von *On the Road* (November 1949)

zum Flow beigetragen haben). Aber klar ist doch, dass sich das Tempo des Schreibens, hier des Tippens, nicht voraussetzungslos einstellte, vielmehr konnte Kerouac auf ein Reservoir aus strukturbildenden Vorarbeiten zurückgreifen. Dazu kommt, dass Kerouac die Version der Schriftrolle im Anschluss noch überarbeitete – wohingegen das Ende der Rolle von einem Hund (»Potchky«) aufgefressen worden sein soll … (Kerouac 1951, 401). Die umfassenden Vorarbeiten dürften im Übrigen auch erklären, warum *On the Road* bereits in der Textversion der Rolle viel eingängiger zu lesen ist als das rund 30 Jahre zuvor betriebene avantgardistische Experiment der *Champs magnétiques*. In *On the Road* ziehen zwei junge Hipster quer durch die USA und Mexiko und zelebrieren dabei ihren Lifestyle. Die Handlung – der Plot – lässt sich also schnell begreifen und zusammenfassen, wohingegen es bei den *Champs magnétiques* schwierig werden dürfte, überhaupt eine Ahnung davon zu erhalten, ›worum es geht‹.

So ähnlich also die beiden Schreibverfahren der surrealistischen *écriture automatique* und des rauschhaften Drauflosschreibens bei Kerouac auf den ersten Blick erscheinen mögen, so unterschiedlich sind sie in der Praxis – und im Ergebnis: Geht es im einen Fall darum, schreibend überhaupt etwas aufs Papier zu bringen, möglichst roh, ungestüm, ungefiltert, geht es im anderen Fall darum, die Versatzstücke des Erlebten, des bereits minutiös Geplanten und Strukturierten schreibend in Bewegung, in einen Groove zu bringen, und zwar so, dass sich dieser Groove auch lesend nachvollziehen lässt.

3.3 Emily Dickinson: Prozessualität und Variantenbildung

Emily Dickinson (1830–1886) war zeit ihres Lebens als Lyrikerin kaum bekannt. Nur etwa ein Dutzend der insgesamt rund 1800 erhalten gebliebenen Gedichte erschien zu Lebzeiten im Druck – und diese wenigen auch noch anonym (Martin 2014, Bd. 1, 704 f.). Dickinson lebte äußerst zurückgezogen in Amherst, einer Provinzstadt im Westen des US-Bundesstaates Massachusetts. Ihr Schlafzimmer in der oberen Etage des Elternhauses war zugleich ihr Schreibort. An einem kleinen Tisch vor dem Fenster schrieb sie ihre Gedichte und ihre Briefe. Das Zimmer war Rückzugsort und zugleich Schreibwerkstatt. Dickinson arbeitete darin an einer sehr eigenwilligen Form von Poesie. Mit dieser wandte sie sich an eine prinzipiell ungewisse und unbekannte Zukunft.

Dickinson war einerseits eine große Briefeschreiberin (Strätling 2006), andererseits schrieb sie für die Schublade, für niemanden, wenn man so will, es sei denn für jene, die vielleicht irgendwann Zugang zu diesen Manuskripten erhalten sollten. Außerdem ist davon auszugehen, dass einige ihrer Gedichte im persönlichen Umkreis zirkulierten. Aber mehr nicht. Dabei war sich Dickinson über die Qualität ihrer Dichtung vollkommen im Klaren (Kübler 2015). Ebenso bewusst wird es ihr allerdings auch gewesen sein, dass sie im literarisch-publizistischen Umfeld der damaligen Zeit, zumal als Frau, kaum hätte Fuß fassen können. Dickinsons Gedichte wollen in keine Zeit so recht hineinpassen. Unverkennbar ist der puritanische Ton. Die damit gesetzte Dominanz der Tradition tritt allerdings immer wieder in den Hintergrund. Denn ebenso unverkennbar ist der unbändige Drang Dickinsons, in der Wahrnehmung der Welt, ihrer Beschreibung und schreibenden Erfahrung eigene Wege zu gehen.

Bekannt geworden ist ihre knappe, andeutungsreiche Sprache, die Zuwendung zu den kleinen Epiphanien des Alltags, die kultivierte Aufmerksamkeit für die irdischen Dinge in ihrem vergänglichen Glanz. Auf formaler Ebene fallen die häufigen Gedankenstriche auf, die in den Manuskripten allerdings eher wie Punkte aussehen, die freie, aber zugleich präzise Rhythmik, dann die sehr unkonventionelle Großschreibung bestimmter Wörter – und der oftmals weite Abstand zwischen ihnen. All diese Besonderheiten haben seit den ersten Reaktionen aus dem unmittelbaren Umfeld dazu beigetragen, dass diese Gedichte im Grunde zur Welt des Buches und des normierten Druckes im Speziellen in einer gewissen Spannung standen und stehen.

Überliefert sind die Gedichte primär in Dickinsons Handschrift, viele davon zusammengeheftet zu kleinen Bündeln, Heften, denn erst posthum erschienen erste Buchausgaben, in denen dann endlich auch der Name der Autorin genannt wurde. Diese Ausgaben waren allerdings voll von entstellenden ›Berichtigungen‹: Die Herausgeber sahen sich offenbar genötigt, das, was in der handschriftlichen Überlieferung vielmals offen und uneindeutig blieb, zu beseitigen oder zu bereinigen. Erst im Laufe des 20. Jahrhunderts hat man angefangen, die spezifische Schreibweise von Dickinson – in einer nachträglichen Volte – als ›avantgardistisch‹ einzuschätzen und anzuerkennen. Die historisch-kritischen Ausgaben verzeichneten erstmals die Varianten, die Dickinson im Schreiben bildete, ohne dass sie sich immer für eine letztgültige entschieden hätte.

Die **Aufhebung des Entscheidungszwangs** ist vielleicht das Verrückteste und zugleich Interessanteste an Dickinsons Schreiben – eine Dimension, die tatsächlich eine des Schreibens ist: eines sehr eigenartigen Schreibens, das oftmals geradezu darauf hinausläuft, *nicht* in ein klar definiertes, syntaktisch und drucktechnisch eindeutig festlegbares Gedicht zu münden. Wenn Dickinson mehrere Varianten eines möglichen Wortes stehenlässt, hält sie den Prozess des Wortefindens und -platzierens im Grunde weiterhin offen. So als ob der Schreibprozess, im Lesen dann, weiterginge, wobei dieser schon beim Sinnieren über dem Papier zu keinem definierten Ende kam.

Für Herausgeber, die es gewohnt sind, einen ›konstituierten‹, typographisch reproduzierbaren ›Text‹ wiederzugeben oder herzustellen, bringt das nahezu unlösbare Probleme mit sich. Es sei denn, man verabschiedet sich von dem Gedanken, dass es überhaupt möglich oder auch nur sinnvoll sei, *eine* Textversion aus den überlieferten Schriftspuren herauszulesen. Dann also doch lieber beim Gedanken des Prozesses bleiben. Über diesen immerhin lässt sich viel in Erfahrung bringen, wenn man sich auf die handschriftliche Überlieferung einlässt und dabei der visuellen Gestalt der Manuskripte besondere Aufmerksamkeit schenkt. Seit einigen Jahren ist das sogar ohne großen Aufwand möglich: Die entsprechenden hochaufgelösten Scans sind auf der Website *Emily Dickinson Archive* – www.edickinson.org – praktisch vollständig und frei zugänglich. Auch ein Scan des Manuskripts mit dem hier nun zu erörternden Gedicht bzw. Prozess »Shall I take thee, the Poet said« (»Soll ich dich nehmen, sagte der Dichter«) findet sich dort.

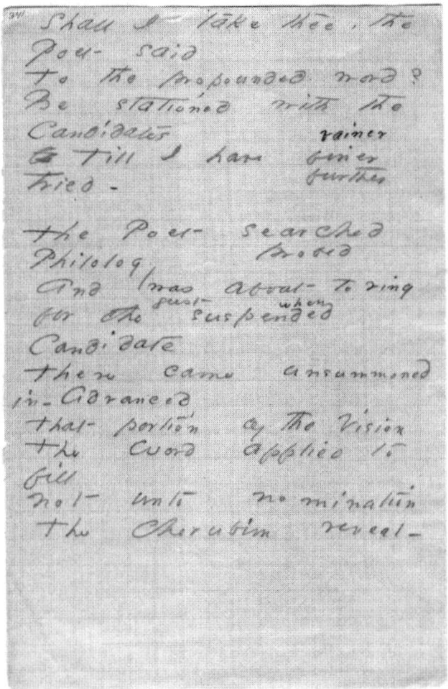
Shall I take thee, the
Poet said
To the propounded word?
Be stationed with the
Candidates
Till I have finer
tried -
The Poet searched
Philology
And was about to ring
for the suspended
Candidate
There came unsummoned
in -
That portion of the Vision
The Word applied to
fill
Not unto nomination
The Cherubim reveal -

Emily Dickinson, Manuskript von »Shall I take thee, the Poet said« (um 1872)

Zur Erinnerung: Es gibt von Dickinsons Gedichten aus der Hand der Autorin kaum je mehr als derartige Zettel, Stellen in Briefen, allenfalls Bündel mit entsprechenden Spuren von Gedichten. Das ist bei diesem Gedicht – wenn man diese Ansammlung von Worten so nennen möchte – nicht anders. Die späteren Herausgeber haben aus den vorliegenden Schriftspuren dann wahlweise ein Gedicht mit drei Strophen zu vier Zeilen oder ein Gedicht aus einer ersten vierzeiligen und einer zweiten achtzeiligen Strophe konstituiert. Dass man hier auch ohne eine typographische Reduktion von einem Gedicht sprechen kann, dürfte sich daraus erhellen, dass die Schrift-

Shall I take thee, the Poet said
To the propounded word?
Be stationed with the Candidates
Till I have **vainer** / finer / further tried –

The Poet searched / probed Philology
And was [just] about to ring [when]
for the suspended Candidate
There came unsummoned in – / Advanced
That portion of the Vision
The Word applied to fill
Not unto nomination
The Cherubim reveal –

spuren in sich tatsächlich eine eigene, eigenartige Poetik entfalten, wie gleich noch zu zeigen sein wird.

Mit allen Varianten, verteilt auf reguläre Zeilen, könnte man das Gedicht wie oben dargestellt wiedergeben und übersetzen (Textkonstitutionen und Übersetzungen zum Vergleich: Dickinson 1998, Bd. 2, 1075 [Nr. 1243], Dickinson 2005, 35 [Nr. 1126], Dickinson 2015, 987 [Nr. 1243], Dickinson 2016, 557).

Beginnt man zu lesen, fällt zunächst auf, dass das Gedicht nicht nur thematisch von einem Prozess der Wortfindung handelt, sondern diesen (oder einen verwandten) Prozess am hinterlassenen Wortmaterial selbst vorführt. Aus der materialen Überlieferung und dem darin sich abzeichnenden Sinn lässt sich gleichermaßen folgern: Dichten ist ein Vorgang, der zunächst einmal darin besteht, Worte auszuwählen, sie aufzurufen und zu platzieren – auf dem Papier oder sonst einer Oberfläche oder einem bestimmten Ort. Davon sprechen die ersten paar Zeilen. Dickinson inszeniert dabei den Schreibprozess als eine Art Gerichtsverhandlung oder Wahlproze-

Soll ich dich nehmen, sagte der Dichter
Zum dargelegten Wort?
Bleib bei den andren Kandidaten
Bis ich's **vergeblicher** / genauer / weiter versucht hab –

Der Dichter durchsuchte / erprobte Philologie
Und war [gerade] dabei, nach dem
aufgehobenen Kandidaten zu klingeln [als]
Da unaufgefordert hereinkam – / vorrückte
Jener Teil der Vision
Den das Wort erfüllen sollte
Nicht (bis) zur Nominierung
Enthüllen die Cherubim –

dur: Worte werden aufgerufen, nominiert, wieder zurückgestellt, es wird abgewogen, ausprobiert.

Und – was für die folgenden Zeilen dann entscheidend ist: Dichten ist mindestens so sehr ein Prozess, bei dem sich der entscheidende Einfall *nicht* erzwingen lässt. Die Engel (Cherubim) stehen am Ende des Gedichts für jenen Enthüllungs- oder Offenbarungsvorgang, in dem sich das treffende Wort oder die treffende Vision oder Teilvision einstellt, *ohne dass* dieser Vorgang noch in der Verfügungsgewalt des schreibenden, dichtenden Subjekts und dessen Kraft zur Nominierung (Ernennung, Aufruf beim Namen) läge.

Deutet man den Prozess weiter aus, tauchen einige Schwierigkeiten auf. Manche davon liegen in der Semantik bestimmter Formulierungen: Heißt etwa »Not unto nomination« ›Nicht zur Nominierung‹ bzw. ›Nicht anlässlich der Nominierung‹ oder ›Nicht bis zur Nominierung‹ bzw. ›Nicht vor der Nominierung‹? Und bezieht sich ›Nominierung‹ auf den Vorgang des dichtenden Subjekts oder auf jenen der Engel? Ist

»That portion of the Vision« identisch mit dem ›Wort‹, das sich dann tatsächlich findet? Oder ist diese »Portion« nur eine unverhoffte Konkretisierung der Vision, um die es geht?

Andere Schwierigkeiten liegen darin, dass das Gedicht zahlreiche Varianten festhält. Welches Wort gilt nun, wenn Dickinson den Wortfindungsprozess selbst mit den Worten »Till I have **vainer** / finer / further tried« beschreibt: »Bis ich's **vergeblicher** / genauer / weiter versucht hab«. Obwohl alle maßgeblichen Editionen von Dickinsons Gedichten sich an dieser Stelle für das Adjektiv *finer* (›genauer‹, ›feiner‹, feinsinniger‹) entscheiden, dürfte der Blick auf die Handschrift deutlich machen, dass *further* (›weiter‹, ›neuerlich‹, ›mehr‹) und *vainer* (›vergeblicher‹, ›eitler‹, ›nutzloser‹) später als Alternativen dazugekommen sind. Der anscheinend erste ›Wortkandidat‹ (*finer*) wird jedenfalls nicht der letzte gewesen sein, ***vainer*** ist sogar mit erkennbar stärkerem Bleistiftdruck geschrieben. Gut möglich, dass dieses Wort sogar als allerletztes aufs Papier gesetzt wurde: etwa als Materialisierung jener zum Schluss des Gedichtes beschriebenen unverhofften Offenbarung, die dem ›vergeblichen‹ Probieren auf dem Papier ein vorläufiges Ende und zugleich ein Denkmal gesetzt hat.

Derartige Erwägungen erscheinen zumindest sinnvoll und weiterführend, wenn man Dickinsons Gedicht nicht einfach als fixierte Wortabfolge, als Text in diesem Sinne liest, sondern als Artikulation eines Prozesses: eines Schreibprozesses, der vom Hantieren mit Worten sowie von unverhofften Ereignissen beim Dichten nicht nur berichtet, sondern davon praktisch Zeugnis ablegt. Dazu gehören auch die erwähnten semantischen Ambiguitäten, die sich übrigens nicht zuletzt an den unterschiedlichen Übersetzungen ins Deutsche ablesen lassen (Dickinson 2005, 35, übers. von Werner von Koppenfels, Dickinson 2015, 987, übers. von Gunhild Kübler).

Diese Ambiguitäten sind nicht einfach als Widersprüche oder im Einzelnen schlicht als falsch zu werten, sondern sie ergeben Sinn gerade in ihrer Spannbreite, und zwar insofern, als diese im Prozess selbst, um den es geht, bestimmend ist. Dickinsons Schreiben rechnet damit, dass der ganze anstrengende Vorgang des Wortefindens und platzierens womöglich vergeblich ist – die Vergeblichkeit aber auch die Möglichkeit eröffnet, sich schreibend von dem überraschen zu lassen, was man nicht vorher schon wusste oder zu wissen glaubte.

3.4 Friedrich Dürrenmatt: Wiedererinnern, Umarbeiten

Was und wie Autoren nachträglich von ihrem Schreibprozess berichten, ist das eine. Das andere ist, wie der Prozess tatsächlich vor sich ging. Die Differenz ist vergleichbar jener, die mit dem Hin und Her zwischen Idee, Umsetzung und Ergebnis bzw. Konzept, Akt und Produkt bereits im Schreibvorgang selbst wirksam ist (→ Kap. 1.8). Nur fügt die Nachträglichkeit eine weitere Distanz zum Geschehen hinzu – eine Distanz, die auch zur Steigerung des Fiktionalitätsgrads beitragen kann. Dabei lässt sich die Distanz auch nutzen, um sie ihrerseits zum Einsatzpunkt eines poetischen Verfahrens, eines *erneuten* literarischen Schreibens zu erklären. Genau dies ist der Fall im Spätwerk der *Stoffe* von Friedrich Dürrenmatt (1921–1990).

Dürrenmatts gesamtes Projekt der *Stoffe* besteht in einem großangelegten Prozess der Wiedererinnerung und Umarbeitung jener narrativen Grundkonstellationen, die den Autor zeitlebens begleitet haben und die er selbst als »Stoffe« bezeichnete. Dabei ging es ihm vor allem darum, aus der Distanz heraus diejenigen Stoffe, die sich zeitlebens *nicht* oder *nicht so*, wie einst vorgesehen, zu Papier bringen ließen, noch einmal zu vergegenwärtigen – und aus dieser Vergegenwärtigung heraus neu zu bearbeiten.

Dürrenmatt beginnt den ersten von schließlich zwei zu Lebzeiten publizierten *Stoffe*-Bänden (*Labyrinth*, dann *Turm-*

bau) mit den folgenden einleitenden Bemerkungen (Dürrenmatt 1981, 13):

> Es ist immer wieder von irgend jemandem versucht worden, sein eigenes Leben zu beschreiben. Ich halte das Unterfangen für unmöglich, wenn auch für verständlich. Je älter man wird, desto stärker wird der Wunsch, Bilanz zu ziehen. Der Tod rückt näher, das Leben verflüchtigt sich. Indem es sich verflüchtigt, will man es gestalten; indem man es gestaltet, verfälscht man es: So kommen die falschen Bilanzen zustande, die wir Lebensbeschreibungen nennen [...]. Was nun mein Leben betrifft, so halte ich, es näher zu beschreiben, auch noch aus einem anderen Grunde für überflüssig. Gemessen am Schicksal von Millionen und Abermillionen, die lebten, leben, während ich lebe, und noch leben werden, wenn ich nicht mehr lebe, kommt mir mein Leben so privilegiert vor, dass ich mich schäme, es auch noch schriftstellerisch zu verklären.

Dürrenmatt erklärt also zunächst, warum er sich in seinem Schreiben nie imstande sah, eine konventionelle Autobiographie zu schreiben. Gleichzeitig besteht dieser Auftakt in einer **Rekonstruktion des Ausgangspunktes**, von dem aus der Autor zum Zeitpunkt der Erstpublikation des ersten *Stoffe*-Bandes 1981 in das viele Jahre zuvor schon begonnene gesamte Vorhaben eingetaucht sein will.

Im Sinne eines Zwischenfazits beschreibt Dürrenmatt den Vorgang insgesamt wie folgt (Dürrenmatt 1981, 13 f.):

> Wenn ich trotzdem über mich schreibe, so nicht über die Geschichte meines Lebens, sondern über die Geschichte meiner Stoffe; denn in meinen Stoffen drückt sich, da ich Schriftsteller bin, mein Denken aus, auch wenn ich natürlich nicht nur in Stoffen denke. Aber die Stoffe sind die Re-

> sultate meines Denkens, die Spiegel, in denen, je nach Schliff, mein Denken und damit auch mein Leben reflektiert werden. Doch gehören zu diesen Stoffen nicht nur die Stoffe, die ich geschrieben, sondern auch jene, die ich nicht vollendet oder nicht geschrieben habe. Indem ich vor allem diese skizziere, taste ich in der Entwicklung meines Denkens zurück [...], und was ich aufscheuche, ist mein Leben. Gehe ich [...] von meinem Leben aus, tauchen hinter meinen geschriebenen Stoffen die ungeschriebenen auf. Sie ruhen in meinem Gedächtnis, durch die Zeit mehr oder weniger undeutlich geworden, wie versunkene Gegenstände. Oft sind nur Bruchstücke ahnbar, kaum je das Ganze, um so mehr wuchern gerade sie oft weiter, klagen mich an als ungenutzte oder verspielte Gelegenheiten.

Im Jahr seines Todes 1990 erscheint schließlich der zweite *Stoffe*-Band *Turmbau* (sowie bereits eine Überarbeitung des ersten Bandes *Labyrinth*).

Der Ton ist nun pessimistischer. Dürrenmatt beginnt *Turmbau* mit der Feststellung, dass es ihm *nicht* gelungen sei, in den gut 20 Jahren der Wiederbearbeitung seiner Stoffe mehr als »Trümmer« zusammenzutragen (Dürrenmatt 1990, 11):

> Ich strich das Geschriebene durch, fing immer wieder von neuem an. [...] Fragmente haben sich angehäuft, Entwürfe, aber auch Zweifel. Aus den wenigen Seiten [...] ist ein Manuskriptdschungel herangewachsen. [...] Es ging mir wie mit dem *Turmbau zu Babel*, den ich einmal plante und begann: ich musste ihn abbrechen, um mich von ihm zu befreien. Was blieb, sind seine Trümmer.

Man mag diese Sätze als Koketterie oder als pathetische Geste abtun, als eine Form von Kunst, in der noch das Scheitern kunstvoll erscheint. Der Abbruch wird sich am Ende allerdings als real erwiesen haben. Und der »Manuskriptdschungel«, von dem Dürrenmatt hier spricht, ist mehr als nur eine Metapher.

Tatsächlich sind im Schweizerischen Literaturarchiv in Bern über 25 000 (!) Manuskriptseiten des *Stoffe*-Projektes überliefert (Rusterholz 2000, 17). Bei den meisten Seiten handelt es sich um Abschriften und Überarbeitungen von Abschriften, Dokumente eines Schreibprozesses, der kumulativ angelegt war, wobei nicht jeder Arbeitsschritt darauf angelegt war, Neues zutage zu fördern. Das Vorgehen war insgesamt arbeitsteilig, ohne dass Dürrenmatt dies eigens thematisiert hätte: Nach seinem Herzinfarkt 1969 erhielt er ein ärztliches Verbot, weiterhin mit der Schreibmaschine zu schreiben. Eine (wechselnde) Sekretärin stellte jeweils Typoskripte aus den schwer leserlichen Vorlagen her, Typoskripte, die Dürrenmatt im Anschluss wiederum handschriftlich ergänzte, worauf diese wiederum abgetippt werden mussten – und so weiter (Weber/Probst 2007, 168 f.).

Eine vom Autor selbst nicht veröffentlichte, im Archiv aber erhalten gebliebene Zeichnung aus den 1960er Jahren zeigt, dass Dürrenmatt die Motive für seine Stoffe nach topographischen Gesichtspunkten ordnete, gruppiert nach Eindrücken rund um das Dorf seiner Kindheit. Er selbst sprach von einer »Landkarte der Motive« (Rüedi 2000, 44), wobei die ›Motive‹ die biographisch hergeleiteten ›Beweggründe‹ für die Arbeit an den *Stoffen* bilden.

Erst Dürrenmatts Tod 1990 setzte dem in den späten 1960er Jahren begonnenen Projekt ein Ende. Genau genommen ein vorläufiges Ende, denn zur Geschichte des *Stoffe*-Projektes gehört auch die Nachgeschichte: Was sollte man mit der schieren Masse an Manuskripten und Typoskripten anfangen?

Die zwei publizierten *Stoffe*-Bände bilden in Wirklichkeit nur die Spitze eines Eisberges. Der größere Teil liegt, auch heute noch, im Archiv, wobei das Archiv, da öffentlich zugänglich, seinerseits als eine Form der Publikation dieses

Friedrich Dürrenmatt, Dorfplan und topographische Skizze der Motive (1960er Jahre)

Mammut-Projektes verstanden werden kann. Die Frage ist bloß, wer dazu in der Lage sein sollte, das alles zu lesen … In gewissem Sinne gilt dies auch für die 2021 erschienene Hybrid-Edition aus gedruckten und online abrufbaren Texten, die einen neuen Vorschlag macht, wie man den »Manuskriptdschungel« durchqueren kann (Dürrenmatt 2021).

Zur realen Nachgeschichte des *Stoffe*-Projektes gehört übrigens auch ein diplomatischer Coup, der sich selbst fast wie eine Erfindung Dürrenmatts liest: Denn tatsächlich gäbe es das

Schweizerische Literaturarchiv gar nicht, zumindest nicht in der heutigen Form, wenn nicht Dürrenmatt selbst sich vor seinem Tod hätte anregen lassen, die Schweizerische Eidgenossenschaft dazu zu nötigen, eigens ein Literaturarchiv zu gründen, wenn diese im Gegenzug seinen gesamten literarischen Nachlass (und also auch die darin enthaltenen Dokumente des *Stoffe*-Projektes) vermacht bekommen sollte (von Matt 2011).

Die äußeren Daten von 1969 bis 1990 und darüber hinaus geben allerdings noch keine Auskunft über die besondere Poetik des Schreibprozesses, der seinerseits noch weiter zurück in die Vergangenheit reicht: Wie ging dieser Prozess im Einzelnen vonstatten? Und wie taucht dieses Vonstattengehen im schließlich Geschriebenen wieder auf? Die zitierten Äußerungen aus den Eingangspassagen des ersten und zweiten *Stoffe*-Bandes vermitteln einen ersten Eindruck. Wichtiger aber ist, dass diese Äußerungen nicht einfach Erklärungen dessen sind, was folgt, sondern selbst Bestandteil einer eigenartigen Form von Literatur, die ihr spezifisches, auch ihr fiktionalisiertes ›Gemachtsein‹ mit zur Schau stellt. Dabei wechseln sich die Selbstreflexionen des Schreibens in den beiden *Stoffe*-Bänden ständig ab mit Texten, die aus der Werkstatt der imaginären sowie auch der realen *Stoffe*-Sammlung herauspräpariert werden, um sie, bestenfalls, in einer lesbaren Form darbieten zu können.

Die Bezugspunkte des Schreibens und sodann im Lesen liegen daher auf mehr als nur einer Ebene (Zanetti 2012a, 405–408). Die Selbstreflexion bildet auf einer ersten Ebene eine Art Kommentarstimme zu den im Einzelnen ›wiederbelebten‹ und erzählten Stoffen, die ihrerseits auf zwei Ebenen im Spiel sind: jener der bereits publizierten, aber ständig miterinnerten Stoffbearbeitungen, und jener, die aus der Erinnerung heraus überhaupt erst oder neu ihren Weg aufs Papier finden. So gesehen kann man von (mindestens) drei Ebenen sprechen, die Dürrenmatt in der Arbeit an seinen Stoffen schreibend verknüpft, wobei die Grenzen durchlässig sind: 1) Selbstreflexion, 2) Wiedererinnerung des bereits Veröffentlichten, 3) Neuerinnerung, Bearbeitung und Umarbeitung des noch nicht Publizierten.

Die Mehrdimensionalität und Komplexität des Schreibverfahrens spiegelt sich in den Ergebnissen, die daraus resultieren und die daher mit herkömmlichen Gattungsbegriffen wie etwa der Autobiographie tatsächlich nicht mehr zu fassen sind. Dürrenmatts Schreibpraxis im Spätwerk ist beispielhaft dafür, wie schreibend mehrere Ebenen eines Werkes im Sinne einer forcierten Intratextualität miteinander verknüpft werden können: Bereits bekannte Elemente oder Figuren lassen sich auf diese Weise wieder aufgreifen und neu inszenieren – ein Verfahren, wie es beispielsweise auch für Serien (nicht nur im Film) typisch ist.

Ein besonders prägnantes Beispiel für eine Umarbeitung ist die Erzählung »Mondfinsternis«, die Dürrenmatt im gleichnamigen zweiten Kapitel bzw. Stoff des ersten *Stoffe*-Bandes *Labyrinth* nach einem ausführlichen selbstreflexiven Vorspann wiedergibt (Dürrenmatt 1981, 223–269). Es handelt sich bei dieser Erzählung um eine erinnerte Vorstufe zum 1956 uraufgeführten Theaterstück *Der Besuch der alten Dame*. Dürrenmatt rekonstruiert 1978 – also mehr als zwei Jahrzehnte nach der Uraufführung des in der Zwischenzeit weltbekannt gewordenen Theaterstücks – diese Vorstufe, wobei von der ursprünglichen »Mondfinsternis«-Erzählung aus dem Jahr 1955 nur der Anfang überliefert ist (Weber 1998, 1989). Dürrenmatt musste also den eigentlichen Text um 1978 fast komplett neu herstellen, um ihn dann publik machen zu können (Dürrenmatt 1981, 325).

Dürrenmatt schreibt letztlich mit der »Mondfinsternis« aus der Erinnerung etwas Neues, gibt dem Stoff vom *Besuch der alten Dame* eine nachvollziehbare Vergangenheit. In dieser Vergangenheit spielt noch nicht eine Frau die Hauptrolle

(Claire Zachanassian), sondern ein Mann: Walter Locher, der sich seit seiner Emigration nach Kanada ›Walt Lotcher‹ nennt. Lotcher ist ein großspuriger, in Kanada zu enorm viel Geld gekommener Angeber, der in sein Heimatdorf in den Bergen zurückkehrt, um den Bewohnern ein mehr als nur unmoralisches Angebot zu machen (die einigermaßen willkürliche Ermordung eines Dorfbewohners gegen sehr viel Geld). Dabei trägt die Erzählung gegenüber dem Theaterstück viel groteskere Züge, die Übertreibungen sind geradezu maßlos, die tragikomischen, auch sexistischen und makabren Momente auf die Spitze getrieben.

Im Vorspann der publizierten Version berichtet Dürrenmatt davon, dass die damalige Entscheidung, statt der Erzählung ein Drama mit einem bühnenaffinen Bahnhof als zentralem Ort der Handlung zu ersinnen, vor allem finanzielle Gründe hatte: Das Theater brachte mehr Geld ein, und der Autor war auf diese Einkünfte angewiesen. Die nachträgliche, in existentiell deutlich weniger angespannten Verhältnissen zuwege gebrachte Ausstaffierung der Erzählung macht ihrerseits deutlich, dass Dürrenmatt es geradezu darauf anlegte, die ›Vorlage‹ opulenter, ja hemmungsloser zu gestalten, als sie zuvor wohl je konzipiert war. Auch das kann Schreiben bedeuten: Die Vorgeschichten seiner eigenen Geschichten komplexer, versponnener, wilder aussehen zu lassen, als sie es waren. Dass dadurch auch die Nachgeschichten die Möglichkeit erhalten, in einem neuen Licht zu erscheinen, gehört mit zu den Effekten eines derartigen Schreibverfahrens.

3.5 Ernst Jandl, Oskar Pastior: Übersetzen mit dem Ohr

Literarisches Übersetzen lässt sich insofern als eine Form literarischen Schreibens begreifen, als auch das Übersetzen eine eigenartige Poetik entfalten kann: Wie arbeite ich mit der Vorlage? Nach welchen Prinzipien übersetze ich? Wie soll der übersetzte Text am Ende lesbar sein? Die folgenden beiden Beispiele literarischer Übersetzungsprozesse von Ernst Jandl (1925–2000) und Oskar Pastior (1927–2006) wird man gewiss zu den experimentelleren Formen literarischer Übersetzung rechnen müssen. Sie sind in dem Sinne also nicht repräsentativ für das weite Feld literarischer Übersetzungen insgesamt, das umfassender darzustellen wäre. Die beiden Beispiele weisen allerdings den Vorzug auf, dass sich an ihnen tatsächlich eine spezifische Poetik abzeichnet, die wiederum als Arbeit an einer bestimmten Form von Literatur verstanden werden kann.

In den 1950er Jahren beginnt Ernst Jandl, Übersetzungen anzufertigen, deren Machart er »oberflächenübersetzung« nennt. Gemeint ist damit, dass nicht die angenommene Bedeutung eines Wortes oder Satzes soweit möglich in die eigene Sprache übersetzt wird, sondern der Klang der Wörter. Diese Form von Übersetzung sieht von der Semantik nicht einfach ab (denn gerade der semantische Kontrast zwischen Vorlage und Oberflächenübersetzung kann sich als reizvoll erweisen). Entscheidend jedoch ist, dass die Primärorientierung im Übersetzungsprozess auf dem Klang der Wort- oder Silbengestalt liegt.

Bekannt geworden ist Jandls Oberflächenübersetzung des Gedichts von William Wordsworth, das – in der Schreibweise Jandls – mit den Zeilen beginnt: »my heart leaps up when i behold / a rainbow in the sky«, woraus die 1957 begonnene und 1965 erstmals publizierte Oberflächenübersetzung »mai hart lieb zapfen eibe hold / er renn bohr in sees kai« resultiert (Jandl 1965, 51, Fetz 1998, 83 f.). Der hier abgebildete Entwurf einer Oberflächenübersetzung stammt ebenfalls aus dieser Zeit. Allerdings ist ihm ein anderer Text zugrunde gelegt: die berühmten Zeilen aus John Gays *Beggar's Opera* von 1728, in denen der zwielichtige Macheath darüber klagt, dass er sich nicht zwischen den beiden Frauen Polly und Lucy entscheiden könne.

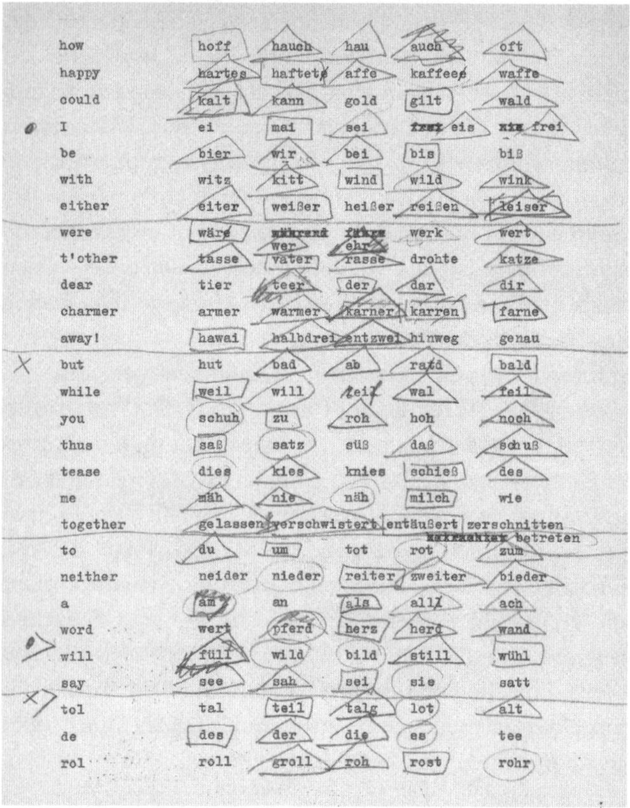

how	hoff	hauch	hau	auch	oft
happy	hartes	haftete	affe	kaffee	waffe
could	kalt	kann	gold	gilt	wald
I	ei	mai	sei	eis	frei
be	bier	wir	bei	bis	biß
with	witz	kitt	wind	wild	wink
either	eiter	weißer	heißer	reißen	leiser
were	wäre	wer	ehr	werk	wert
t'other	tasse	vater	rasse	drohte	katze
dear	tier	teer	der	dar	dir
charmer	armer	warmer	karner	karren	farne
away!	hawai	halbdrei	entzwei	hinweg	genau
but	hut	bad	ab	rad	bald
while	weil	will	teil	wal	feil
you	schuh	zu	roh	hoh	noch
thus	saß	satz	süß	daß	schuß
tease	dies	kies	knies	schieß	des
me	mäh	nie	näh	milch	wie
together	gelassen	verschwistert	entäußert	zerschnitten	betreten
to	du	um	tot	rot	zum
neither	neider	nieder	reiter	zweiter	bieder
a	am	an	als	all	ach
word	wert	pferd	herz	herd	wand
will	füll	wild	bild	still	wühl
say	see	sah	sei	sie	satt
tol	tal	teil	talg	lot	alt
de	des	der	die	es	tee
rol	roll	groll	roh	rost	rohr

Ernst Jandl, Oberflächenübersetzung einer Passage aus John Gays *Beggar's Opera* (Entwurf aus den 1950er Jahren)

Ausgehend von diesem Entwurf stellt Jandl zwar in einem weiteren Arbeitsschritt noch drei unterschiedliche, jeweils fünfzeilige Einzelübersetzungen her. Der Gesamtversuch kommt aber über das Entwurfsstadium nicht hinaus. Umso mehr tritt der Werkstattcharakter des Prozesses hervor. Dieser besteht zunächst darin, dass Jandl die einzelnen Wörter der Vorlage *untereinander* setzt, so dass eine vertikale Liste entsteht:

how
happy
could
I
be
with
either
were
t'other
dear
charmer
away!
but
while
you
thus
tease
me
together
to
neither
a
word
will
[I]
say
tol
de
rol

Noch bevor es losgeht, ist hier von einer – wie bewusst auch immer getroffenen – Entscheidung auszugehen: derjenigen für eine sehr strenge syntagmatische Ordnung, die in einem weiteren, tentativen Schritt allerdings eine beträchtliche Vielfalt an Übersetzungsmöglichkeiten eröffnet (alles, was rechts von der links platzierten Ausgangsliste steht). Jedoch wird man schon die Festlegung bestimmter (und nicht anderer) Wörter in den vertikal parallelisierten Wortreihen als eine Auswahl bezeichnen müssen: eine Auswahl, die dann wiederum in einem weiteren Schritt zu einer engeren, definitiven Auswahl, also einer abschließenden Entscheidung im Übersetzungs*ergebnis* hätte führen können.

In gewissem Sinne hat man es hier mit einem Musterbeispiel für die von Roman Jakobson definierte poetische Funktion zu tun: »Die poetische Funktion projiziert das Prinzip der Äquivalenz von der Achse der Selektion auf die Achse der Kombination« (Jakobson 1960, 92–96). Nur liegt hier die sonstige Vertikale (das Paradigma, die »Achse der Selektion«) in der Horizontalen und die traditionelle Horizontale (das Syntagma, die »Achse der Kombination«, die Wortabfolge) in der Vertikalen. Man braucht das Typoskript allerdings nur um 90 Grad im Gegenuhrzeigersinn zu drehen, und schon hat man visuell dargestellt, was es heißt, paradigmatische Ähnlichkeiten (hier des Klangs) in eine syntagmatische Ordnung (die tatsächliche Abfolge der Wörter) zu ›projizieren‹.

Wichtig ist an dieser Stelle jedoch, dass Jandl sich *nicht* für *eine* bestimmte Oberflächenübersetzung entscheidet, also für jeweils *ein* bestimmtes Wort aus dem im Vorgang des Übersetzens zugleich bespielten und antizipierten Raum der Möglichkeiten. Vielmehr *lässt* Jandl am Ende, vergleichbar dem Kompositionsverfahren von Dickinson (→ Kap. 3.3), *die Vielfalt*, oder einen Ausschnitt davon, *stehen*. Natürlich könnte man auch sagen, dass Jandls Übersetzungsexperiment an dieser Stelle einfach gescheitert ist. Es ist außerdem wahrscheinlich, dass Jandl selbst das so sah und deshalb keine der möglichen Wortkombinationen, an denen er sich noch mit bestimmten Auswahlzeichen versuchte (Dreiecke, Umkreisungen, Vierecke), in eine definitive Form oder gar zum Druck befördert hat.

Eine Pointe ergibt sich allerdings aus heutiger Perspektive aus dem Umstand, dass die Zeilen, die Jandl übersetzt, ebenfalls von der Schwierigkeit, eine Entscheidung zu treffen, handeln: Wie soll die Entscheidung für eine *bestimmte* Frau ausfallen? Und steht diese Entscheidung nicht ihrerseits in einem merkwürdigen Verhältnis der *Äquivalenz* zur Entscheidung, die auf der Ebene der Worte getroffen werden zu müssen scheint? Und wäre diese Art der ›Projektion‹ nicht auch als ›poetisch‹ zu bestimmen?

Jandls Oberflächenübersetzungsexperiment zeigt im hier abgebildeten Fall mehreres: zum einen ein Vorverständnis darüber, welche *Art* von Übersetzung hier überhaupt angestrebt wird und Gehör finden sollte, zum anderen die *Konsequenzen*, die sich aus diesem Vorverständnis für eine *spezifische* Vielfalt an Übersetzungsmöglichkeiten abzeichnen. Außerdem gewinnt hier die Frage nach der Entscheidung für *eine* bestimmte Realisierung der Übersetzung ein eigenes Gewicht (und zwar in dem Maße, wie die Entscheidung faktisch suspendiert wird). Es ist davon auszugehen, dass Jandl Gründe hatte, die Übersetzungsarbeit im Falle der Zeilen aus John Gays *Beggar's Opera* nur probeweise fortzusetzen. Die poetische Arbeit hätte, so ist zu vermuten, für Jandl an diesem Punkt erst wirklich begonnen.

Umgekehrt lässt sich ebenfalls nur darüber mutmaßen, warum Jandl sich überhaupt die entsprechende Passage aus Gays Bettleroper vorgeknüpft hat. Neben dem bereits erwähnten möglichen Witz, der im Thema der Entscheidungsfindung ausgemacht werden kann, dürften auch die letzten drei Wörter des gewählten Ausschnitts ihren Reiz für Jandl gehabt haben: Diese Wörter – »tol de rol« – sind Nonsens und Klangpoesie, und zwar so ähnlich wie der semantische Nonsens in Jandls sich abzeichnender Oberflächenübersetzung.

Die Zulassung einer potentiellen Vielfalt (im Prozess) und das Vorhaben, die Vielfalt durch Entscheidung auf *eine* Realisierung einzuschränken (im Ergebnis), sind zwei Tendenzen oder Phasen im Übersetzungsprozess, die sich nicht ausschließen. Vielmehr ist davon auszugehen, dass auch die ›gelungenen‹ – im Falle Jandls: die selbst publizierten – Sprachexperimente den entsprechenden Prozess, ein Hin und Her, durchlaufen haben.

Eine vergleichbar experimentelle, auf ihre Weise ebenfalls am Klang der Worte orientierte Übersetzungspraxis findet man bei Oskar Pastior, und zwar in den Texten, die er »intonationen« nannte. 2002 wurden diese im Band *o du roher iasmin. 43 intonationen zu »Harmonie du soir« von charles baudelaire* publiziert – samt begleitender CD. Bei den »intonationen« handelt es sich insgesamt um eine Auseinandersetzung mit dem Wort- und Buchstabenmaterial nicht nur des Gedichtes »Harmonie du soir«, dessen einzelne Buchstaben des Titels im Anagramm »o du roher iasmin« (Pastior 2002, 16 f.) vollständig wiederkehren. Charles Baudelaires (1821–1867) berühmter Gedichtband *Les Fleurs du mal* (1857–1868, *Die Blumen des Bösen*) insgesamt, in dem »Harmonie du soir« erschien, wird für Pastior zum Gegenstand einer Arbeit am Klangmaterial, an lexikalischen Verschiebungen, an der Kombinatorik der Buchstaben. Dabei zerlegt Pastior auch den Titel *Les Fleurs du mal* in eine Serie von Anagrammen.

Auf der Abbildung (→ S. 203) ist ein Typoskript zu sehen, das im Deutschen Literaturarchiv in Marbach aufbewahrt ist und hier zum ersten Mal publiziert wird. Pastior arbeitet insgesamt viel mit der Schreibmaschine, interessanterweise auch mit Fotokopien von Typoskripten, die er dann in einem weiteren Schritt wieder von Hand bearbeitet. Das geht so weiter, bis am Ende ein annähernd fertiges Typoskript vorliegt, das auf den Weg gebracht werden kann zur verlegerischen Aufbereitung (Lektorat, Satz) und zum Druck. Im vorliegenden Beispiel haben die Anagramme nach einem weiteren Arbeitsschritt (Auswahl, Neuanordnung der Zeilen, kleinere Buch-

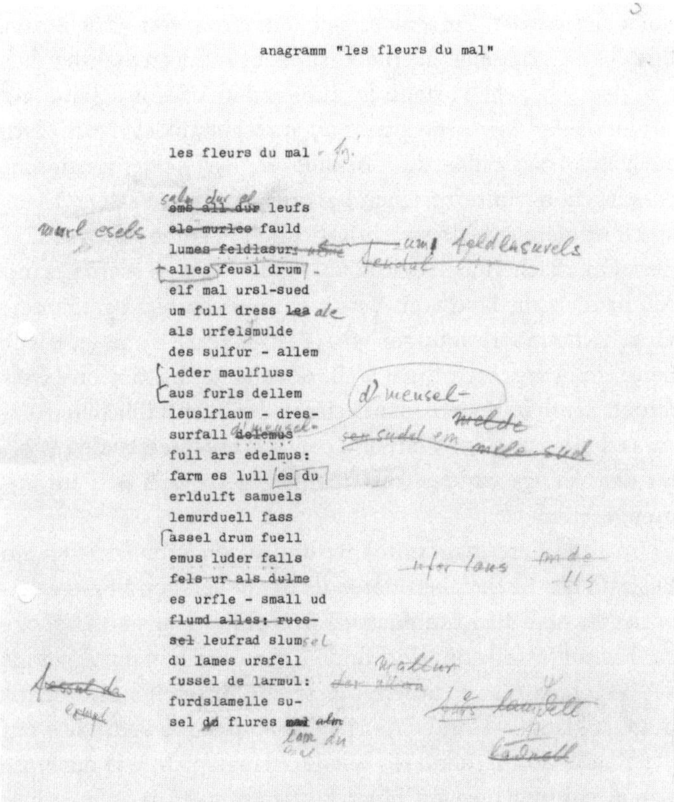

anagramm "les fleurs du mal"

les fleurs du mal

ems all dur leufs
els murlee fauld
lumes feldlasur:
alles feusl drum
elf mal ursl-sued
um full dress lea
als urfelsmulde
des sulfur - allem
leder maulfluss
aus furls dellem
leuslflaum - dres-
surfall delemus
full ars edelmus:
farm es lull es du
erldulft samuels
lemurduell fass
assel drum fuell
emus luder falls
fels ur als dulme
es urfle - small ud
flumd alles: rues-
sel leufrad slum
du lames ursfell
fussel de larmul:
furdslamelle su-
sel du flures mal

Oskar Pastior, Anagrammentwürfe zur Buchstabenfolge »les fleurs du mal« (aus dem Konvolut zum 2002 publizierten Band *o du roher iasmin*)

stabenumstellungen) nicht nur den Weg zum Verlag und zum Druck tatsächlich gefunden; die begleitende CD zum Buch gibt auch wieder, wie Pastior sich selbst (und anderen) seine »intonationen« lesend zu Gehör gebracht hat.

Als Übersetzungspraxis wird man das Verfahren, das Pastior im vorliegenden Beispiel mit Anagrammen betreibt, nur in einem weiten Sinne verstehen können: Pastior übersetzt die Buchstaben der Vorlage in eine neue Anordnung. Zudem vollzieht sich ein Sprachwechsel. Die einzelnen Anagramme bestehen nicht mehr aus französischen, sondern mehrheitlich aus deutschen bzw. deutsch klingenden Wörtern (»fussel«, »luder«, »als« bzw. »leuslflaum«, »urselsmulde«), wobei sich auch anderssprachige, zum Beispiel englische oder lateinische Ausdrücke daruntermischen (»small«, »full«, »ars«). Der Klang spielt immer noch eine wichtige Rolle, aber eine andere als bei den ›Oberflächenübersetzungen‹ Jandls – wobei es im gesamten Baudelaire-Band von Pastior auch explizit so bezeichnete Oberflächenübersetzungen gibt (Pastior 2002, 23, 34–36). Jede Seite im gedruckten Buch stellt jeweils ein bestimmtes Verfahren der materiellen, klanglichen oder buchstäblichen ›Auseinandersetzung‹ im Wortsinn dar: Die entsprechenden Wörter der Vorlage werden auseinandergesetzt und neu zusammengesetzt.

Im Falle des Anagramms ist die Auseinandersetzung am Bestand des Buchstabenmaterials der jeweiligen Vorlage orientiert, wobei die Kombinatorik ihre individualisierte Grenze bei Pastior jeweils nur dort findet, wo sie sich in ein Ergebnis aus Wörtern transformieren lässt, die untereinander ›stimmig‹, ja klangvoll sind. Die Klangorientierung kehrt also auf der Ebene des Ergebnisses wieder, das in sich, wie auch die Tonaufnahmen belegen, einen bestimmten Ton treffen muss. Damit ›stimmen‹ die Zeilen gleichzeitig in die Musikalität und ›Harmonie‹ der *Fleurs du mal* insgesamt sowie im Besonderen des auffallend stark mit Klängen operierenden Gedichtes »Harmonie du soir« ein.

Pastior war Mitglied der *Oulipo*-Gruppierung (→ Kap. 1.4), und dass er dies war, zeigt sich im poetischen Verfahren, das konform mit den Grundsätzen dieser Gruppierung aus einem Zweischritt besteht: 1) der Festlegung eines bestimmten Zwangs (*contrainte*), einer Regel also, die befolgt werden muss (hier das Anagramm als Regel), und 2) der Arbeit mit den Effekten dieser Regel, die auf unterschiedliche Weisen erprobt werden, wobei das Verfahren in einer paradoxen Bewegung der Öffnung *durch* den Zwang – d. h. durch das ›Sich-Abarbeiten‹ an der Regel – zu erstaunlich individualisierten Ergebnissen führt. Letzteres Phänomen dürfte nicht zuletzt als Folge davon zu interpretieren sein, dass die Regel nur ein bestimmtes Feld möglicher Ergebnisse festlegt, nicht aber die weiterführende Arbeit *mit* den konkreten Ergebnissen. Diese bleibt, wie bei Pastior nicht zuletzt die Spuren auf dem Papier zeigen, vergleichsweise individuell. Dies auch in dem Sinne, dass Pastior-Texte für geübte Leserinnen und Leser auch in anonymisierter Form verhältnismäßig leicht als solche zu erkennen sind.

Pastiors Schreibverfahren ist insgesamt vielschichtiger, als das Anagrammprinzip als solches zunächst vermuten lassen mag. Die Bezugnahme auf Intertexte ist im vorliegenden Fall wichtig, dann die Auswahl und Umsetzung einer Regel, das Ausprobieren, Erproben von Varianten, wohl auch das Aufmerken auf semantische Überraschungen, das Hören auf bestimmte Klangeigenschaften, schließlich das Auswählen und Arrangieren der einzelnen Zeilen sowie die Gruppierung der einzelnen »intonationen« insgesamt.

Das Verfahren im Einzelnen besteht dabei immer in einem Prozess der Zerlegung und Neuanordnung. Es entspricht damit dem Vorgehen, das Roland Barthes einmal in einem sehr allgemeinen Sinne als »strukturalistische Tätigkeit« (»l'activité structuraliste«) bezeichnet hat (Barthes 1963/1966, 191):

> Das Ziel jeder strukturalistischen Tätigkeit, sei sie nun reflexiv oder poetisch, besteht darin, ein ›Objekt‹ derart zu rekonstituieren, dass in dieser Rekonstitution zutage tritt, nach welchen Regeln es funktioniert […].

Die Rede von den »Regeln« wäre mit Blick (oder im Gehör) auf die »intonationen« allerdings nicht direkt zu beziehen auf die Vorlage Baudelaires als vielmehr auf Pastiors eigene produktive Lektüre davon, wobei diese vor allem ein Schreiben nach bestimmten Gesichtspunkten ist. Dies einzusehen und nachzuvollziehen wiederum dürfte dem nahekommen, was Friedrich Schlegel einmal als »Kritik« bezeichnet hat (Schlegel 1804, 60):

> [M]an [kann] nur dann sagen, dass man ein Werk, einen Geist verstehe, wenn man den Gang und Gliederbau nachkonstruieren kann. Dieses gründliche Verstehen [...] ist das eigentliche Geschäft und innere Wesen der Kritik.

3.6 Elfriede Jelinek: Arbeiten mit Zitaten

Im Unterschied zu den bislang in diesem dritten Teil vorgestellten Beispielen literarischer Schreibprozesse, die teils schon aus historischen Gründen nicht mit dem Computer vonstattengehen konnten, setzt die von Elfriede Jelinek (*1946) praktizierte Schreibweise zwar die elektronische Textverarbeitung nicht durchgehend voraus. Aber die Umstellung auf den Computer erfolgte doch vergleichsweise früh und war dann fürs weitere Schreiben bestimmend. Wie die Autorin selbst mehrfach betont hat, kam ihrer »Methode« die Arbeit mit dem Computer offenbar entgegen (Jelinek 1998):

> Ich schreibe schon seit 1984 auf dem Computer. In Europa bin ich wahrscheinlich eine der Schriftsteller [sic], die am längsten einen Computer benutzen. Es entspricht am besten meiner Methode, mit Sprache zu arbeiten – früher habe ich immer, wenn ich ein paar Änderungen gemacht hatte, das Blatt neu getippt, denn ich wollte, dass es tadellos aussah. Heute ist das nicht mehr nötig. Die Homepage hat mein Mann eingerichtet, ein Computerspezialist, der so gern mit dem Computer spielt wie ich mit der Sprache.

Mit dem Hinweis auf die Homepage gibt Jelinek zugleich einen Hinweis darauf, wie wichtig in ihrem Fall der Computer nicht nur fürs *Schreiben*, sondern auch für eine bestimmte Art des *Publizierens* geworden ist.

Im historischen Vergleich enorm früh, seit 1996 (Lang 2016), betreibt Jelinek ihre eigene Homepage: www.elfriede-jelinek.com. Dabei nutzt Jelinek die Homepage im Grunde gar nicht, oder höchstens indirekt, zur Selbstdarstellung, sondern tatsächlich als Publikationsplattform. Seit ihr 2004 der Nobelpreis für Literatur verliehen worden ist, publiziert sie vermehrt direkt auf ihrer Homepage, so 2007 den kompletten Roman *Neid*. Dieser lautet im Untertitel *Mein Abfall von allem* und spielt damit auf Rainald Goetz' Internettagebuch *Abfall für alle* aus dem Jahr 1998 an (→ Kap. 3.9). Im Unterschied zu *Abfall für alle* ist *Neid. Mein Abfall von allem* auf Jelineks Homepage allerdings nach wie vor frei zugänglich. Die Entscheidung, sich von Verlagsstrukturen sowie nach Möglichkeit vom Literaturbetrieb und den darin wirksamen ökonomischen Zwängen und Machtstrukturen insgesamt freizumachen, steht hier im Hintergrund. Die Geschwindigkeit wiederum, mit der es heutzutage möglich ist, Texte online zu publizieren, führt bei Jelinek zurück aufs Schreiben selbst, in dem Tempo, Musikalität und Haltung untrennbar miteinander verknüpft sind.

Die vorhin erwähnte »Methode«, die durch das Schreiben mit dem Computer begünstigt wird, erläutert Jelinek in einem späteren Interview noch genauer als »Arbeitsweise«, in der psychische Regungen, mechanische Abläufe und elektronisch bewerkstelligte Operationen eine Einheit bilden (Jelinek 2014):

> Es ist fast so, als wäre der Computer für meine Arbeitsweise erfunden, denn ich schreibe ja sehr schnell, aufgrund einer inneren Unruhe, die kaum duldet, dass ich beim

> Schreiben auch nur kurz unterbreche. Da schreibe ich dann oft auch sinnloses Zeug, das ich später wieder lösche. Es ist eigentlich ein mechanischer Vorgang, aber einer, der keine Mühe macht. Ich brauche das, dass es so leicht geht; und dann schreibe ich das Ganze immer wieder um, und dem kommt der Computer natürlich sehr entgegen. Man kann etwas spurlos verschwinden lassen und etwas anderes an dessen Stelle setzen. Man fühlt sich dabei wie ein Gott, der etwas erschaffen kann und es wieder wegräumt, im selben Arbeitsgang. Bis ich weiß, das kann ich jetzt so stehen lassen. Dann greift man zu und hält es fest. Jetzt wird es nicht mehr besser. So bleibt es, obwohl es tausend andere Möglichkeiten gäbe. Ich weiß nicht, ob das für jede Arbeitsweise ideal ist, für meine aber sicher.

Die hier beschriebene »Arbeitsweise« ist insgesamt ruhelos. Sie erinnert in Teilen an die surrealistische *écriture automatique* (→ Kap. 3.2). Der wichtigste Unterschied besteht allerdings darin, dass es in dem von Jelinek dargestellten Schreibprozess »im selben Arbeitsgang« einen Löschprozess gibt, der in den Ablauf integriert ist, ohne dass er seinerseits dauerhaft lesbare Spuren hinterließe.

Das von Jelinek betriebene Schreiben besteht ihrer eigenen kommunizierten Wahrnehmung zufolge aus einer Doppelung von »Rage« und temporärer Kontrolle durch den »Verstand« (Diez 2004):

> Ich bin eine Triebtäterin [...]. Schreiben erfordert eine libidinöse Disziplin. Schreiben ist notwendig, um den Druck abzulassen, damit der Schädel nicht zerspringt. Schreiben ist eine Rage, die vom Verstand kontrolliert wird.

So nahe es nun auch liegen mag, die aus dieser »Rage« resultierenden Texte psychoanalytisch als Dokumente einer mehr oder weniger (oder eher weniger als mehr) sublimierten Konfliktkonstellation zu lesen, so falsch wäre es, in dem geschilderten Prozess, der seinerseits nicht frei von Fiktion ist, die gesellschaftspolitischen und konzeptuellen Implikationen außer Acht zu lassen.

Diese Implikationen ergeben sich durch die Semantik der Sprache selbst, die ja von der Autorin nicht erfunden, sondern bloß auf eine bestimmte Weise verwendet wird. Jelinek beschreibt den Prozess so, dass sie die »Sprache« selbst »zwingen« will, ihren »Ideologiecharakter preiszugeben«, die »Verlogenheiten« sprechender Wesen – von »Politikern oder Künstlern« gleichermaßen (Jelinek 1995, 72 f.). Diese Arbeit wiederum geht in der Regel nicht von der Vorstellung aus, dass das schreibende Subjekt – die Autorin Jelinek also in diesem Fall – ihre persönlichen Geschichten erzählt oder von individuellen Erfahrungen berichtet. Vielmehr ist das Individuelle, das keineswegs verschwunden ist (Jelinek 2006, 22), in die Art der Bearbeitung des jeweils verwendeten sprachlichen Materials verlegt.

Was das heißt oder heißen kann, lässt sich am besten an der Arbeit mit Zitaten zeigen. Denn zwar gibt es sehr viele Jelinek-Texte, die mit Zitaten operieren. Aber diese Zitate werden doch durchgehend einem Prozess der Verfremdung (Šklovskij 1917) unterzogen. Für die Arbeit mit dem Computer und besonders mit dem Internet bedeutet dies, dass das »Netz«, wie Jelinek sagt, zwar für das Auffinden von Zitaten hilfreich ist, aber das Arbeiten *mit* den Zitaten ist doch nicht gleichzusetzen mit einem bloßen Kopieren oder Arrangieren (Jelinek 2014):

> Wenn ich Zitate recherchiere, nehme ich natürlich das Netz. Aber für die Zitate, die ich in die Texte einbaue und die ich beim Schreiben ja fast immer auch verändere, bewusst ›verfälsche‹, kann ich die Elektronik (noch) nicht verwenden. Die Zitate werden in meine Texte niemals mit

> copy and paste eingefügt, sondern immer abgeschrieben und eben verändert.

Wie zutreffend diese Selbstauskunft ist, lässt sich am Theaterstück *Wolken.Heim.* zeigen, das in sich keine individuellen Rollen kennt, sondern ein chorisches ›Wir‹ sprechen lässt. Das ›Wir‹ dieses am 21. September 1988 in Bonn uraufgeführten und 1990 dann erstmals in Buchform publizierten Stücks spricht nicht ausschließlich, aber doch über weite Strecken in verfremdeten Zitaten. Diese werden als einzelne zwar wiederum nicht markiert. Aber am Ende des Stücks findet sich der allgemeine Hinweis: »Die verwendeten Texte sind unter anderem von: Hölderlin, Hegel, Heidegger, Fichte, Kleist und aus den Briefen der RAF von 1973–1977« (Jelinek 1990, 57).

Wie Jelinek die zitierten Vorlagen *im Schreiben* verfremdet, lässt sich in *Wolken.Heim.* beispielhaft an einem Hölderlin- und einem Heidegger-Zitat zeigen. Das Hölderlin-Zitat stammt aus der unvollendeten Feiertagshymne aus dem Jahr 1800. Bei Jelinek erstreckt sich das Zitat über mehrere Seiten, wobei es mehrfach unterbrochen, ergänzt, gekürzt und umgestellt ist. Hier ein Auszug aus dem Jelinek-Text (Jelinek 1990, 12):

> Bei sich sein. Verharren und es kommen sehn! Und was wir sahn, das Heilige, ist unser Wort. […] Zu Haus sein, wenn Hohes wir entwerfen, so ist von neuem an den Zeichen, den Taten der Welt jetzt ein Feuer angezündet.

Die Hölderlin-Vorlage macht dagegen schon auf den ersten Blick deutlich, dass praktisch überall dort, wo Jelinek ein dumpfes ›Wir‹ sprechen lässt, ein ›Ich‹ spricht (Burdorf 1990, 35) – oder ganz andere Pronomen und Kräfte im Spiel sind (Hölderlin 1800, 262):

> Ich harrt und sah es kommen, / Und was ich sah, das Heilige sei mein Wort. / [...] Und wie im Aug' ein Feuer dem Manne glänzt, / Wenn hohes er entwarf; so ist / Von neuem an den Zeichen, den Thaten der Welt jezt / Ein Feuer angezündet in Seelen der Dichter.

Hölderlins Hymne wird also in der Tat nicht einfach mittels »copy and paste« übernommen, sondern es findet ganz offensichtlich eine Entstellung statt, eine Verfremdung, eine Verarbeitung, die zur Folge hat, dass das sprechende ›Wir‹ bei Jelinek selbst als sprachverschlingendes und zugleich hemmungslos raunendes Monster lesbar wird.

Wolken.Heim. reinszeniert bis zum Übermaß und Überdruss eine nationalistisch auf ›sich‹ eingeschworene Gemeinschaft. Gelegentlich muss an den Vorlagen, wie im folgenden – nur leicht verfremdeten – Zitat Martin Heideggers (1889–1976) aus der berüchtigten Rektoratsrede von 1934, kaum etwas verändert werden, um darin einen peinlichen Ton vernehmbar werden zu lassen (Jelinek 1990, 47):

> Wissenschaft und deutsches Schicksal müssen zumal im Wesenswillen zur Macht kommen. Und sie werden es dann und nur dann, wenn wir wenn wir wenn wir dem deutschen Schicksal in seiner äußersten Not standhalten.

Im Unterschied zu dem zitierten Hölderlin-Beispiel steckt hier das sprechende ›Wir‹ – verlogen wie so oft, wenn jemand ›Wir‹ sagt – tatsächlich im Original. Der einzige Eingriff, den Jelinek an der Stelle unternimmt, ist die dreifache Wiederholung der Wortfolge »wenn wir« in einem Satz der Heidegger-Rede, den sie ansonsten nur in der Mitte kürzt.

Es ist so, als liefe hier eine Schallplatte mit einem Sprung (Zanetti 2008, 190). Die blamable Leier wird durch die Wiederholung nicht einfach weitergeführt, sondern unterbrochen. Wenn Jelineks Poetik – wie von ihr selbst deklariert – darin besteht, die »Sprache« zu »zwingen«, ihren »Ideologiecharakter preiszugeben« (Jelinek 1995, 72 f.): Hier wird der Vorgang greifbar. Dabei geht es gar nicht so sehr darum, einen Philosophen, in diesem Fall Heidegger, bloßzustellen, sondern darum, einen bestimmten Einsatz von Sprache als ›Stimmungsmache‹ deutlich werden zu lassen. Die holpernde Arbeit mit dem Zitat führt dazu, dass die ›Stimmungsmache‹ nicht einfach reproduziert wird, sondern, entstellt, ins Leere läuft – und dadurch zugleich in ihrer fatalen Hohlheit erkennbar wird.

3.7 Stéphane Mallarmé, Samuel Beckett: Verknappung

Die beiden Schriftsteller Stéphane Mallarmé (1842–1898) und Samuel Beckett (1906–1989) stammen nicht nur aus verschiedenen Jahrhunderten, sie arbeiteten auch an unterschiedlichen Poetiken. Für Mallarmé, den Hauptvertreter des französischen Symbolismus, sollte Dichtung auf eine Vernichtung und zugleich eine Erhebung des sprachlich Erfassten (also eine Aufhebung im doppelten Sinne) ausgerichtet sein (Mallarmé 1897a, 213). Seiner oft als hermetisch wahrgenommenen Lyrik steht die Tätigkeit in der Öffentlichkeit und Halböffentlichkeit gegenüber: Mallarmé war Herausgeber einer Modezeitschrift, Englischlehrer, Autor eines sagenumwobenen Buches (*Le Livre*), das im Wesentlichen Idee geblieben ist, Gastgeber der Pariser Boheme während der legendären Dienstagstreffen (*Mardis*) bei sich zu Hause und feinsinniger Produzent von Gelegenheitsgedichten, die er auf Fächern oder in Form von Adressrätseln auf Briefumschlägen notierte und so in Umlauf brachte (Zanetti 2010, 51–53).

Beckett hingegen war ein Schriftsteller, der im Zweiten Weltkrieg im Widerstand aktiv war, der sich nicht nur theoretisch, sondern schreibend zwischen den Sprachen (Englisch und Französisch) bewegt hat und der darüber hinaus mit wechselnden Strömungen oder Zuschreibungen wie Existentialismus, absurdem Theater und experimenteller Medienkunst assoziiert worden ist. Für Beckett, könnte man sagen, gab es sprachlich nichts zu vernichten (oder gar zu erheben). Denn die Welt selbst konnte für ihn – nach den beiden Weltkriegen – nicht anders als bereits vernichtet wahrgenommen werden. Die primäre Frage lautete für Beckett daher, ob und, wenn ja, wie Literatur überhaupt noch zuwege gebracht werden kann. Als Beckett 1969 der Nobelpreis für Literatur verliehen wurde, nahm er den Preis zwar an (im Unterschied etwa zu Jean-Paul Sartre 1964), blieb aber – wie Elfriede Jelinek 35 Jahre später (→ Kap. 3.6) – der Verleihung fern, weil er den Rummel um seine Person fürchtete (Knowlson 1996, 715–719).

Zwei Autoren also in ganz unterschiedlichen historischen Situationen – und mit jeweils anderen Projekten. Was sie eint, ist der Umstand, dass beide in ihrem Schreiben eine Praxis der Verknappung betrieben haben. Trotz ihrer jeweiligen Spezifik kann man diese Praxis als beispielhaft begreifen, und zwar in dem Sinne, dass das jeweilige Verfahren im Prinzip übertragbar ist und, kaum zufällig, tatsächlich auch Nachahmer gefunden hat. So wären etwa der *quadratroman* (1973) von Friedrich Achleitner (→ Kap. 3.1) oder die *konstellationen* (1953) von Eugen Gomringer (*1925) ohne Mallarmé kaum denkbar – und Wolfgang Hildesheimers (1916–1991) *Nachtstück* (1963) beispielsweise ohne Beckett ebenfalls nicht.

Mallarmé, um mit ihm anzufangen, betrieb in seinem in den mittleren 1890er Jahren bis zu seinem Tod 1898 nur annähernd fertiggestellten letzten Gedicht *Un coup de dés jamais n'abolira le hasard* (*Ein Würfelwurf hebt nie den Zufall auf*) eine Form der Verknappung von Sprache, die insgesamt als Modell für eine bestimmte Konzeption nicht nur von Dich-

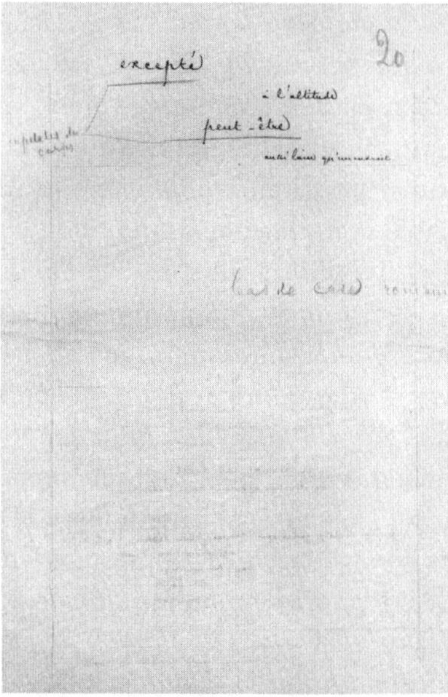

tung, sondern tatsächlich des Schreibens von Dichtung gelesen werden kann: Nicht mehr der Vers sollte dieser Art von Dichtung zugrunde liegen, sondern die Verteilung von Wörtern in ›Konstellationen‹, die jeweils auf der Gesamtfläche einer Doppelseite verteilt und typographisch differenziert gestaltet werden. Blätternd werden dann jeweils neue Ansichten einer Inszenierung von Wörtern sichtbar – und lesbar.

Es ist klar, dass diese Art von Dichtung eine Vorgeschichte in der langen Tradition **visueller Poesie** hat. Ebenso vielfältig sind die inhaltlichen und konzeptuellen Verbindungen nicht nur zur lyrischen Tradition insgesamt, sondern auch zu denjenigen Gedichten, die Mallarmé selbst vor dem *Coup de dés* bereits geschrieben und publiziert hat. Darauf kann hier nicht näher eingegangen werden. Wohl aber darauf, dass das Schreibverfahren eins der Verknappung in vielfältigem Sinne war.

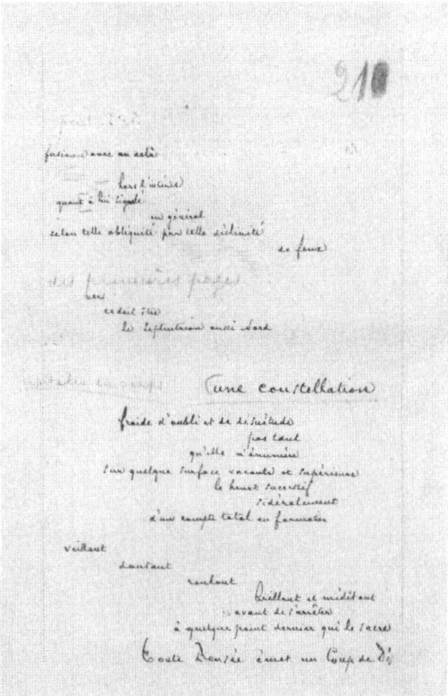

Stéphane Mallarmé, Manuskript der letzten Doppelseite des *Coup de dés* (1898)

Verknappung setzt immer voraus, dass bereits etwas Umfangreicheres vorliegt. Dieses ›Umfangreichere‹, das dann verknappt werden kann, liegt im Falle des *Coup de dés* nicht nur in der Tradition insgesamt sowie in Mallarmés eigenem Werk bis zum Moment des Schreibens der ersten Skizzen zum *Coup de dés* vor. Vielmehr sind diese Skizzen selbst im Einzelnen – allein schon von der mit Schrift und anderen Zeichen bedeckten Fläche her gesehen – opulenter (Mallarmé 2007) als das (vorläufige) Resultat, das auf sie folgte. Auf der ersten Abbildung ist die letzte Doppelseite des *Coup de dés* in der spätesten überlieferten Fassung von Hand zu sehen. Das Manuskript antizipiert bereits das Druckbild. Nur noch wenige Worte stehen auf dem Papier. Die Konstellationen eben. Drumherum viel Weiß.

Auf der zweiten Abbildung sind die Druckfahnen derselben Doppelseite zu sehen. Mallarmé bringt darauf noch letzte

EXCEPTE

à l'altitude

PEUT-ÊTRE

aussi loin qu'un endroit

Korrekturen an; er stirbt allerdings, bevor diese Version definitiv gedruckt werden kann (Sasse/Zanetti 2006, 106).

Verknappung impliziert hier nicht nur eine Bewegung im Schreib- und Redaktionsprozess, die – grob gesagt – aus viel Schriftmaterial wenig macht. Verknappung heißt auch: Auswahl, Konzentration, Arrangement der verbleibenden Wörter zu Konstellationen. Auf der abgebildeten letzten Doppelseite ist sogar explizit von einer Konstellation die Rede (»UNE CONSTELLATION«). Darüber hinaus greift die spezifische Anordnung der Wörter das Sternbild des Kleinen Bären (*Ursa Minor*) mit dem Polarstern auf: Die Buchseite erscheint, schwarz auf weiß, als Umkehrbild des Sternenhimmels. Dabei gewinnt nicht nur das Weiß der Seite, wie von Mallarmé selbst mehrfach hervorgehoben (Mallarmé 1897b/1898, 391), ein eigenes Gewicht. Auch die spezifische Position der Wörter *innerhalb* des Ensembles wird signifikant. Für die Rezeption bedeutet dies, dass der Leseprozess zunächst einmal auf

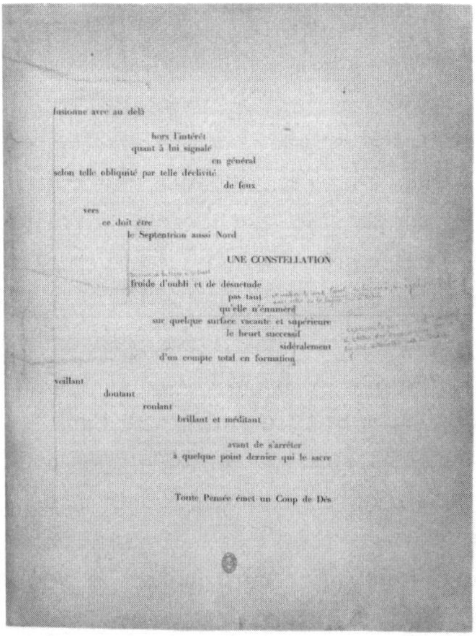

fusionne avec au delà

hors l'intérêt
quant à lui signalé
en général
selon telle obliquité par telle déclivité
de feux

vers
ce doit être
le Septentrion aussi Nord

UNE CONSTELLATION

froide d'oubli et de désuétude
pas tant
qu'elle n'énumère
sur quelque surface vacante et supérieure
le heurt successif
sidéralement
d'un compte total en formation

veillant
doutant
roulant
brillant et méditant

avant de s'arrêter
à quelque point dernier qui le sacre

Toute Pensée émet un Coup de Dés

Stéphane Mallarmé, Fahnenabzüge der letzten Doppelseite des *Coup de dés* mit Korrekturen und Anmerkungen von Mallarmés Hand (1898)

einen Vorrang der Wahrnehmung, des Sehens, der Orientierung in einem Raum zurückgeführt wird.

Die Initiation derartiger Wahrnehmungsvorgänge weist voraus auf die wenig später von den russischen Formalisten propagierte Forderung nach einem ›neuen Sehen‹ (Šklovskij 1917), die wiederum auch für Beckett aufschlussreich ist. Denkt man an den kurzen dramatischen Monolog *Not I*, den Beckett 1972 zu Papier brachte und den er selbst auch inszenierte, ist die Wahrnehmung ganz auf einen sprechenden Mund gerichtet. Dieser wird im Stück nur »Mouth« genannt und spricht abgehackte Sätze vor sich hin (Beckett 1972, 403–413). Die Reduktion ›mündet‹ hier in jener Körperöffnung, die für die Artikulation von (gesprochener) Sprache selbst bestimmend ist.

Noch radikaler ist das Stück *Breath* (*Atem*) aus dem Jahr 1969. Das Stück besteht nur aus einem Atemzug, davor und danach ein Schrei – Geborenwerden, Leben (Atmen) und

Sterben aufs Kürzeste verdichtet (Beckett 1969, 399). Für das Schreiben heißt das, in diesem Fall, dass nur die Regieanweisung übrig bleibt, kein Text, der gesprochen werden könnte. Die Arbeiten vom Ende der 1960er Jahre bis zu Becketts Tod 1987 sind allesamt sehr kurz (Zanetti 2011b), auch eine Annäherung an die Lyrik findet wieder statt, nachdem der Schriftsteller in den 1940er und 50er Jahren zunächst vor allem Romane und dann Theaterstücke geschrieben hatte. Dazu kommen Hörspiele und experimentelle Arbeiten fürs Fernsehen.

Passend zur Gesamttendenz, immer kürzere Texte zu schreiben, ist die mündlich überlieferte Äußerung Becketts anlässlich der Produktion einer Fernsehfassung seines Stückes *Quoi où* (*Was Wo*) im Jahr 1983 (Gussow 2006, 66): »destillieren, kürzen, kürzen, kürzen.« Ähnliche Regieanweisungen soll es schon 1961 bei der Neuinszenierung von *En attendant Godot* (*Warten auf Godot*) am Pariser Odéon-Théâtre gegeben haben. Dort war Alberto Giacometti (→ Kap. 2.6) für das Bühnenbild zuständig, und Beckett soll darauf gedrängt haben, den kargen Baum aus Gips noch »karger zu machen, kleiner, die Zweige dünner« (Milz 2006, 27). Man gewinnt den Eindruck, dass am Ende möglichst nichts mehr übrig bleiben sollte.

Was nun den eigentlichen Schreibprozess angeht, so sind bei Beckett zwei Ebenen zu unterscheiden: 1) die Ebene der Arbeit an den Manuskripten, die zu einem großen Teil überliefert und teilweise auch in Buchform ediert sind, wobei es parallel via www.beckettarchive.org auch einen (allerdings restringierten) Zugang zu den Scans gibt, und 2) die Ebene der schriftstellerischen Arbeit über einzelne Werke und Texte hinaus – eine Arbeit, die man mit dem Begriff der ›infiniten Schreibstrategien‹ charakterisieren kann (Ziganke 1999). Um Letztere geht es hier mit dem Begriff der Verknappung primär.

Die Tendenz zu immer kürzeren Texten im Verlauf eines gesamten Œuvres bildet mit Blick auf die Verknappung bei

Beckett die offensichtlichste Dimension eines Schreibens, das – wie im Falle von Mallarmés *Coup de dés* – auf Knappheit im Resultat aus ist. Bei Beckett lässt sich darüber hinaus aber auch ein Prozess der Verknappung beobachten, der *innerhalb* der schreibend jeweils entworfenen Welt stattfindet. Die erwähnten Beispiele von *Not I* und *Breath* etwa spielen sich (auch) in diesem Bereich ab. Bei den drei zusammenhängenden Romanen *Molloy*, *Malone meurt* (*Malone stirbt*) und *L'Innommable* (*Der Unnennbare*) wiederum, die Beckett kurz nacheinander in den Jahren 1947 und 1948 schreibt, kommen wiederkehrende Protagonisten vor, wobei sich deren Anzahl von Mal zu Mal reduziert. In *L'Innommable* bleibt dann nur noch eine Figur übrig (die sich an die vorhergegangenen allerdings erinnert).

Das Schreibverfahren ist in diesen Fällen nicht bloß – indem doch weitergeschrieben wird – kumulativ, sondern in sich reduktiv (→ Kap. 2.9), da die fiktional entworfene Welt auf einem immer knapper werdenden ›Personal‹ beruht (Zanetti 2011b). Intensiviert wird diese Bewegung der Verknappung durch die Arbeit am Stil, wenn Beckett etwa im Roman *Watt* (1953) das Reflexivpronomen bei Figuren, die zu ›sich‹ selber sprechen, streicht und diesen Akt an einer besonders hervorgehobenen Stelle im Roman sogar eigens reflektiert (Beckett 1953, 172). All diese Bewegungen laufen am Ende – ähnlich wiederum wie bei Mallarmés *Coup de dés* – darauf hinaus, in einen Bereich der Stille, der Leere, des Nichts vorzustoßen. Das eigentliche Werk ist dann kein geschriebenes mehr, sondern ein ungeschriebenes. Kein Wunder also, wenn Beckett (wie der Theaterwissenschaftler Martin Esslin aus dem Gedächtnis erinnert) sich sein letztes ›Werk‹ als ein leeres Blatt Papier vorgestellt hat (Reilly 1994, Goodman 1996): »At the end of the day my last work will be a blank piece of paper.«

3.8 Peter K. Wehrli: Literarische Momentaufnahmen

Der Schweizer Schriftsteller und Filmemacher Peter K. Wehrli (*1939) schreibt seit über 50 Jahren an seinem *Katalog von allem*. Der *Katalog* ist ein Langzeitprojekt, das in immer wieder neuen Publikationsformen – als Postversandroman, in Broschüren, Büchern, Performances, Lesungen, Übersetzungen, Kalendern, Online-Auszügen – in Erscheinung tritt und aus einer Serie literarischer Momentaufnahmen besteht. Die einzelnen Einträge folgen einem strengen Muster: Sie sind nummeriert, es folgt ein Titel (ein Stichwort mit einem bestimmten Artikel davor), darunter wird eine bestimmte Wahrnehmung, eine Beobachtung festgehalten, und zwar in Form eines Satzes ohne Prädikat. Hier ein Beispiel (Wehrli 2008, 11):

> 11. die Achtlosigkeit
> die achtlose Bemerkung ›Die sind süß!‹, mit der ich Peter B. auf der Bahnhofsbrücke von meinen frischgekauften Erdbeeren anbot, und das leichte Erschrecken darüber, dass ich die Erdbeeren, von denen ich selber noch nicht gekostet hatte, nur deshalb als süß bezeichnet habe, weil ich auf dem Preisschild im Laden den Zusatz ›Süße Erdbeeren‹ gelesen habe.

Bei den inzwischen auf über 2439 Nummern (Stand Januar 2021) angewachsenen Katalogeinträgen handelt es sich nie nur um Beschreibungen eines wahrgenommenen Sachverhalts oder Geschehens, sondern immer auch um ein Innehalten, ein Nachdenken über das, was gerade – literarisch – erfasst worden ist.

Wie hat alles angefangen? In diesem Fall gibt es eine Geschichte, die der Autor selbst oftmals erzählt und bekräftigt hat. Folgt man dieser Geschichte, dann ist der Anlass für den

Katalog von allem im Grunde auf ein Missgeschick zurückzuführen. Alles nahm seinen Lauf am Anfang einer Zugreise mit dem Orient- und Taurus-Express von Zürich nach Beirut (Wehrli 2008, 502):

> Im Jahr 1968 dauerte diese Zugreise noch fast eine Woche. Als der Eisenbahnzug aus dem Bahnhof Zürich rollte, merkte der Autor, dass er seinen Fotoapparat zu Hause vergessen hatte. So kam ihm die Idee, die Erinnerungsbilder dieser Reise statt mit der Kamera nun mit den Mitteln der Sprache anzufertigen. Alles, was ihn ansprang, alles, was er fotografiert haben würde, wenn er die Kamera bei sich gehabt hätte, bildete er nun mit Wörtern ab. Und weil man ein fotografisches Bild, einen Schnappschuss, durch den einmaligen Druck auf den Auslöser erzeugt, musste er sich folgerichtig das Gesetz auferlegen, alles, was er fotografiert hätte, in einen einzigen Satz zu fassen. Die Aufzählung der Dinge, die also nicht Bild werden konnten und deshalb Sprache werden mussten, setzte strikt ihre eigene Sprachregelung durch: In Aufzählungen, in Katalogen haben die Sätze kein Prädikat.

Die strikte »Sprachregelung« hat sich in den gut fünf Jahrzehnten nicht geändert, auch die neueren Nummern folgen ihr. Die Setzung der Regel und die Regelbefolgung (→ Kap. 1.3) sind hier geradezu mustergültig erkennbar. Allerdings geht es nicht darum, bloß stur eine Regel zu befolgen. Auch liegt das Interesse nicht in der Abweichung von der Regel. Vielmehr besteht das Schreibverfahren darin, in der Befolgung der Regel möglichst einprägsame, besondere, erhellende, zum Nachdenken bewegende Momente einzufangen. Oft handelt es sich, wie im folgenden Beispiel, um ganz alltägliche Beobachtungen, Selbstwahrnehmungen, Irritationen (Wehrli 2008, 300):

973. der Trost
der Trost, es müsse andern wohl auch schon so ergangen sein, den ich mir angstvoll und fast schon verzagt zuredete, als ich merkte, dass ich den Mantel anhatte, ohne mich erinnern zu können, ihn angezogen zu haben.

Oder es werden Erfahrungen mit anderen Personen geschildert. Auch hier sind es jedoch bestimmte Momente, die im Gedächtnis haften bleiben – wobei dieser Vorgang sprachlich so nachgebildet wird, dass er wie im folgenden Beispiel dazu geeignet ist, auch im Lesen einen bleibenden Eindruck zu hinterlassen (Wehrli 2008, 181):

407. der Blick
die langen Pausen im Gespräch mit Peter Handke und sein Blick, der mich verlegen macht, weil er immer ist, als hätte man gerade etwas Verletzendes zu ihm gesagt.

Nun könnte man meinen, dass es sich bei all diesen kleinen Epiphanien, diesen Beobachtungen und Nachdenklichkeiten in Form ›profaner Geistesblitze‹ auch schreibpraktisch um Aufzeichnungen, um Notizen handelt, die schnell, im Moment oder kurz danach entstanden sind. Daran ist richtig, dass jeweils ›Notiz genommen‹ wird von einer bestimmten Situation: dass also etwas in den Blick rückt, ein Aufmerken stattfindet und dass der damit verbundene Eindruck schreibend weitervermittelt wird. Dass die Katalogeinträge also auch als eine Schule der Aufmerksamkeit verstanden werden können, steht außer Frage. Das ist auch der Grund, weshalb Wehrlis Katalog in einigen Lehrformen des kreativen oder literarischen Schreibens gerne als Beispiel genannt wird, und zwar dafür, *wie* man mit einem Text, ausgehend von einer bestimmten Wahrnehmung oder Beobachtung, anfangen kann (Ortheil/Siblewski 2008, 26–29, Porombka 2009, 183, Ortheil 2012, 32–37).

Im Sinne eines Einübens in ›elementare‹ Formen des Schreibens zeichnen die Katalogeinträge eine Möglichkeit vor, wie man überhaupt einen Anfang finden kann für eine Geschichte, ein Gedicht oder ein Dramenstück: einen Moment eben oder eine Situation, aus der noch etwas *werden* kann. Aus dieser Perspektive ist es auch aufschlussreich zu sehen, dass ein Schreibprojekt nicht von Anfang an auf eine bestimmte Gattung hin ausgerichtet sein muss, sondern frei dafür ist, sich in unterschiedliche Richtungen zu bewegen (→ Kap. 2.3).

Allerdings hat Wehrli selbst einen anderen Weg eingeschlagen: Die Katalogeinträge sind nicht Anfänge von etwas anderem, sondern selbst jeweils ›alles‹, was es zu sagen gibt. Folgegeschichten mag sich jemand beim Lesen ausdenken. Außerdem ist das Katalogprojekt an sich prinzipiell fortsetzbar, mit jeder neuen Nummer geht es weiter. Auch kommt es vor, dass Wehrli bei einer Neuauflage alte Nummern verändert oder die Reihenfolge insgesamt umstellt. Aber die einzelnen Einträge sind für sich genommen doch nie ein bloßer Anlass für etwas anderes, sondern sie gewinnen ihre Prägnanz aus sich heraus.

Schreibpraktisch bedeutet dies ganz konkret, dass der Autor nicht einfach mit dem Notizbuch durch die Welt geht und Beobachtungen festhält. Das tut er zwar auch, und das ist auch wichtig, aber die entscheidende Arbeit geschieht im Ausformulieren, im Überarbeiten, im Feilen an den Sätzen, die im *Ergebnis* eben jene Prägnanz aufzuweisen bestimmt sind, die für die Form des Katalogs als Gesamtprojekt kennzeichnend ist. Wehrli nennt diesen Vorgang ›Kneten‹ (Wehrli 2019): Das Festzuhaltende soll ›knetend‹ so lange bearbeitet werden, bis es der Form entspricht, die schließlich im Lesen Bestand haben kann. Ein Blick in die etwa 5 Zentimeter dicken Schreibbücher, die – nach den ersten Notizen in Heften oder auf verschiedenen Zetteln – Wehrlis Arbeitsgrundlage für den

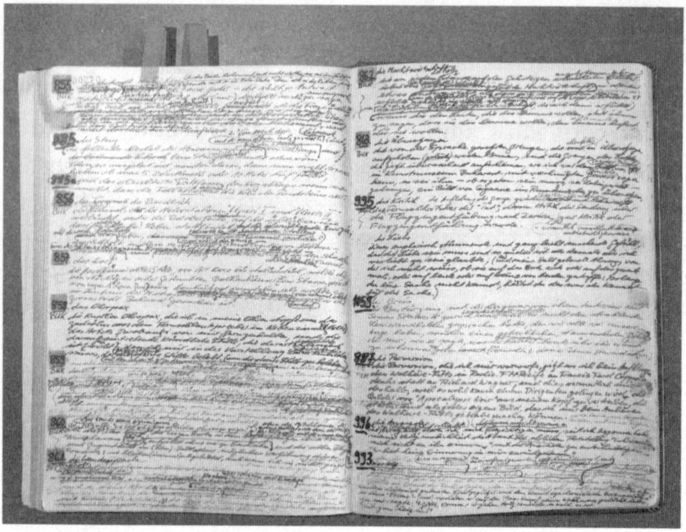

Peter K. Wehrli, der *Katalog von allem* im Manuskriptstadium

Katalog bilden, verdeutlicht, wie man sich dieses ›Kneten‹ vorstellen kann.

Die Abbildung zeigt, wie stark die einzelnen Nummern jeweils bearbeitet werden: Es wird notiert, ergänzt, durchgestrichen, weggelassen, umgestellt (→ Kap. 1.2), teils auch wie in einem Palimpsest übereinandergeschrieben – bis am Ende die Formulierungen ›sitzen‹. Erst im letzten Schritt wird der Computer benutzt, um den Katalog als Gesamtvorhaben in eine bestimmte Form und Abfolge zu bringen, wobei gelegentlich auch die einzelnen Nummern noch einmal überarbeitet werden.

Liest man all die Nummern durch, wird schließlich deutlich, dass der *Katalog von allem* insgesamt eine bestimmte Haltung zur Welt artikuliert. Daher besteht auch die Poetik des Katalogs aus weit mehr als nur der Regel, die grammatikalisch gesetzt ist: Sie geht vielmehr im Bestreben auf, die einzelnen Dinge und Begebenheiten in ihrer (aller) Einzigartig-

Peter K. Wehrli, Laptop mit dem *Katalog von allem* als Textdatei

keit zur Sprache zu bringen. Denn »Alles« bedeutet im Katalog nicht einfach die Summe und insofern die Aufhebung und Vernichtung alles Einzelnen zu einem Ganzen. Sondern »alles« bedeutet dieses »Eine«, dass alles besondere *Einzelne* in *allem* Einzelnen jeweils übrig bleibt und daher auch eine besondere Wertschätzung verdient (Wehrli 2008, 11):

> 10. die Abermillionen
> Alle die Abermillionen von Dingen, die es gibt auf der Welt, und viele davon hunderttausendfach, dieses andere Alles – und dann das eigentliche Alles, das sich ergibt bei der Vorstellung, es sei jedes dieser Millionen von Dingen nur ein einziges Mal vorhanden auf der Welt, und das erstaunlicherweise doch dieses Eine bleibt: nämlich alles.

3.9 Émile Zola und die Folgen: Poesie des Alltags

Kann man das alltägliche Leben literarisch einfangen, festhalten, weitervermitteln? Für gewöhnlich spricht man von einem literarischen ›**Realismus**‹, wenn die Wirklichkeit selbst oder einfach das, was alltäglich stattfindet, möglichst ungeschminkt wiedergegeben wird. Schon die antiken Theorien der Mimesis (→ Kap. 1.3) zeichneten sich durch einen realistischen Anspruch aus. Allerdings war insbesondere für Aristoteles klar, dass der Akt des Nachahmens selbst schon eine Distanz zum Nachgeahmten in sich trägt, da das Nachahmen stets unter einem bestimmten Gesichtspunkt erfolgt, etwa dem der Wahrscheinlichkeit (Aristoteles 1982, 29).

Die *dargestellte* Wirklichkeit (Auerbach 1946) ist als Darstellung zwar selbst wirklich, aber nicht deckungsgleich mit jener Wirklichkeit, die sie darzustellen vorgibt. Die Kluft zwischen diesen beiden Wirklichkeiten ist nicht aus der Welt zu schaffen. Dokumentarische Formen des Schreibens zielen in der Regel darauf ab, diesen Abstand zu minimieren (→ Kap. 2.1 und 2.3). Aber selbst dieser Prozess wird jeweils bestimmten Gesichtspunkten folgen. In diesem letzten Beispielkapitel werden ausgehend von Émile Zola (1840–1902) und zwei weiteren Stationen bei Sergej Tretjakov (1892–1937) und Rainald Goetz (*1954) drei Möglichkeiten umrissen, wie sich eine **Poesie des Alltags** schreibpraktisch formieren kann.

›**Naturalismus**‹ nannte Zola seine Methode des Schreibens (Zola 1880), die eine Steigerung noch des ›Realismus‹ seiner unmittelbaren Vorgänger Stendhal (1783–1842), Honoré de Balzac (1799–1850) und Gustave Flaubert (1821–1880) war. Mit naturwissenschaftlicher Akribie suchte Zola die alltägliche gesellschaftliche Wirklichkeit seiner Zeit (oder der Zeit kurz davor) darzustellen. Kein Wunder, umfasste der von Zola zwischen 1871 und 1893 publizierte Romanzyklus *Les Rougon-Macquart. Histoire naturelle et sociale d'une fa-*

mille sous le Second Empire (*Die Rougon-Macquart. Die Natur- und Sozialgeschichte einer Familie im Zweiten Kaiserreich*) am Ende 20 Bände …

Doch nicht der Inhalt dieser 20 Bände ist hier von Interesse, sondern die Frage, wie Zola selbst vorgegangen ist, um den von ihm formulierten Gesichtspunkt einer möglichst exakten Erfassung der Wirklichkeit schreibend wirksam werden zu lassen. Dabei spielt es keine Rolle, ob dieser Gesichtspunkt selbst überhaupt sinnvoll einzunehmen ist (er ist, letztlich, selbst eine Fiktion). Wohl aber kann danach gefragt werden, welche Konsequenzen die entsprechende Zielvorstellung im Falle Zolas schreibpraktisch nach sich gezogen hat – oder, umgekehrt gefragt, auf welchen Schreibpraktiken die naturalistische Poetik ihrerseits beruhte.

Die schiere Menge des Geschriebenen ergibt sich im Falle Zolas zunächst aus dem schlichten Umstand, dass die alltägliche gesellschaftliche Wirklichkeit selbst aus unzähligen Elementen besteht. Die Menge des Geschriebenen betrifft bei Zola allerdings auch die Entwürfe und Vorstufen zum schließlich Publizierten. Bereits in diesem Stadium schreibt Zola viel, er fertigt Skizzen an, hält Beobachtungen fest, macht sich auf den Weg, erkundet das Leben auf der Straße, Restaurants, die Börse, Arbeiterviertel, Verkaufsstände, Fortbewegungsmittel, Kaufhäuser, Essgewohnheiten, Salons, insgesamt ganz unterschiedliche soziale Milieus (Zola 1986, 17–27, 605–608).

Hier in deutscher Übersetzung ein Beispiel aus den Notizen, die Zola 1875 bei seiner Beobachtung des Straßenlebens in der Pariser Rue de la Goutte d'Or festhält (Zola 1986, 370):

> Nach vorn hin, in den Wohnungen mit Jalousien, wohnen Leute, die als wohlhabend gelten. Im Hof nur Arbeiter; trockene Wäsche. Die Sonnenseite und die dunklere, feuchtere Seite, die niemals die Sonne sieht. Gepflasterter Hof, die feuchte Ecke der Wasserleitungen. Das grelle Tageslicht,

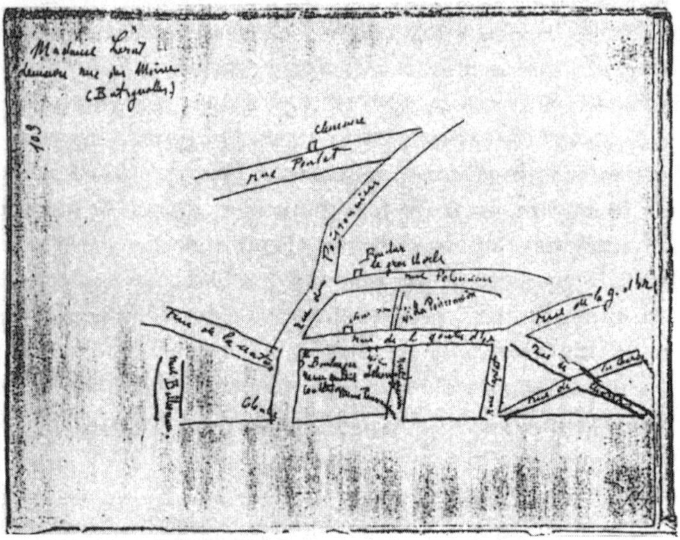

Émile Zola, topographische Skizze des Quartiers rund um die Pariser Rue de la Goutte d'Or (1875)

das in den Hof fällt [...]; aus einer Schmiede dringt das Brummen des Blasebalgs und der Schein der Schweißflamme. [...] Rechts und links von der Tür Verkaufsbuden mit bemalten Schaufenstern, Löcher. Ein Alteisenhändler, [...] ein Uhrmacher (Uhrenreparaturen). Das Ticken der Kuckucksuhren aus dem Hintergrund des Lochs: im Schaufenster Uhren, die ihr Silbergehäuse zur Schau stellen; vorn der Werktisch voll mit zierlichen Werkzeugen und zerbrechlichen Gegenständen aus Glas, ein sauber gekleideter Herr im Gehrock, der nicht von der Arbeit aufsieht (ein Bild der Zerbrechlichkeit inmitten des Lärms und des Gepolters der Straße, auf der das Volk zuhause ist).

Parallel zu den Aufzeichnungen fertigt Zola in diesem Fall topographische Skizzen an, eine davon ist auf der Abbildung zu sehen. Das Beispiel dürfte insgesamt eine Ahnung davon geben, warum Zola sein eigenes Schreiben als »angewandte Soziologie« (»sociologie pratique«) bezeichnet hat (Zola 1880, 18, Zola 1986, 19). Geschildert werden getreu der von ihm verfochtenen Milieutheorie die äußeren Umstände, in denen Menschen ihre alltäglichen Arbeiten verrichten, aber auch ihre sozialen, ökonomischen, familiären und erotischen Angelegenheiten klären oder verkomplizieren. Selbst in die erkennbar um Objektivität bemühten Schilderungen schleichen sich allerdings kleine poetische Lichtblicke ein, die mit dem Kriterium der Objektivität nicht zu fassen sind (»ein Bild der Zerbrechlichkeit inmitten des Lärms«).

Die möglichst weit getriebene Zurückhaltung einer subjektiven Einmischung in die beschriebene Welt ist gleichwohl erkennbar. Dabei scheint gerade diese Zurückhaltung bei Zola unwillkürlich einen gewissen Fetischismus gegenüber den beschriebenen Dingen und Materialien zutage zu fördern (Vinken 1996), wobei die Bindungen an ein Subjekt gelockert erscheinen. Der Alltag, den Zola beschreibt, ist bei aller behaupteten Objektivität, die schreibpraktisch eine spezifisch materialistische und – noch bevor Zola tatsächlich zum Fotoapparat greift (Albers 2002) – fotoaffine Prosa zeitigt, individuell in dem Sinne, dass Zola diesen Alltag unter einem bestimmten Gesichtspunkt in den Blick rückt. Erkennbar wird darin Grundsätzliches: Es gibt keinen Alltag als solchen – und im Schreiben schon gar nicht, der schreibend erfasste Alltag ist immer schon der auf eine bestimmte Weise (re)produzierte Alltag.

Letzteres gilt auch für die Alltagspoetik des russischen Schriftstellers Sergej Tretjakov, der 1892 geboren wurde – da war Zola bereits über 50 Jahre alt. Zu den »Methoden« seiner Schriftstellerei zählte Tretjakov, »dass ich mir meine Helden nicht ausdenke, sondern sie im Leben finde« (Tretjakov 1928, 86). Doch war für Tretjakov im Unterschied zu Zola nicht ein (wie auch immer imaginierter) Idealgesichtspunkt von Objektivität leitend, sondern die Annahme, dass von den Menschen, aber auch den Dingen, die ihn interessierten, Geschichten erzählt werden müssen.

Tretjakov versuchte mit seiner dezidiert als Arbeit aufgefassten schriftstellerischen Tätigkeit eine sozialrevolutionäre Poetik im umfassenden Sinne einer gesamtgesellschaftlich abgestützten Produktionsästhetik ins Werk zu setzen. Das schloss auch eine kollektiv betriebene Schreibpraxis ein, in der die individuellen Begebenheiten und Dinge aber durchaus ihre Berechtigung haben sollten. Die Dinge waren für Tretjakov von besonderem Interesse, weil sich am Umgang mit ihnen zugleich individuelle Prägungen *und* gesellschaftliche Tendenzen ablesen lassen sollten.

Tretjakov ging davon aus, dass ein gewöhnliches »Ding, das man während seiner Reise durch die Hände der Menschen und ihre Beziehungen verfolgt, mehr über eine Epoche erzählen [kann] als ein psychologischer Roman«: »So entstand der Gedanke, von Menschen zu erzählen, indem man von den Dingen erzählt, deren sie sich bedienen« (Tretjakov 1928, 86). Doch was bedeutet das für die Schreibpraxis? Wie sollte man vorgehen, um eine »Biographie der Dinge« und somit auch eine Analyse der Gesellschaft erstellen oder erheben zu können?

Tretjakov selbst verfolgte nicht nur einen programmatischen Anspruch, er setzte diesen in Form konkreter Kooperationen und Projekte auch um. Dazu entwickelte er um 1928 ein Schreibspiel: die »Tasche«. Das Spiel bestand darin, dass alle Beteiligten die Geschichten jener Dinge erzählen, die sie gerade in ihren Taschen tragen (z. B. einen Kamm, Zettel, Knöpfe, kleine Erinnerungsstücke). Die folgende Passage stammt aus einem »Aufruf«, der an die Leserinnen und Leser der Jugendzeitschrift *Pionerskaja Prawda* erging (Tretjakov 1928, 87):

> Nun will ich Euch einen Vorschlag machen: Wollen wir zusammen ein Buch schreiben. In diesem Buch wird erzählt werden, was sich in Euren Taschen befindet. [...] Ein jedes Ding, das Ihr seht oder in Euren Händen haltet, hat ein eigenes langes und interessantes Leben. Während dieses seines Lebens ist das Ding von Hand zu Hand gegangen, ist mit vielen Menschen in Berührung gekommen, hat verschiedene Umgestaltungen durchgemacht. Man muss es nur dazu bringen, dass es von sich erzählt. Wollen wir die Dinge dazu bringen, dass sie erzählen. [...] Alle zusammen werden wir die Autoren dieses Buches sein.

Dazu formulierte Tretjakov eine Anleitung (Gröschner 2007), wie die Geschichten genau erzählt werden sollen (»auf welche Weise das Ding in die Tasche gekommen ist: wer es gegeben hat, wann es gegeben wurde, wo Du es gefunden hast« usw.).

Im Fortgang dieses Projektes kam es dazu, dass sowohl Jugendliche selbst von ihren Taschen und den darin befindlichen Dingen berichteten als auch Interviews entstanden, in denen Tretjakov selbst (oder jemand anderes) Fragen stellte – alles nach dem Prinzip der »freiwilligen Zustimmung« (Gröschner 2007, 89). Ohne hier weiter in die überlieferten Beispiele einsteigen zu können (Gröschner 2007, 90–93), ist bereits mit Blick auf Tretjakovs explizite Programmatik offensichtlich, dass der Alltag wiederum unter einem ganz bestimmten Gesichtspunkt erfasst wird: Hier ist es nicht wie bei Zola die (scheinbare) Objektivität der Dinge selbst, die sprechen soll, sondern Alltäglichkeit wird über die Art und Weise hergeholt und zugleich hergestellt, *wie* Menschen die Geschichten ihrer Dinge erzählen.

Das dritte Beispiel einer Poesie – im weiten Sinne der literarischen Hervorbringung und Gestaltung – des Alltags stammt von Rainald Goetz. Die Zeit ist eine ganz andere, und der Ort ist, über weite Strecken, Berlin. In den Jahren nach dem Fall der Mauer 1989 hat sich die Stadt zu einer Hipsterweltstadt entwickelt, gleichzeitig wurde das Internet allmählich für eine breite Masse von Menschen verfügbar und genutzt. Rainald Goetz, von München her nach Berlin kommend, schreibt in dieser Situation, 1998, seinen Internet-Blog *Abfall für alle*. Im Jahr darauf erscheint das Projekt in Buchform, wobei es in dem Moment aus dem Netz verschwindet – im Unterschied etwa zu Elfriede Jelineks Roman *Neid* (2007), der mit dem Untertitel *Mein Abfall von allem* auf Goetz' *Abfall für alle* anspielt, aber online weiterhin verfügbar und nie in Buchform erschienen ist (→ Kap. 3.6).

Im Unterschied zu Zola und Tretjakov hat man es bei Goetz mit einem Schreibprozess zu tun, der nicht nur simultan alltägliche Begebenheiten registriert, sondern das derart Festgehaltene praktisch gleichzeitig auch zur Publikation freigibt. Ohne Computer und ohne die damit verbundenen Infrastrukturen der Vernetzung wäre diese vergleichsweise enge Koppelung von Schreiben und Publizieren nicht möglich gewesen. Bei aller Zuwendung zu den alltäglichen Ereignissen und Dingen fällt zudem auf, dass Goetz sich (fast) komplett von jener Objektivitätsbehauptung freigemacht hat, die für Zola noch bestimmend war und die sich bei Tretjakov bereits transformiert hat in einen Anspruch, in den objektbezogenen Geschichten und deren Individualität gesellschaftliche Prägungen und Komplexe freizulegen.

Doch wie stellt sich der Zusammenhang des Alltags bei Goetz her? Hier der Anfang von *Abfall für alle* (Goetz 1998, 13):

> Los gehts. Mittwoch, 4.2.98, Sonnentag, Berlin. Anruf von Herrn Häberlen. Ich soll jetzt mal mit Texten rüberkommen.
> ganz am Anfang
> trete hier also ein in diese Institution – siehe Foucault – alles bisher Gesagten – und dann gleich aber natürlich das

ABREISSEN sofort – loslegen – irgendwas von außen intervenieren lassen –
bloß nicht rumsuhlen im Alten
PRAXIS

Wenn hier noch von einem Realismus die Rede sein kann, dann so, dass Goetz sich selbst als real schreibende (und zugleich als imaginär beschriebene) Figur stets mitinszeniert. Die Beobachtungen reflektieren immer auch auf den Beobachterstandpunkt, wobei das schreibende Subjekt sich als verwoben mit diesen Umständen anerkennt.

Letzteres ist der Grund, warum das von Goetz betriebene Schreiben zwar subjektiv anmutet, das schreibende Subjekt sich aber als durch und durch geprägt erweist von den Ansprüchen, die an es herangetragen werden: »Ich soll jetzt mal mit Texten rüberkommen«. Mit der »Institution« – »siehe Foucault« – rücken gleich am Anfang von *Abfall für alle* die historisch, politisch und medial geprägten Subjektivierungsprozesse in den Vordergrund, in die jede Form des Ich-Sagens involviert ist (Foucault 1969, 1970, 1982).

Bei Goetz geht es zunächst um die Institution des Literaturbetriebs, dessen Regeln und Begehrlichkeiten er schreibend sowohl bedient als auch konterkariert. Mit in den Blick rücken allerdings auch die alltäglichen Kommunikationsakte, das Leben vor und nach dem Schreiben, die Eindrücke, die den Autor in seinem Schreiben »von außen« her etwas angehen (»irgendwas von außen intervenieren lassen«). Dabei gibt der Autor gar nicht erst vor, aus seinem eigenen Seelenleben zu schöpfen. Es genügen die momentan wahrgenommenen Eindrücke sowie die Reaktionen darauf, um – wie auch immer inszeniert – festgehalten zu werden.

Wüsste man nicht, dass der Begriff des ›Sekundenstils‹ ursprünglich auf Zola sowie auf dessen ›Follower‹ im deutschsprachigen Raum – Arno Holz (1863–1929), Johannes Schlaf

(1862–1941) – gemünzt war (Hanstein 1900, 158), könnte man verleitet sein, ihn direkt zur Charakterisierung der von Goetz betriebenen Schreibpraxis zu verwenden: Der Moment einer Beobachtung und der des Schreibens befinden sich von Sekunde zu Sekunde in einem neuen Wechselverhältnis. Anders als bei einem gewöhnlichen Tagebuch besteht *Abfall für alle* nicht oder nicht nur aus dem Versuch einer kontinuierlichen, bestenfalls womöglich stabilisierend wirkenden Selbstverständigung. Vielmehr geht es um eine Konfrontation mit der Gegenwart und dem, was von dieser Konfrontation schreibend ›abfällt‹ – ›für alle‹, die diesen ›Abfall‹ lesen wollen und sich für derartige Prozesse interessieren.

Die in *Abfall für alle* integrierten Aufzeichnungen der mehr oder weniger improvisiert gehaltenen Frankfurter Poetikvorlesung reflektieren dann ihrerseits diesen Vorgang und folgen dabei der Maxime: »Ein LABOR zu konstruieren der Situation, wie ich selber den Prozess der ästhetischen Produktion erlebe« (Goetz 1998, 231). Als leitend für diesen Prozess sieht Goetz das Hinwirken darauf an, mit einer bestimmten »Formphantasie« arbeiten zu können: einer wie auch immer vagen Vorstellung davon, wie das, was man gerne schreiben möchte, am Ende lesbar werden könnte oder sollte. Eine derartige »Formphantasie« erhebt die Poesie des Alltags in den Zustand einer Wachsamkeit, die nicht vergisst, dass zum Schreibenkönnen auch der Rückzug gehört, die Einklammerung der Geltungsansprüche des ›Wirklichen‹ – die Stille (Goetz 1998, 230):

> Nochmal: so beginnt es also. Diffus, chaotisch, wirr, bisschen geträumt. Montäglich bedrückt, morgendlich zuversichtlich. Es beginnt auch, von einer noch grundsätzlicheren Sicht her gesehen, mit dem Schrei, mit dem die meisten von uns wahrscheinlich diese Welt hier begrüßt haben. Oder eben: mit der Stille des Erwachens am Morgen.

Mit einem bestimmten Geisteszustand, der mit diesen vagen, träumerischen Phantasien, die ich als die Formphantasie empfinde, sehr viel zu tun hat. [...]
Stille.
Diese Stille: [...] zugleich eine revolutionäre Stimmung, kann man sagen, etwas sehr Jugendliches. Ein alles über den Haufen Schmeißendes, im Konzeptuellen. Was kostet die Welt? Los geht's. Neuer Tag, neues Glück.

Zum Schluss: Nichtschreiben (Wahrnehmen, Ausgehen, Nachdenken)

Literarisches Schreiben zeichnet sich primär dadurch aus, dass es getan wird: dass also tatsächlich geschrieben wird. Und zwar nicht nur im Kopf. Sondern im Austausch zwischen verschiedenen Impulsen und nach außen getragenen Zeichen, die wiederum auf einem Bildschirm oder einer anderen Oberfläche zur Erscheinung gelangen, lesbar werden, im Prinzip auch für andere. Warum also in einem Buch zum literarischen Schreiben ein Schlusskapitel, das an erster Stelle noch einmal das **Nichtschreiben** in den Fokus rückt?

Zunächst: Weil literarisches Schreiben nie ein Vorgang ist, der *ausschließlich* im Schreiben bestünde. Niemand kann *nur* schreiben. Folgt man darüber hinaus – wie eingangs vorgeschlagen – der Vorstellung, dass literarisches Schreiben ein Schreiben ist, das auf je unterschiedliche Weisen mit den Bedingungen und Möglichkeiten des Schreibens überhaupt laboriert, dann dürfte zudem klarwerden, dass ein solches Laborieren immer wieder aus Momenten der Unterbrechung, der Reflexion, des Innehaltens oder auch schlicht des Pausierens besteht – bestehen muss: Denn wie sonst sollte das Tun auf dem Papier oder einer anderen Oberfläche eine eigenartige, eine längerfristig zum Lesen anhaltende Kontur gewinnen können?

Die Zickzackbewegung (→ Kap. 2.4) zwischen Schreibstrom und Unterbrechung findet schließlich nicht nur in den körperlich bestimmten Rhythmen der Handbewegung sowie den damit interagierenden Denk- oder Vorstellungsakten statt. Die genannten Akte und Regungen sind eingebettet in weitere Kontexte, in Erfahrungen, Vorgänge in der **Lebenswirklichkeit**, auch wenn – ja gerade wenn – diese schreibend nicht unmittelbar ins Geschriebene eingehen. Wie weit kann die Reflexion dabei gehen? Wie weit die Loslösung von dem als Leben oder als Wirklichkeit Empfundenen – oder die Annäherung daran? Wie weit die Erfindung?

Nicht selten laboriert literarisches Schreiben mit derartigen Fragen, entlang von Rekursionen, in denen sich durch Wiederholung und Variation allmählich erprobter Muster eine eigene Poetik ausbildet. Welche Rolle dabei der **Abstand** zum Geschriebenen und dem weiterhin Schreibbaren spielt, das Ruhen von den direkten Aktivitäten der materiellen Spurenerzeugung, dürfte in praktischer Hinsicht jede Art von Poetik verstanden als ›Hervorbringungsweise‹ bestimmen. Umso mehr fällt auf, wie wenig diese Frage in den expliziten Poetiken bislang erörtert worden ist.

Nur Horaz scheint um eine Antwort nicht verlegen gewesen zu sein: Neun Jahre, so hält er am Ende des 1. Jahrhunderts v. Chr. fest, solle man sein Werk nach der Niederschrift ruhen lassen, bevor man es veröffentlicht oder nur schon jemand anderem zeigt (Horaz 1985, 569). In den seltensten Fällen dürfte sich dieser Rat allerdings als praktikabel erwiesen haben (→ Kap. 2.7). Schon Heinrich Heine (1797–1856) wandte ein (Heine 1824–1828, 121 f.):

> Diese Regel mag, wie manche andere der Art, sehr gut in der Theorie gelten, aber in der Praxis taugt sie nichts. Als Horaz dem Autor die berühmte Regel gab, sein Werk neun Jahre im Pult liegenzulassen, hätte er ihm auch zu gleicher Zeit das Recept geben sollen, wie man neun Jahre ohne Essen zubringen kann. Als Horaz diese Regel ersann, saß er vielleicht an der Tafel des Mäcenas und aß Truthähne mit Trüffeln, Fasanenpudding in Wildpretsauce, Lerchenrippchen mit Teltower Rübchen, Pfauenzungen, indianische Vogelnester, und Gott weiß! was noch mehr, und alles umsonst.

Vor allem aber scheint Horaz von einem bereits fertig geschriebenen Werk auszugehen – und nicht von einem Prozess, der über kurz oder lang unterbrochen wird, durch Reflexionspausen bestimmt ist, durch Entfernungen verschiedenster Art zum Geschriebenen auf dem Papier oder anderswo. Wie also, im Hinblick aufs bereits Geschriebene und das vielleicht noch zu Schreibende, *nicht* schreiben?

Am verführerischsten erweist sich die Option, *nicht* zu schreiben, wohl dann, wenn sich das Schreiben oder der Vorsatz dazu gerade mit keinem weiterführenden Sinn verbindet. Positiv gesehen, eröffnet das Nichtschreiben die Möglichkeit, das bereits Geschriebene und das allenfalls noch zu Schreibende neu einzuschätzen. Zudem lässt sich die individuelle Haltung dem eigenen Schreibenwollen gegenüber (→ Kap. 1.3 und 1.8) grundsätzlich überdenken. Auch darin kann der Sinn des Nichtschreibens liegen.

Wahrnehmen, Ausgehen und Nachdenken sind mögliche Vorgänge der Distanznahme, die allenfalls dazu beitragen, nicht am eigenen Projekt und den damit verbundenen Betriebsblindheiten ›kleben‹ zu bleiben. **Wahrnehmen** (Lesen einbegriffen) heißt: zuzulassen, dass die entscheidenden Impulse und Initialzündungen nicht aus einem selbst kommen müssen, sondern ›in der Welt‹ vorkommen. **Ausgehen** (nicht bloß zum Feiern) heißt: die Binnenräume des eigenen Trotts oder Trotzes zu verlassen, in unbekannte Gebiete einzutreten, auch Gespräche, mit wem oder worüber auch immer, gehören dazu. **Nachdenken** heißt: nicht der Suggestion zu unterliegen, man wüsste schon, was das eigene Schreiben – und alles Weitere – gewesen sein soll oder wird. Sondern einzuräumen, dass etwas noch nicht weiter oder gar zu Ende gedacht worden ist, etwas, das ein solches Bedenken als nötig oder zumindest weiterführend erscheinen lässt.

All die genannten Vorgänge brauchen **Zeit** – Zeit, die vergeht, Zeit, die aber auch nötig ist, wenn literarisches Schreiben mehr sein soll als eine Form der Selbstbestätigung oder der Selbstzerknirschung, des ökonomischen Erfolgs oder der empfundenen Nutzlosigkeit, des Zeitvertreibs oder der kultivierten Hyperaktivität. Was aber dann? Am Anfang dieses Buches war von der Möglichkeit einer im Schreiben betriebenen literarischen Erschließung und Erkenntnis der Welt die Rede. Was kann das literarische Schreiben – oder eben der Abstand zum Schreiben, der *à la longue* selbst wiederum ins Schreiben Eingang finden kann, nicht muss – dazu beitragen?

Geht man davon aus, dass ›**Welt**‹ jeweils ein prinzipiell spannungsvolles *Zugleich* bedeutet von a) der »Gesamtheit der Tatsachen«, also dem, was »der Fall ist« (Wittgenstein 1921, 11), und (wohl quer zu Wittgenstein) b) der »Tatsache«, dass die Annahme einer »Gesamtheit« selbst ein Produkt des Intellekts, der Erfahrung und nicht zuletzt der Projektion und Imagination ist, dann lassen sich die genannten Vorgänge des Wahrnehmens, des Ausgehens und des Nachdenkens auch als Weisen der Erschließung und, wer weiß, der Erkenntnis von ›Welt‹ begreifen.

Nicht erst (wieder) beim Schreiben, aber im literarischen Schreiben bestimmt, wird explizit oder implizit die Frage mitverhandelt, in welcher Weise die genannten Vorgänge des Wahrnehmens, des Ausgehens und des Nachdenkens im Feld des Schreibbaren reinszeniert, bearbeitet, reflektiert oder abgewehrt werden. Die grammatikalischen Modi des Indikativs und des Konjunktivs bzw. des Realbezugs und des Irrealis (sowie weiterer Abstufungen und Orientierungen) zeigen an, inwiefern die Doppelung von **Weltannahme** und **Welterzeugung** im Bereich der Sprache, besonders aber im Prozess des literarischen Schreibens, prinzipiell eine Herausforderung darstellt.

In der jüngeren Diskussion rund um das umstrittene Konzept einer ›Weltliteratur‹, so wie Goethe sie einst in der Zukunft sich abzeichnen sah (Goethe, 1827–1830), wurde der

Begriff des ›Weltens‹ bzw. (engl.) des ›Worldings‹ eingeführt (Spivak 1985, Cheah 2008, Cheah 2016). Mit dem Begriff sollte eigens die welterzeugende Qualität von Literatur (bzw. von Perspektiven und Figuren *innerhalb* der Literatur) in den Blick gerückt werden. Dies geschah im Zuge einer grundsätzlichen Kritik an jenen Begriffen von ›Welt‹, die ihre eigenen Vorannahmen nicht explizieren. Dabei handelte es sich beim ›**Worlding**‹ zunächst tatsächlich um eine (durchaus abenteuerliche) Übersetzung der von Martin Heidegger geprägten Wendung vom ›Welten‹ der Welt (Heidegger 1951 oder 1935–36).

Gegenüber seiner (wohl fehlgelesenen) deutschen Vorlage hat der englische Begriff allerdings einen viel konstruktiveren Sinn erhalten: Der literarische Schreibakt selbst lässt sich aus dieser Perspektive als »World-Making Activity« (Cheah 2008) bestimmen. Diese Aktivität steht allerdings immer auch in Beziehung zu jener Dimension von ›Welt‹, die nicht bloß ausgedacht, sondern unabhängig von unseren Zuschreibungen ›da‹ ist. Diese Dimension mag in der bisherigen Weltliteratur-Diskussion zu kurz gekommen sein. Fürs literarische Schreiben ist sie in jedem Fall wichtig: Denn gerade aus der Spannung zwischen den beiden Dimensionen der Tatsächlichkeit und des Konstruktionscharakters (von ›Welt‹), die schreibend kaum zu negieren ist, gewinnen literarische Schreibprozesse ihre jeweils spezifische Kontur und poetische Dynamik.

Die genannten Vorgänge des Wahrnehmens, des Ausgehens und des Nachdenkens, verstanden als Weisen der Distanzierung von einem eng gefassten ›Schreiben‹ im Sinne der ›Skription‹, der körperlichen Geste also (Barthes 1973, 7), müssen ihrerseits nicht wiederum in ein Schreiben im engeren Sinne (auch des literarischen Schreibens) münden. Die Frage, wohin Distanzierungen vom Schreiben insgesamt führen können, wäre wohl Thema eines eigenen Buches. Umgekehrt aber gibt es eine Reihe möglicher Felder im Bereich der

Literatur, in die hinein (und von denen dann wiederum ausgehend) **Impulse** aus den genannten Vorgängen *übertragen* werden können, und zwar indem sie im Schreibprozess bearbeitet, transformiert und durch die hinterlassene Schrift mit einer gewissen Dauer versehen werden.

Dabei dürfte es kein Zufall sein, dass sich bestimmte Impulse aus den genannten Vorgängen wiederum für bestimmte literarische Übertragungsfelder als besonders relevant oder weiterführend erweisen. Von diesen Feldern seien hier drei genannt, die nicht nur in der Literaturgeschichte umfassend bezeugt sind, sondern zugleich den Vorteil aufweisen, dass sie sich als mögliche Attraktionsfelder der Trias von Wahrnehmen, Ausgehen und Nachdenken bestimmen lassen: Emotion, Utopie und Kritik. Dazu nur stichwortartig ein paar Bemerkungen.

Wahrnehmen	→	Emotion
Ausgehen	→	Utopie
Nachdenken	→	Kritik

Emotion: Emotionen resultieren aus bewussten oder unbewussten Wahrnehmungen, die in uns etwas ›bewegen‹ (lat. *emovere* ›heraustreiben‹, ›in Bewegung setzen‹, ›aufwühlen‹). Emotionen sind körperliche Empfindungen, Gefühle, Affekte, die eine gesteigerte Aufmerksamkeit auslösen. Im Bereich der Literatur – ja bereits beim Schreiben – stellt sich die Frage, wie Emotionen buchstäblich übertragen, provoziert, sinnlich nachvollziehbar gemacht oder, in einem weiten Sinne, bearbeitet werden können. Zu den möglichen emotiven Effekten der Literatur gehören dabei nicht nur inhaltliche Provokationen, sondern auch alle Arten der Unterbrechung von trivialisierten, stumpf gewordenen Wahrnehmungs- und Denkmustern zugunsten etwa eines ›neuen Sehens‹, einer Perspektive der ›Verfremdung‹ (Šklovskij 1917) oder einer poetisch herausgeforderten ›Aisthesis‹, einer provozierten ›sinnlichen Wahrnehmung‹ also (Mersch/Sasse/Zanetti 2019). Tatsächlich sind all diese Stichwörter in der Forschung bereits als mögliche Funktionen von Literatur, ja von Kunst insgesamt genannt worden.

Es steht an dieser Stelle nicht zur Diskussion, ob die damit verbundenen Zuschreibungen überhaupt sinnvoll oder für alle Kunst zutreffend sind. Klar dürfte aber sein, dass der Prozess des literarischen Schreibens insgesamt darauf ausgerichtet sein *kann*, in diesem Feld wirksam zu werden. Dabei gehören zu den Auslösern emotiver Effekte nicht nur literarisch reproduzierte Ereignisse, Charaktere, Dinge, Prozesse, Strukturen oder Zustände in der Gegenwart, sondern auch solche, die in die Vergangenheit zurückweisen. In den Fokus rücken dann Überreste und Spuren aus der Vergangenheit, ihre Vermittlungen und Verzerrungen, ihre jeweilige Dauerhaftigkeit oder Flüchtigkeit: Erinnerungen, Ahnungen, Obsessionen.

Utopie: Utopien sind ›Nicht-Orte‹, Orte, die *nicht* diejenigen sind, die wir schon zu kennen glauben, sondern die erfunden werden, um nicht in den Scheingewissheiten über die ›eigene‹ Umgebung, Herkunft oder Heimat steckenzubleiben – um auszugehen eben. Utopien sind Fiktionen. Sie gehen ihrerseits *aus* von dem, was bekannt ist, nehmen Abstand davon und drehen das Bekannte in den Entwurf einer Welt, die fremdartig, unheimlich, wahlweise erstrebenswert oder (im Falle von Dystopien) abstoßend anmutet. Dahinter steckt allerdings immer auch so etwas wie eine Politik der Vorstellung, die über das Genre der utopischen Literatur im engeren Sinne weit hinausgeht: Was soll man sich – in welcher Art von Text auch immer – ausdenken, vorstellen, durch den Kopf gehen lassen? Und wie? Welche Phantasien möchte man voranbringen? Welche Muster probeweise vorführen oder auflösen?

In der Rezeption von Literatur ist man es inzwischen gewohnt, darüber nachzudenken, welche Stereotypien ein Text befördert oder hinter sich lässt, welche Wirklichkeit in einem Text stillschweigend als vorausgesetzt gilt oder als Form der Konstruktion selbst in ihrer romanhaften Qualität greifbar wird. Dass aus der Perspektive des Schreibens alles in Fiktion verwandelt werden kann, dürfte zutreffend sein. Die Frage, die sich schreibend stellt, ist daher aber gerade *nicht* so sehr die, ob Fiktion (wie Satire ...?) ›alles darf‹, sondern was dafürspricht, bestimmte Perspektiven, Charaktere, Themen, Fragestellungen überhaupt ins Feld der Lesbarkeit zu rücken – und andere nicht. Und was damit angefangen wird. Wenn darüber dann in der Rezeption gestritten wird, ist das kein schlechtes Zeichen.

Kritik: Nicht zu reduzieren auf die Frage nach dem politischen ›Engagement‹ einer Schriftstellerin oder eines Schriftstellers ist die Frage danach, was es heißt, schreibend in ein kritisches – hier verstanden als unterscheidendes, reflexives, nicht bloß ›hinnehmendes‹ – Verhältnis zur Welt, der angenommenen ebenso wie der entworfenen, zu treten. In einem weiten Sinne von Kritik lassen sich auch Formen subversiver Affirmation (Sasse 2022), die eine Disqualifikation durch Wiederholung betreiben, noch als kritische Gesten fassen. Wenn etwa Elfriede Jelinek in ihrem Stück *Wolken.Heim.* nationalistische und rassistische Parolen in eine Wir-Stimme verpackt, die scheinbar endlos vor sich hinspricht (→ Kap. 3.6), dann verdeutlicht gerade die bis zum Exzess getriebene Bejahung, dass mit dem Gesagten etwas nicht stimmt. Derartige Sprachexperimente werfen die Frage nach dem Wert und den Grenzen von Distanz gegenüber dem Kritisierten auf – und unterziehen somit den kritischen Diskurs selbst einer Kritik.

Schreibend heißt Kritik deshalb auch nicht immer, den Abstand zum Kritisierten zu wahren. Kritisches Schreiben kann auch heißen: mit dem Abstand zu operieren, ihn zu vergrößern oder zu verkleinern, ihn selbst als mögliches Spielfeld poetischer Artikulation zu begreifen. Kritik in diesem Sinne setzt im Bereich des literarischen Schreibens dort an, wo das Nachdenken nicht einfach eine Auseinandersetzung mit dem, was vorliegt oder einem in den Sinn kommt, bedeutet, sondern die Form der Auseinandersetzung selbst (mit) zum Gegenstand der Auseinandersetzung wird. Geschieht dies, dann bedeutet Schreiben als Kritik und Reflexion zugleich, die Aufmerksamkeit für Formen der Inszenierung, der Behauptung, des Wahrheitsanspruchs sowie der Lüge auch außerhalb der Literatur zu schärfen: im Feld der Politik, des Alltags, des Berufs, der Liebe.

Mit Blick auf das literarische Schreiben zeigen Emotion, Utopie und Kritik nur mögliche, wenn auch durchaus einschlägig bezeugte **Übertragungsfelder** an. Die bereits zitierte, aber nicht weiter kommentierte Horaz-Schelte von Heinrich Heine beispielsweise enthält Elemente aus allen drei Feldern: Kritik (an der weltfremden 9-Jahres-Regel von Horaz), Utopie (die grotesk überhöhte Vorstellung eines üppigen Essgelages – und die geheime Hoffnung, vielleicht, man könnte selbst an der Tafel sitzen) und Emotion (der Witz ebenso wie die Lust, sich das alles ausmalen und dabei Horaz auch noch lächerlich aussehen zu lassen). Im Bereich der Literatur insgesamt dürfte man es allerdings mit ungleichmäßigeren Gewichtungen der genannten (sowie gewiss auch noch weiterer) Felder zu tun haben.

Narration, **Dramatisierung** und **Poetisierung** wiederum sind denkbare Verfahren der Gestaltung und Bearbeitung derartiger Übertragungsfelder. Man merkt an dieser Stelle vielleicht, dass die herkömmlichen Begriffe der Literaturwissenschaft, die in der Regel darauf ausgerichtet sind, fertige Ergebnisse sowie definierbare Zustände und Formen zu beschreiben (Epik, Dramatik und Lyrik als Großgattungen, die Utopie als Genre, Verfremdungseffekte als Texteffekte usw.), mit Blick auf das literarische Schreiben (und auf die Momente des Nichtschreibens ohnehin) nicht immer die passende Einstellung liefern, zu statisch sind, zu grob, zu einseitig, zu wenig interessiert an den Produktionsbedingungen von Literatur – oder zu sehr auch schlicht uninformiert darüber.

Für die Schreibpraxis muss das kein Nachteil sein. Wenn sie der Wissenschaft einen Schritt voraus ist oder ganz anderen Pfaden folgt, ist das kein Fehler, sondern Teil des Phänomens, um das es beim literarischen Schreiben geht: die **Pfade**, von denen die Zeichnung von Claude Simon am Anfang dieses Buches eine Ahnung gibt, nach eigenen Gesetzmäßigkeiten und Abweichungen davon zu entwerfen – und diesen Entwürfen zu folgen.

Literaturhinweise

Achleitner, Friedrich: quadrat-roman von friedrich achleitner & andere quadrat-sachen, 1 neuer bildungsroman, 1 neuer entwicklungsroman etc.etc.etc. [1973]. Wien 2007.

– »Sogar Doderer schätzte unsere Dialekt-Gedichte«. F. A. im Gespräch mit Christine Dobretsberger. In: Wiener Zeitung. 22. Februar 2008.

Adams, Katherine H.: A History of Professional Writing Instruction in American Colleges. Years of Acceptance, Growth, and Doubt. Dallas 1993.

Adorno, Theodor W.: Ästhetische Theorie [1970]. Hrsg. von Gretel Adorno und Rolf Tiedemann. Frankfurt a. M. 1973.

Albers, Irene: Sehen und Wissen. Das Photographische im Romanwerk Émile Zolas. München 2002.

Amlinger, Carolin: Schreiben. 1. Februar 2016: www.soziopolis.de/beobachten/kultur/artikel/schreiben/

Aristoteles: Poetik. Gr./Dt. Übers. und hrsg. von Manfred Fuhrmann. Stuttgart 1982 [u. ö.].

– Über die Seele. Gr./Dt. Übers. und hrsg. von Gernot Krapinger. Stuttgart 2011.

Auerbach, Erich: Mimesis. Dargestellte Wirklichkeit in der abendländischen Literatur [1946]. Bern [10]2001.

Bachtin, Michail M.: Rabočie zapisi 60-ch-načala 70-ch godov. In: M. M. B: Sobranie sočinenij. Bd. 6. Moskau 2002. S. 371–439. [Bislang unveröffentl. Übers. von Anne Krier.]

Bargeld, Blixa: »Ich bin einfach zu gefährdet als dass ich mir erlauben könnte, draußen rumzulaufen«. Blixa Bargeld von den Einstürzenden Neubauten im Interview mit Boris Halva. In: Frankfurter Rundschau. 22. Mai 2020: www.fr.de/panorama/einstuerzende-neubauten-blixa-bargeld-interview-13771634.html

Barthes, Roland: Die strukturalistische Tätigkeit [frz. 1963]. Übers. von Eva Moldenhauer. In: Kursbuch 5 (1966) S. 190–196.

– Der Tod des Autors [engl. 1967, frz. 1968]. In: Fotis Jannidis / Gerhard Lauer / Matias Martinez / Simone Winko (Hrsg.): Texte zur Theorie der Autorschaft. Stuttgart 2000. S. 185–193.

– Schreiben, ein intransitives Verb? [engl./frz. 1970] In: R. B.: Das Rauschen der Sprache. Übers. von Dieter Hornig. Frankfurt a. M. 2006. (Kritische Essays. 4.) S. 18–28. [Auch in: Zanetti 2012b, 240–250.]

– Variations sur l'écriture [1973]. Variationen über die Schrift. Frz./Dt.

Übers. von Hans-Horst Henschen. Nachw. von Hanns-Josef Ortheil. Mainz 2006.
– Die Vorbereitung des Romans: Vorlesung am Collège de France 1978–1979 und 1979–1980. Hrsg. von Éric Marty. Texterstellung, Anm. und Vorw. von Nathalie Léger. Übers. von Horst Brühmann. Frankfurt a. M. 2008.
Baurmann, Jürgen / Weingarten, Rüdiger (Hrsg.): Schreiben. Prozesse, Prozeduren und Produkte. Opladen 1995.
Beckett, Samuel: Watt [1953]. In: S. B.: The Grove Centenary Edition. Hrsg. von Paul Auster. New York 2006. Bd. 1: Novels. S. 169–379.
– Breath [1969]. In: S. B.: The Grove Centenary Edition. Hrsg. von Paul Auster. New York 2006. Bd. 3: Dramatic Works. S. 399–401.
– Not I [1972]. In: S. B.: The Grove Centenary Edition. Hrsg. von Paul Auster. New York 2006. Bd. 3: Dramatic Works. S. 403–413.
Benjamin, Walter: Die Aufgabe des Übersetzers [1921]. In: W. B.: Gesammelte Schriften. Unter Mitw. von Theodor W. Adorno und Gershom Scholem hrsg. von Rolf Tiedemann und Hermann Schweppenhäuser. Bd. IV.1. Frankfurt a. M. 1974. S. 9–21.
– Einbahnstraße [1928]. In: W. B.: Gesammelte Schriften. Unter Mitw. von Theodor W. Adorno und Gershom Scholem hrsg. von Rolf Tiedemann und Hermann Schweppenhäuser. Bd. IV. Frankfurt a. M. 1974. S. 83–148.
– Berliner Kindheit um neunzehnhundert. Fassung letzter Hand [1938]. In: W. B.: Gesammelte Schriften. Unter Mitw. von Theodor W. Adorno und Gershom Scholem hrsg. von Rolf Tiedemann und Hermann Schweppenhäuser. Frankfurt a. M. 1974. Bd. VII.1. S. 385–433.
Benne, Christian: Die Erfindung des Manuskripts. Zur Theorie und Geschichte literarischer Gegenständlichkeit. Berlin 2015.
Bereiter, Carl: Development in Writing. In: Lee W. Gregg / Erwin R. Steinberg (Hrsg.): Cognitive Processes in Writing. Hillsdale 1980. S. 73–93. [Auch in: Zanetti 2012b, 397–411.]
Bernhard, Thomas: Werke. Bd. 3: Das Kalkwerk. Hrsg. von Renate Langer. Frankfurt a. M. 2004.
Blanchot, Maurice: Die wesentliche Einsamkeit [frz. 1953]. Übers. von Marcus Coelen. In: M. B.: Das Neutrale. Schriften und Fragmente zur Philosophie. Hrsg. von Marcus Coelen. Vorw. von Jean-Luc Nancy. Zürich/Berlin 2010. S. 93–109.
Bloom, Harold: Einflußangst. Eine Theorie der Dichtung [amerik. 1973]. Übers. von Angelika Schweikhart. Basel / Frankfurt a. M. 1995.

Boltanski, Luc / Chiapello, Ève: Le nouvel esprit du capitalisme. Paris 1999.

Bosse, Heinrich: Autorschaft ist Werkherrschaft. Über die Entstehung des Urheberrechts aus dem Geist der Goethezeit. Paderborn [u. a.] 1981.

– »Die Schüler müssen selbst schreiben lernen« oder die Einrichtung der Schiefertafel. In: Dietrich Boueke / Norbert Hopster (Hrsg.): Schreiben – Schreiben lernen. Rolf Sanner zum 65. Geburtstag. Tübingen 1985. S. 164–199. [Auch in: Zanetti 2012b, 67–111.]

Bourdieu, Pierre: Die Regeln der Kunst. Genese und Struktur des literarischen Feldes [frz. 1992]. Übers. von Bernd Schwibs / Achim Russer. Frankfurt a. M. 2008.

Breithaupt, Fritz: Emil Staiger und das Anthropologische. In: Monatshefte 95 (2003) S. 6–13.

Breton, André: Erstes Manifest des Surrealismus [frz. 1924]. In: A. B.: Die Manifeste des Surrealismus. Übers. von Ruth Henry. Reinbek b. Hamburg 1986. S. 9–43.

– / Soupault, Philippe: Die magnetischen Felder [Auszüge]. Übers. von Helgard Rost. In: Surrealismus in Paris 1919–1939. Ein Lesebuch mit Abbildungen. Hrsg. und mit Essay von Karlheinz Barck. Leipzig 1990. S. 45–60.

– / – Les Champs magnétiques. Le manuscrit original. Facsimilé et transcription. Paris 1988.

Brinkmann, Rolf Dieter: Wörter Sex Schnitt. Originaltonaufnahmen 1973. Unter Mitarb. von Maleen Brinkmann. Hrsg. von Herbert Kapfer und Katarina Agathos. Erding 2005.

Bröckling, Ulrich: Das unternehmerische Selbst. Soziologie einer Subjektivierungsform. Frankfurt a. M. 2007.

Brodowsky, Paul / Klupp, Thomas (Hrsg.): Wie über Gegenwart sprechen? Bern [u. a.] 2010.

Burdorf, Dieter: »Wohl gehen wir täglich, doch wir bleiben hier«. Zur Funktion von Hölderlin-Zitaten in Texten Elfriede Jelineks. In: Sprache und Literatur in Wissenschaft und Unterricht 66 (1990) S. 29–36.

Burljuk, David / Kručonych, Aleksandr / Majakovskij, Vladimir / Chlebnikov, Velimir: Eine Ohrfeige dem öffentlichen Geschmack [russ. 1912]. In: V. C.: Prosa. Schriften. Briefe. Hrsg. von Peter Urban. Reinbek b. Hamburg 1985. S. 107 f.

Campe, Rüdiger: Die Schreibszene, Schreiben. In: Hans Ulrich Gumbrecht / K. Ludwig Pfeiffer (Hrsg.): Paradoxien, Dissonanzen, Zusam-

menbrüche. Situationen offener Epistemologie. Frankfurt a. M. 1991. S. 759–772. [Auch in: Zanetti 2012b, 269–282.]
Celan, Paul: Ansprache anlässlich der Verleihung des Literaturpreises der Freien Hansestadt Bremen. 26. Januar 1958. In: P. C.: Gesammelte Werke in fünf Bänden. Hrsg. von Beda Allemann und Stefan Reichert. Unter Mitw. von Rudolf Bücher. Frankfurt a. M. 1983. Bd. 3. S. 185 f.
Cheah, Pheng: What is a World? On World Literature as World-Making Activity. In: Daedalus 137 (2008) Nr. 3: On Cosmopolitanism. S. 26–38.
– What is a World? On Postcolonial Literature as World Literature. Durham 2016. S. 95–130.
Csíkszentmihályi, Mihály: Creativity. Flow and the Psychology of Discovery and Invention. New York 1996.
Cunnell, Howard: Fast This Time. Jack Kerouac and the Writing of On the Road. In: Jack Kerouac: On the Road. The Original Scroll [1951]. New York 2007. S. 1–52.
de Man, Paul: Allegorien des Lesens [amerik. 1979]. Übers. von Werner Hamacher / Peter Krumme. Einl. von Werner Hamacher. Frankfurt a. M. 1988.
Deleuze, Gilles / Guattari, Félix: Was ist Philosophie? [frz. 1991]. Übers. von Bernd Schwibs / Joseph Vogl. Frankfurt a. M. 2000.
Dewey, John: Democracy and Education. An Introduction to the Philosophy of Education. New York 1916.
Dickinson, Emily: The Poems of Emily Dickinson. Variorum Edition. Hrsg. von Ralph W. Franklin. Cambridge/London 1998.
– Dichtungen. 3., wesentl. erw. Ausg. Ausgew., übertr. und mit Nachw. von Werner von Koppenfels. Mainz 2005.
– Sämtliche Gedichte. Zweispr. Übers., komm. und mit Nachw. von Gunhild Kübler. München 2015.
– Emily Dickinson's Poems. As She Preserved Them. Hrsg. von Cristanne Miller. Cambridge/London 2016.
Diez, Georg: Elfriede Jelinek. Hausbesuch bei der Nobelpreis-Erträgerin. In: Frankfurter Allgemeine Sonntagszeitung. 11. Oktober 2004: www.faz.net/-gqz-pkg3
Dilthey, Wilhelm: Archive für Literatur [1889]. In: W. D.: Gesammelte Schriften. Bd. 15: Zur Geistesgeschichte des 19. Jahrhunderts. Hrsg. von Ulrich Herrmann. Göttingen ³1991.
Drawert, Kurt: Schreiben. Vom Leben der Texte. München 2012.
Duchamp, Marcel: Der kreative Akt [engl. 1957]. In: Calvin Tomkins:

Marcel Duchamp. Eine Biographie. Übers. von Jörg Trobitius. München 1999. S. 572 f.

Dürr, Claudia: »›Das Gegenwärtige ist immer flüchtig‹«. Zur Erfassung des literarischen Schaffensprozesses. In: Wie über Gegenwart sprechen? Hrsg. von Paul Brodowsky und Thomas Klupp. Frankfurt a. M. [u. a.] 2010.

– Das Experiment von Frankfurt heute. Zur Kritik von Poetikvorlesungen im Feuilleton. 3. August 2017: www.uibk.ac.at/literaturkritik/zeitschrift/das-experiment-von-frankfurt-heute.html

– / Zembylas, Tasos: Wissen, Können und literarisches Schreiben. Eine Epistemologie der künstlerischen Praxis. Wien 2009.

Dürrenmatt, Friedrich: Labyrinth. Stoffe I–III [1981, überarb. 1990]. Zürich 1998.

– Turmbau. Stoffe IV–IX [1990]. Zürich 1998.

– Das Stoffe-Projekt. Textgenetische Edition in fünf Bänden mit erw. Online-Version. Aus dem Nachlass hrsg. von Ulrich Weber und Rudolf Probst. Zürich 2021.

Dworkin, Craig / Goldsmith, Kenneth (Hrsg.): Against Expression. An Anthology of Conceptual Writing. Evanston 2011.

Ehrmann, Daniel / Traupmann, Thomas (Hrsg.): Kollektives Schreiben. Paderborn 2021. (Zur Genealogie des Schreibens. 28.)

Ermert, Karl / Bütow, Thomas (Hrsg.): Was bewegt die Schreibbewegung? Kreatives Schreiben – Selbstversuche mit Literatur. Rehburg-Loccum 1990. (Loccumer Protokolle. 63.)

Fetz, Bernhard: Ernst Jandl: Gedichte. In: B. F. / Klaus Kastberger (Hrsg.): Der literarische Einfall. Über das Entstehen von Texten. Wien 1998. S. 82–94.

Fischer, Alexander M.: Posierende Poeten. Autorinszenierungen vom 18. bis zum 21. Jahrhundert. Heidelberg 2016.

Flaubert, Gustave: Bouvard und Pécuchet [frz. 1881]. Übers. von Erich Marx. Mit Essays von Raymond Queneau, Lionel Trilling und Jorge Luis Borges. Glossar im Anh. Zürich 1979.

Florida, Richard: The Rise of the Creative Class. And How it's Transforming Work, Leisure, Community and Everyday Life. New York 2002.

Flusser, Vilém: Die Geste des Schreibens. In: V. F.: Gesten. Versuch einer Phänomenologie. Düsseldorf 1991. S. 39–49. [Auch in: Zanetti 2012b, 261–268.]

Foucault, Michel: Was ist ein Autor? [frz. 1969]. Übers. von Karin Hofer / Anneliese Botond. In: Fotis Jannidis / Gerhard Lauer / Matias Martinez / Simone Winko (Hrsg.): Texte zur Theorie der Autorschaft. Stuttgart 2000. S. 198–229.

– Die Ordnung des Diskurses. Inauguralvorlesung am Collège de France – 2. Dezember 1970. Übers. von Alter Seitter. Frankfurt a. M. 1991.

– Subjekt und Macht [engl. 1982]. Übers. von Michael Bischoff. In: M. F.: Schriften in vier Bänden. Dits et Ecrits. Bd. IV: 1980–1988. Hrsg. von Daniel Defert und François Ewald. Unter Mitarb. von Jacques Lagrange. Frankfurt a. M. 2005. S. 269–294.

Frey, James N., How to Write a Damn Good Novel. New York 1987. [Dt.: Wie man einen verdammt guten Roman schreibt. Übers. von Ellen Schlootz / Jochen Stremmel. Köln 2010.]

Frisch, Max: Tagebuch 1946–1949 [1950]. Frankfurt a. M. 1979.

Freud, Sigmund: Notiz über den Wunderblock [1925]. In: S. F.: Studienausgabe. Frankfurt a. M. 1975. Bd. 3. S. 363–369.

Gadamer, Hans-Georg: Wahrheit und Methode. Grundzüge einer philosophischen Hermeneutik [1960]. Tübingen 1986.

Gellhaus, Axel: Enthusiasmos und Kalkül. Reflexionen über den Ursprung der Dichtung. München 1995.

Genette, Gérard: Paratexte. Das Buch vom Beiwerk des Buches [frz. 1987]. Mit Vorw. von Harald Weinrich. Übers. von Dieter Hornig. Frankfurt a. M. 2001.

Gerlach, Ingeborg: Bitterfeld. Arbeiterliteratur und Literatur der Arbeitswelt. Kronberg 1974.

Gewirtz, Isaac: Beatific Soul. Jack Kerouac on the Road. New York 2007.

Ginsberg, Allen: Spontaneous Mind. Selected Interviews 1958–1996. Hrsg. von David Carter. New York 2001.

Giuriato, Davide: Mikrographien. Zu einer Poetologie des Schreibens in Walter Benjamins Kindheitserinnerungen (1932–1939). München 2006. (Zur Genealogie des Schreibens. 5.)

– / Stingelin, Martin / Zanetti, Sandro (Hrsg.): »SCHREIBKUGEL IST EIN DING GLEICH MIR: VON EISEN«. Schreibszenen im Zeitalter der Typoskripte. München 2005. (Zur Genealogie des Schreibens. 2.)

– / – / – (Hrsg.): System ohne General. Schreibszenen im digitalen Zeitalter. München 2006. (Zur Genealogie des Schreibens. 3.)

– / – / – (Hrsg.): Schreiben heißt: sich selber lesen. Schreibszenen als Selbstlektüren. München 2008. (Zur Genealogie des Schreibens. 9.)

Glindemann, Barbara: Creative Writing in England, den USA und Deutschland. Kulturelle Hintergründe, literaturwissenschaftlicher Kontext, institutioneller Bezug. Frankfurt a. M. 2001.

Goethe, Johann Wolfgang von: »[Wichtigste Äußerungen über ›Weltliteratur‹]« [1827–1830]. In: J. W. v. G.: Werke. Hamburger Ausg., textkrit. durchges. von Erich Trunz / Hans Joachim Schrimpf. München 1994. Bd. XII: Kunst und Literatur. S. 361–364.

Goetz, Rainald: Abfall für alle. Roman eines Jahres [1998]. Frankfurt a. M. 1999.

Goldsmith, Kenneth: Uncreative Writing. Managing Language in the Digital Age. New York 2011.

Goody, Jack: Woraus besteht eine Liste? [engl. 1977]. Übers. von Sandro Zanetti. In: Sandro Zanetti (Hrsg.): Schreiben als Kulturtechnik. Grundlagentexte. Berlin 2012. S. 338–396.

Grésillon, Almuth: Literarische Handschriften. Einführung in die »critique génétique« [frz. 1994]. Bern [u. a.] 1999. (Arbeiten zur Editionswissenschaft. 4.)

– Über die allmähliche Verfertigung von Texten beim Schreiben. In: Wolfgang Raible (Hrsg.): Kulturelle Perspektiven auf Schrift und Schreibprozesse. Tübingen 1995. S. 1–36. [Auch in: Zanetti 2012b, 152–186.]

Grimm, Jakob / Grimm, Wilhelm: Deutsches Wörterbuch. Leipzig 1854–1954.

Grimmelshausen, Hans Jakob Christoph von: Der abenteuerliche Simplicissimus Teutsch (1668), mit einer Einleitung von und Anmerkungen von Hans Heinrich Borcherdt, Stuttgart 1976.

Goodman, Walter: Television Review. Seeking Beckett Through His Words. In: New York Times. 7. Mai 1996. S. 18: www.nytimes.com/1996/05/07/arts/television-review-seeking-beckett-through-his-words.html

Groddeck, Wolfram: Textgenese und Schriftverlauf. Editionstheoretische Überlegungen zum Manuskript von Nietzsches Dithyramben-Entwurf »Die Wetterwolke«. In: Norbert Haas / Rainer Nägele / Hans-Jörg Rheinberger (Hrsg.): Im Zug der Schrift. München 1994. (Liechtensteiner Exkurse. 1.) S. 37–58. [Auch in: Zanetti 2012b, 214–236.]

– Reden über Rhetorik. Zu einer Stilistik des Lesens. Frankfurt a. M. / Basel 1995.

– Hölderlins Elegie »Brod und Wein« oder »Die Nacht«. Frankfurt a. M. / Basel 2012.

Gröschner, Annett: Ein Ding des Vergessens. Sergej Tretjakow wiederlesen. In: Stephan Porombka / Wolfgang Schneider / Volker Wortmann (Hrsg.): Politische Künste. Tübingen 2007. (Jahrbuch für Kulturwissenschaften und ästhetische Praxis. 2.) S. 21–27.

Grube, Gernot / Kogge, Werner / Krämer, Sybille (Hrsg.): Schrift. Kulturtechnik zwischen Auge, Hand und Maschine. München 2005.

Gumbrecht, Hans Ulrich / Pfeiffer, K. Ludwig (Hrsg.): Materialität der Kommunikation. Frankfurt a. M. 1988.

Gussow, Mel: Begegnungen mit Beckett. Gespräche mit und über Beckett. Berlin 2006.

Hanstein, Adalbert von: Das jüngste Deutschland. Zwei Jahrzehnte miterlebter Litteraturgeschichte. Leipzig 1900.

Hay, Louis: Die dritte Dimension der Literatur. Notizen zu einer »critique génétique«. In: Poetica 16 (1984) S. 307–323. [Auch in: Zanetti 2012b, 132–151.]

Haslinger, Josef: Warum Creative Writing? In: J. H. / Hans-Ulrich Treichel (Hrsg.): Wie werde ich ein verdammt guter Schriftsteller? Berichte aus der Werkstatt. Frankfurt a. M. 2005. S. 176–191.

– / Treichel, Hans-Ulrich (Hrsg.): Schreiben lernen – Schreiben lehren. Frankfurt a. M. 2006.

Heidegger, Martin: Der Ursprung des Kunstwerkes [1935–36]. In: M. H.: Holzwege. Frankfurt a. M. 1950. S. 7–68.

– Das Ding [1951]. In: M. H.: Vorträge und Aufsätze. Pfullingen 1954. S. 157–175.

Heine, Heinrich: Ideen. Das Buch Le Grand. In: H. H.: Säkularausgabe: Werke, Briefe, Lebenszeugnisse. Bd. 5: Reisebilder. 1: 1824–1828. Bearb. von Karl Wolfgang Becker. Berlin/Paris 1970.

Heine, Stefanie: Ebb and Flow. Breath-writing from Ancient Rhetoric to Jack Kerouac and Allen Ginsberg. In: Arthur Rose / S. H. / Naya Tsentourou / Corinne Saunders / Peter Garratt (Hrsg.): Reading Breath in Literature. London 2018. S. 91–112.

Hoffmann, Christoph (Hrsg.): Daten sichern. Schreiben und Zeichnen als Verfahren der Aufzeichnung. Zürich/Berlin 2008. (Wissen im Entwurf. 1.)

Hölderlin, Friedrich: Wie wenn am Feiertage … [1800]. In: F. H.: Sämtliche Werke und Briefe. Hrsg. von Michael Knaupp. München/Wien 1992. Bd. 1. S. 262–264.

Horaz: De arte poetica. In: H.: Sämtliche Werke. Tl. 1 nach Kayser, Nordenflycht und Burger hrsg. von Hans Färber. Tl. 2 übers. und mit Hans Färber bearb. von Wilhelm Schöne. München/Zürich [10]1985. S. 538–575.

Jakobson, Roman: Linguistik und Poetik [engl. 1960]. In: R. J.: Poetik. Ausgewählte Aufsätze 1921–1971. Hrsg. von Elmar Holenstein und Tarcisius Schelbert. Frankfurt a. M. 1979. S. 83–121.

James, William: Notes on Automatic Writing [1889]. In: W. J.: The Works of William James. Essays in Psychical Research. Cambridge/London 1986. S. 37–55.

Jandl, Ernst: oberflächenübersetzung [mai hart lieb zapfen eibe hold – 1965]. In: E. J.: sprechblasen. poetische werke 3. Hrsg. von Klaus Siblewski. München 1997. S. 51.

Janet, Pierre: L'automatisme psychologique. Essai de psychologie expérimentale sur les formes inférieures de l'activité humaine. Paris 1889.

Jelinek, Elfriede: Wolken.Heim. Göttingen 1990.

– Elfriede Jelinek im Gespräch mit Adolf-Ernst Meyer. In: E. J.: Jutta Heinrich / Adolf-Ernst Meyer (Hrsg.): Sturm und Zwang. Schreiben als Geschlechterkampf. Hamburg 1995. S. 7–74.

– Lust: Elfriede Jelinek im Zenit des Ruhms? Ein Interview aus Wien. Geführt von Jolita Venckute. 7. Dezember 1998: www.hagalil.com/archiv/98/12/jellinek.htm

– Die Sprache zerrt mich hinter sich her. In: Hans-Jürgen Heinrichs (Hrsg.): Schreiben ist das bessere Leben. Gespräche mit Schriftstellern. München 2006. S. 12–55.

– Interview mit Elfriede Jelinek. Geführt von Ingo Niermann. 27. Februar 2014: fiktion.cc/elfriede-jelinek

Jürgensen, Christoph: Schriftstellerische Inszenierungspraktiken. Typologie und Geschichte. Heidelberg 2011.

Kant, Immanuel: Kritik der Urteilskraft [1790]. Hrsg. von Wilhelm Weischedel. Wiesbaden 1956.

Kafka, Franz: Das Schloß. Apparatband, im Rahmen der krit. Ausg. hrsg. von Malcolm Pasley. Frankfurt a. M. 2002a.

– Tagebücher. Im Rahmen der krit. Ausg. hrsg. von Malcolm Pasley. Frankfurt a. M. 2002b.

Kerouac, Jack: On the Road. The Original Scroll [1951]. New York 2007.

– Essentials of Spontaneous Prose [1957]. In: Ann Charters (Hrsg.): The Portable Beat Reader. New York 1992. S. 57 f.

Kessler, Florian Werkstattgespräche. Funktionen und Potentiale einer Form literarischer Praxis. Salzhemmendorf 2012.

Kittler, Friedrich A.: Aufschreibesysteme 1800/1900. München 1985.

Kleinwort, Malte: Kafkas Querstrich – Der Schreibstrom und sein Ende. In: Schrift und Zeit in Franz Kafkas Oktavheften. Hrsg. von Caspar

Battegay, Felix Christen und Wolfram Groddeck. Göttingen 2010. S. 37–66.
Kleist, Heinrich von: Über die allmähliche Verfertigung der Gedanken beim Reden [1805–1806]. In: H. v. K.: Sämtliche Werke und Briefe. Hrsg. von Helmut Sembdner. München ²2008. Bd. 2. S. 319–324.
Klupp, Thomas: Literarische Schreibratgeber. Eine typologisierend-vergleichende Untersuchung. Frankfurt a. M. [u. a.] 2014. (Literarisches Leben heute. 4.)
Knowlson, James: Samuel Beckett. Eine Biographie [engl. 1996]. Übers. von Wolfgang Held. Frankfurt a. M. 2001.
Köhn, Eckhardt: Erfahrung des Machens. Zur Frühgeschichte der modernen Poetik von Lessing bis Poe. Bielefeld 2005.
Krauthausen, Karin / Nasim, Omar W. (Hrsg.): Notieren, Skizzieren. Schreiben und Zeichnen als Verfahren des Entwurfs. Zürich/Berlin 2010. (Wissen im Entwurf. 3.)
Kübler, Gunhild: Magie der Präsenz. Nachwort. In: Emily Dickinson: Sämtliche Gedichte. Zweispr. Übers., komm. und mit Nachw. von G. K. München 2015. S. 1287–1340.
Kutzmutz, Olaf / Porombka, Stephan (Hrsg.): Erst lesen. Dann schreiben: 22 Autoren und ihre Lehrmeister. München 2007.
Kyora, Sabine: Subjektform Autor. Autorschaftsinszenierungen als Praktiken der Subjektivierung. Bielefeld 2014.
Lang, Lena: Elfriede privat?! Elfriede Jelineks digitale Selbstinszenierung. In: Textpraxis 12 (2016) Nr. 1: www.textpraxis.net/lena-lang-elfriede-jelineks-digitale-selbstinszenierung
Latour, Bruno: Eine neue Soziologie für eine neue Gesellschaft. Einführung in die Akteur-Netzwerk-Theorie [engl. 2005]. Übers. von Gustav Roßler. Frankfurt a. M. 2007.
Lausberg, Heinrich: Elemente der literarischen Rhetorik. Eine Einführung für Studierende der romanischen Philologie. München 1949.
Lévi-Strauss, Claude: Sehen, Hören, Lesen [frz. 1993]. Übers. von Hans-Horst Henschen. Frankfurt a. M. 2004.
Link, Jürgen: Schreiben als Simulieren? Schreiben gegen Simulieren? Über Literaturkonzepte, ihre gesellschaftlichen Funktionen und das Kreative Schreiben. In: Karl Ermert / Thomas Bütow (Hrsg.): Was bewegt die Schreibbewegung? Kreatives Schreiben – Selbstversuche mit Literatur. Rehburg-Loccum 1990. (Loccumer Protokolle. 63.)
Lispector, Clarice: Da will ich hin [brasil. 1974]. In: C. L.: Aber es wird reg-

nen. Aus dem brasil. Portug. von Luis Ruby. München 2020. (Sämtliche Erzählungen. 2.) S. 130 f.
Litt, Toby: Sensibility. In: Body of Work: 40 Years of Creative Writing at UEA. Hrsg. von Giles Foden. Norwich 2011. S. 236–250.
Locke, John: Versuch über den menschlichen Verstand [engl. 1689]. Übers. von Carl Winckler. Leipzig 1913. Bd. 1.
Mallarmé, Stéphane: Divagations [1897a]. In: S. M.: Œuvres complètes. Hrsg. und komm. von Bertrand Marchal. Paris 2003. (Bibliothèque de la Pléiade. 497.) Bd. 2. S. 79–277.
– Un coup de dés jamais n'abolira le hasard [1897b/1898 mit Dossier]. In: S. M.: Œuvres complètes. Hrsg. und komm. von Bertrand Marchal. Paris 1998. (Bibliothèque de la Pléiade. 65.) Bd. 1. S. 363–407.
– Un coup de dés jamais n'abolira le hasard. Manuscrit et épreuves, édition et observations par Françoise Morel. Paris 2007.
Martin, Wendy: All Things Dickinson. An Encyclopedia of Emily Dickinson's World. 2 Bde. Santa Barbara 2014.
Martus, Steffen: Werkpolitik. Zur Literaturgeschichte kritischer Kommunikation vom 17. bis ins 20. Jahrhundert, mit Studien zu Klopstock, Tieck, Goethe und George. Berlin / New York 2007.
McGurl, Mark: The Program Era. Postwar Fiction and the Rise of Creative Writing. Cambridge 2009.
McNeil, Jean: Disclosure and the Ethics of Dialogue in Prose Fiction Workshop. Some Reflections from the University of East Anglia. In: Johanne Mohs / Katrin Zimmermann / Marie Caffari (Hrsg.): Schreiben im Zwiegespräch. Writing as Dialogue. Praktiken des Mentorats und Lektorats in der zeitgenössischen Literatur. Practices of Editors and Mentors in Contemporary Literature. Bielefeld 2019. S. 51–64.
Mersch, Dieter / Sasse, Sylvia / Zanetti, Sandro: Einleitung. In: D. M. / S. S. / S. Z.: Ästhetische Theorie. Zürich/Berlin 2019. (Denkt Kunst.) S. 7–20.
Meyer-Sickendiek, Burkhard: Die Ästhetik der Epigonalität. Theorie und Praxis wiederholenden Schreibens im 19. Jahrhundert: Immermann – Keller – Stifter – Nietzsche. Tübingen/Basel 2001.
Milz, Manfred: Samuel Beckett und Alberto Giacometti. Das Innere als Oberfläche: ein ästhetischer Dialog im Zeichen schöpferischer Entzweiungsprozesse (1929–1936). Würzburg 2006.
Mohs, Johanne / Zimmermann, Katrin / Caffari, Marie (Hrsg.): Schreiben im Zwiegespräch. Writing as Dialogue. Praktiken des Mentorats

und Lektorats in der zeitgenössischen Literatur. Practices of Editors and Mentors in Contemporary Literature. Bielefeld 2019.

Myers, David Gershom: The Elephants Teach. Creative Writing since 1880. Chicago 2006.

Neumann, Gerhard: Schreiben und Edieren. In: Heinrich Bosse / Ursula Renner (Hrsg.): Literaturwissenschaft. Einführung in ein Sprachspiel. Freiburg i. Br. 1999. (Rombach Grundkurs. 3.) S. 401–426. [Auch in: Zanetti 2012b, 187–213.]

Ortheil, Hanns-Josef: Creative Writing. In: Erhard Schütz [u. a.] (Hrsg.): Das BuchMarktBuch. Reinbek b. Hamburg 2005. S. 100–103.

– Aristoteles und andere Ahnherren. Über Herkunft und Ursprünge des »Kreativen Schreibens‹. In: Josef Haslinger / Hans-Ulrich Treichel (Hrsg.): Schreiben lernen – Schreiben lehren. Frankfurt a. M. 2006. S. 17–29.

– Schreiben dicht am Leben. Notieren und Skizzieren. Berlin 2012.

– / Siblewski, Klaus (Hrsg.): Wie Romane entstehen. München 2008.

Ortner, Hanspeter: Schreiben und Denken. Tübingen 2000.

Pastior, Oskar: o du roher iasmin. 43 intonationen zu »Harmonie du soir« von charles baudelaire. Weil am Rhein / Basel / Wien 2002.

Perec, Georges: Tentative d'épuisement d'un lieu parisien. Paris 1975. (Dt.: Versuch, einen Platz in Paris zu erfassen. Übers. von Tobias Scheffel. Konstanz 2010.)

Platon: Sämtliche Werke. Bd. 1: Apologie, Kriton, Protagoras, Ion, Hippias II, Charmides, Laches, Euthyphron, Gorgias, Briefe. Übers. von Friedrich Schleiermacher mit der Stephanus-Nummerierung hrsg. von Walter F. Otto, Ernesto Grassi und Gert Plamböck. Hamburg 1957.

Platon: Sämtliche Werke. Bd. 4: Phaidros, Parmenides, Theaitetos, Sophistes. Übers. von Friedrich Schleiermacher mit der Stephanus-Nummerierung hrsg. von Walter F. Otto, Ernesto Grassi und Gert Plamböck. Hamburg 1958.

Plinius Secundus, Cajus: Naturkunde. Buch 35 (Farben, Malerei, Plastik). Lat./Dt. Hrsg. und übers. von Roderich König in Zusammenarb. mit Gerhard Winkler. Düsseldorf [3]2007. (Sammlung Tusculum.)

Poe, Edgar Allan: The Philosophy of Composition [1864]. In: The Complete Works of Edgar Allan Poe. Hrsg. von James A. Harrison. New York 1965. Bd. 14. S. 193–208.

Porombka, Stephan: Abgewandt, angewandt, zugewandt. Über die Beziehung von Literaturwissenschaft und Kreativem Schreiben. In: Zeitschrift für Germanistik 3 (2006) S. 72–86.

– Das neue Kreative Schreiben. In: German as a Foreign Language 2 (2009) S. 167–193.
– Schreiben unter Strom. Experimentieren mit Twitter, Blogs, Facebook & Co. Mannheim 2012.
Proust, Marcel: Auf der Suche nach der verlorenen Zeit [frz. 1913–1927]. Übers. von Eva Rechel-Mertens. Rev. von Luzius Keller. 7 Bde. Frankfurt a. M. 1994.
Quintilian, Marcus Fabius: Ausbildung des Redners. Zwölf Bücher. Hrsg. und übers. von Helmut Rahn. Darmstadt 1972.
Reckwitz, Andreas: Die Erfindung der Kreativität. Zum Prozess gesellschaftlicher Ästhetisierung. Berlin 2012.
Reilly, John L.: Waiting for Beckett. A Portrait of Samuel Beckett [1994]. New York 2010. [DVD, Film, 86 Min.]
Rilke, Rainer Maria: Briefe an einen jungen Dichter. Leipzig 1929.
Rimbaud, Arthur: Lettres du Voyant: 13 et 15 mai 1871. Hrsg. und komm. von Gérald Schaeffer. Genf 1975.
– Une saison en enfer [1873]. In: A. R.: Œuvres complètes. Hrsg. und komm. von Antonie Adam. Paris 1979. (Bibliothèque de la Pléiade. 68.) S. 91–117.
Rudloff, Holger: Produktionsästhetik und Produktionsdidaktik. Kunsttheoretische Voraussetzungen literarischer Produktion. Opladen 1991.
Rüedi, Peter: Friedrich Dürrenmatt und die Stoffe als Autobiographie des Als-Ob. In: Peter Rusterholz / Irmgard Wirtz (Hrsg.): Die Verwandlung der »Stoffe« als Stoff der Verwandlung. Friedrich Dürrenmatts Spätwerk. Berlin 2000. S. 41–53.
Ruf, Oliver: Kreatives Schreiben. Eine Einführung. Tübingen 2016.
Rusterholz, Peter: Werkgenese – Auflösung oder Illumination der Texte?. In: P. R / Irmgard Wirtz (Hrsg.): Die Verwandlung der »Stoffe« als Stoff der Verwandlung. Friedrich Dürrenmatts Spätwerk. Berlin 2000. S. 13–22.
Sasse, Sylvia: Subversive Affirmation. Zürich 2022.
– / Zanetti, Sandro: Statt der Sterne. Literarische Gestirne bei Mallarmé und Chlebnikov. In: Maximilian Bergengruen / Davide Giuriato / S. Z. (Hrsg.): Gestirn und Literatur im 20. Jahrhundert. Frankfurt a. M. 2006. S. 103–119.
Saussure, Ferdinand de: Grundfragen der allgemeinen Sprachwissenschaft [frz. 1915]. Hrsg. von Charles Bally und Albert Sechehaye. Unter Mitw. von Albert Reidlinger. Übers. von Herman Lommel. Mit Reg. und Nachw. von Peter von Polenz. Berlin [2]1967.

Schlegel, Friedrich: Kritische Fragmente [Lyceum-Fragmente, 1797]. In: F. S.: »Athenaeum«-Fragmente und andere frühromantische Schriften. Stuttgart 2018. S. 54–74.

– Vom Wesen der Kritik [1804]. In: F. S.: Kritische Friedrich-Schlegel-Ausgabe. Bd. 3: Charakteristiken und Kritiken II (1802–1829). Hrsg. von Hans Eichner. Paderborn 1975.

Simon, Claude: Der blinde Orion [frz. 1970]. Übers. von Eva Moldenhauer. Frankfurt a. M. 2008.

Sina, Kai / Spoerhase, Carlos (Hrsg.): Nachlassbewusstsein. Literatur, Archiv, Philologie 1750–2000. Göttingen 2017.

Šklovskij, Viktor: Die Kunst als Verfahren [russ. 1917]. In: Jurij Striedter (Hrsg.): Russischer Formalismus. Texte zur allgemeinen Literaturtheorie und zur Theorie der Prosa. München [3]1981. S. 5–35.

Spivak, Gayatri Chakravorty: The Rani of Sirmur: An Essay in Reading the Archives. In: History and Theory 24 (1985) Nr. 3. S. 247–272.

Staiger, Emil: Grundbegriffe der Poetik. Zürich 1946.

Stingelin, Martin: »UNSER SCHREIBZEUG ARBEITET MIT AN UNSEREN GEDANKEN«. Die poetologische Reflexion der Schreibwerkzeuge bei Georg Christoph Lichtenberg und Friedrich Nietzsche. In: Lichtenberg-Jahrbuch 1999. Hrsg. im Auftrag der Lichtenberg-Gesellschaft von Wolfgang Promies und Ulrich Joost. Saarbrücken 2000. S. 81–98. [Auch in: Zanetti 2012b, 283–304.]

– »Mir ekelt vor diesem tintenklecksenden Säkulum«. Schreibszenen im Zeitalter der Manuskripte. Hrsg. unter Mitarb. von Davide Giuriato und Sandro Zanetti. München 2004. (Zur Genealogie des Schreibens. 1.)

Strätling, Uda: Vorwort. In: Emily Dickinson: Wilde Nächte. Ein Leben in Briefen. Ausgew. und übers. von U. S. Frankfurt a. M. 2006. S. 7–22.

Szondi, Peter: Hoffnung im Vergangenen [1961]. In: P. S.: Schriften II. Hrsg. von Jean Bollack mit Henriette Beese, Wolfgang Fietkau, Hans-Hagen Hildebrandt, Gert Mattenklott, Senta Metz, Helen Stierlin. Frankfurt a. M. [3]1996. S. 275–309.

Thun-Hohenstein, Franziska: Bleistift und Schreibmaschine. Schreibszenen in der russischen Lagerliteratur. In: Davide Giuriato / Martin Stingelin / Sandro Zanetti (Hrsg.): »SCHREIBKUGEL IST EIN DING GLEICH MIR: VON EISEN«. Schreibszenen im Zeitalter der Typoskripte. München 2005. (Zur Genealogie des Schreibens. 2.) S. 279–296.

Tretjakov, Sergej: Die Tasche [russ. 1928]. In: S. T.: Die Arbeit des Schriftstellers. Aufsätze, Reportagen, Porträts. Übers. von Heiner Boehncke. Reinbek b. Hamburg 1972.

Tynjanov, Jurij: Das literarische Faktum [russ. 1924]. In: Jurij Striedter (Hrsg.): Russischer Formalismus. Texte zur allgemeinen Literaturtheorie und zur Theorie der Prosa. München ³1981. S. 39–431.
Valéry, Paul: Windstriche [frz. 1933]. Übers. von Bernhard Böschenstein. In: P. V.: Werke. Bd. 5: Zur Theorie der Dichtkunst und Vermischte Gedanken. Hrsg. von Jürgen Schmidt-Radefeldt. Frankfurt a. M. 1991. S. 203–246.
– Weitere Windstriche [frz. 1934]. Übers. von Bernhard Böschenstein / Peter Szondi. In: P. V.: Werke. Bd. 5: Zur Theorie der Dichtkunst und Vermischte Gedanken. Hrsg. von Jürgen Schmidt-Radefeldt. Frankfurt a. M. 1991. S. 247–277.
– Antrittsvorlesung über Poetik am Collège de France [frz. 1937]. Übers. von Kurt Leonhard. In: P. V.: Werke. Bd. 5: Zur Theorie der Dichtkunst und Vermischte Gedanken. Hrsg. von Jürgen Schmidt-Radefeldt. Frankfurt a. M. 1991. S. 118–140.
Vinken, Barbara: Zola – Alles sehen, Alles wissen, Alles heilen. Der Fetischismus im Naturalismus. In: Rudolf Behrens / Roland Galle (Hrsg.): Historische Anthropologie und Literatur. Romanistische Beiträge zu einem neuen Paradigma der Literaturwissenschaft. Würzburg 1996. S. 215–226.
von Matt, Peter: Vom literarischen Gedächtnis der Schweiz. In: Quarto. Zeitschrift des Schweizerischen Literaturarchivs 33/34 (2011) S. 20–26.
Wagner, Richard: Die Meistersinger von Nürnberg. Oper in drei Acten [1868]. Mainz 1880.
Weber, Ulrich, Friedrich Dürrenmatt: »Mondfinsternis« und »Der Besuch der alten Dame«. In: Bernhard Fetz / Klaus Kastberger (Hrsg.): Der literarische Einfall. Über das Entstehen von Texten. Wien 1998. S. 184–195.
– / Probst, Rudolf: »Das ist natürlich ein ziemliches Abenteuer«. Zur genetischen Edition von Friedrich Dürrenmatts Stoffen. In: Michael Stolz / Lucas Marco Gisi / Jan Loop (Hrsg.): Literatur und Literaturwissenschaft auf dem Weg zu den neuen Medien. Zürich 2007. S. 164–175.
Wehrli, Peter K.: Katalog von allem. Vom Anfang bis zum Neubeginn. 1697 Nummern aus 40 Jahren. Zürich 2008.
– So könnte ein Roman beginnen. Lesung und Diskussion an der Universität Zürich vom 26. März 2019 (Tonaufnahme). Zürich 2019.
Werder, Lutz von: Lehrbuch des kreativen Schreibens. Wiesbaden 2007.
Wittgenstein, Ludwig: Tractatus logico-philosophicus. Logisch-philosophische Abhandlung [1921]. Frankfurt a. M. 1963.

Wittmann, Barbara (Hrsg.): Spuren erzeugen. Zeichnen und Schreiben als Verfahren der Selbstaufzeichnung. Zürich/Berlin 2009. (Wissen im Entwurf. 2.)

Woolf, Virginia: A Room of One's Own. London 1929.

– The Waves. London 1931.

Zanetti, Sandro: Techniken des Einfalls und der Niederschrift. Schreibkonzepte und Schreibpraktiken im Dadaismus und im Surrealismus. In: Davide Giuriato / Martin Stingelin / S. Z. (Hrsg.): »SCHREIBKUGEL IST EIN DING GLEICH MIR: VON EISEN«. Schreibszenen im Zeitalter der Typoskripte. München 2005. (Zur Genealogie des Schreibens. 2.) S. 205–234.

– Sagen, was sonst kein Mensch sagt. Elfriede Jelineks Theater der verweigerten Komplizenschaft. In: Inge Arteel / Heidy Margrit Müller (Hrsg.): Elfriede Jelinek: Stücke für oder gegen das Theater? 9.–10. November 2006. Brüssel 2008. S. 183–192.

– (Hrsg.): www.poeticon.net. Online-Lexikon für poetische Verfahren. Hildesheim/Zürich 2008 ff.

– Logiken und Praktiken der Schreibkultur. Zum analytischen Potential der Literatur. In: Uwe Wirth (Hrsg.): Logiken und Praktiken der Kulturforschung. Berlin 2009. S. 75–88.

– Spielräume der Adressierung. Kleist, Goethe, Mallarmé, Celan. In: Anne Bohnenkamp / Waltraud Wiethölter (Hrsg.): Der Brief – Ereignis & Objekt. Frankfurter Tagung 2008. Basel / Frankfurt a. M. 2010. S. 42–57.

– Durchstreichen – und dann? (Beckett, Kafka, Celan, Schmidt). In: Irmgard Wirtz Eybl / Hubert Thüring / Lucas Marco Gisi (Hrsg.): Schreiben und Streichen. Zu einem Moment produktiver Negativität in literarischen Schreibprozessen und Textgenesen. Göttingen/Zürich 2011a. S. 287–303.

– Samuel Beckett und die Kunst der Reduktion. In: Hanns-Josef Ortheil / Thomas Klupp / Alina Herbing (Hrsg.): Weltliteratur IV. Das zwanzigste Jahrhundert. Hildesheim 2011b. (Hildesheimer Universitätsschriften. 24.) S. 214–232.

– Avantgardismus der Greise? Spätwerke und ihre Poetik. Paderborn 2012a.

– (Hrsg.): Schreiben als Kulturtechnik. Grundlagentexte. Berlin 2012b.

– (Hrsg.): Improvisation und Invention. Momente, Modelle, Medien. Zürich/Berlin 2014.

– Übersetzungspalimpsest. Gedichte im Zeitraum ihrer möglichen

Übersetzungen. In: Marco Baschera / Pietro De Marchi / S. Z. (Hrsg.): Zwischen den Sprachen / Entre les langues. Mehrsprachigkeit, Übersetzung, Öffnung der Sprachen / Plurilinguisme, traduction, ouverture des langues. Bielefeld 2019. S. 11–27.

Ziganke, Jana: Infinite Schreibstrategien bei Sade, Flaubert und Beckett. Bielefeld 1999.

Zola, Émile: Le Roman Expérimental [1880]. Paris 2006.

– Mosaik einer Gesellschaft. Unveröffentlichte Skizzen und Studien [frz. 1986]. Hrsg. und komm. von Henri Mitterand. Übers. von Brigitte Pätzold. Wien 1990.

Wenige Passagen des vorliegenden Buches erschienen ganz oder teilweise bereits in anderen Zusammenhängen: Kapitel 1.4 enthält Auszüge aus Zanetti 2009, die Kapitel 1.6 und 1.7 verwenden Textpartien aus Zanetti 2012b (Einleitung) und 2008 ff. (Kontexte), die Kapitel 1.8 und 3.5 arbeiten mit Vorlagen aus Zanetti 2011a (Anfang) und 2019 (zu Ernst Jandl).

Basisglossar

Autonomie der Kunst, Autonomieästhetik Autonomie bedeutet Eigengesetzlichkeit und meint im Bereich der Kunst die Annahme, dass Kunstwerke oder überhaupt die Kontexte, in denen Kunst stattfindet, ›ihre eigenen Gesetze‹ haben, also Regeln folgen, die sie von sich aus entwerfen (→ Kap. 1.8). Diese Annahme versteht sich ihrerseits allerdings nicht von selbst. Fragt man nach der Stellung von Kunst – und von Literatur als einer Form von Kunst – in einer Gesellschaft, wird deutlich, dass dieses Verhältnis historisch und regional sehr unterschiedlich war und ist. Für gewöhnlich wird davon ausgegangen, dass Kunst sich in den europäischen Gesellschaften seit dem 18. Jahrhundert zunehmend von rituellen, kirchlichen oder herrschaftlichen Funktionszuschreibungen, aber auch von als ›natürlich‹ wahrgenommenen Verpflichtungen, etwa zur Nachahmung (→ Mimesis), gelöst hat. Kern der ›Autonomieästhetik‹ bildet der Gedanke, dass die Kunst von entsprechenden ›äußerlichen‹ Zwängen frei sein soll, schon in ihrer Herstellung (→ Produktion, Produktionsästhetik). Dass diese Freiheit allerdings nie absolut war, sondern insbesondere mit wirtschaftlichen ebenso wie mit politischen Interessen direkt oder indirekt verflochten war und ist, lehrt unter anderem die Geschichte des Buchmarkts.

Creative Writing, Uncreative Writing, Learning by Doing *Creative Writing* wird im Deutschen wörtlich mit ›Kreatives Schreiben‹ übersetzt und meint dann vor allem das nichtprofessionelle Schreiben in der Freizeit. Im englischsprachigen Raum verbindet man mit *Creative Writing* stärker entsprechende Studienprogramme an Universitäten, in denen Schreiben als lernbar verstanden und eingeübt wird (→ Handwerk, Handwerklichkeit). Unterrichtet wird in der Regel von Dozierenden, die selbst Schriftstellerinnen oder Schriftsteller sind. Als leitend hat sich dabei der von dem Philosophen John Dewey (1859–1952) geprägte Grundsatz *Learning by Doing* erwiesen: Man lernt durchs Tun, indem man eben schreibt und nicht nur abstrakt erfährt, wie geschrieben werden könnte oder sollte (→ Kap. 1.4). In Studienprogrammen des *Creative Writing* erfolgt das Schreiben allerdings unter Anleitung, mit Feedback in der Gruppe, wobei die Entwicklung eines eigenen → Schreibstils durchaus erwartet und gefördert wird. Versteht man das ›Kreative‹ im *Creative Writing* pointiert als das ›Schöpferische‹, das letzten Endes auf die Schaffung von etwas Neuem zielt, kann sich der Anspruch, überhaupt etwas Neues zu schaffen, schnell einmal – je nach Verständnis dieses Neuen – als vermessen herausstellen. Vor diesem Hintergrund erklärt sich die vom US-amerikanischen Schriftsteller und Konzeptkünstler Kenneth Goldsmith (*1961) propagierte → Schreibhaltung des *Uncreative Writing*: Der Anspruch auf Originalität wird darin bewusst zurückgestellt gegenüber den vielfältigen Möglichkeiten des Umgangs mit bereits vorhandenen Texten, insbesondere aus dem Internet (→ Intertextualität).

Differenzerfahrung bezeichnet im vorliegenden Buch die Erfahrung, dass das, was jemand sich schreibend vornimmt, in der Regel etwas anderes ist als das, was schließlich geschrieben dasteht. Der Unterschied – die Differenz – zwischen dem Gewollten und dem Erreichten kann als Frustration, als Enttäuschung erfahren werden. Nüchtern betrachtet ist die Differenzerfahrung aber nichts grundsätzlich Problematisches, sondern geradezu die Voraussetzung dafür, dass schreibend überhaupt etwas zustande gebracht werden kann, das nicht von Anfang an feststand (→ Kap. 1.3 und 1.8).

Diskurs, Diskursanalyse Das Wort ›Diskurs‹ geht auf das lateinische Verb *discurrere* – ›hin- und herlaufen, auseinanderlaufen, sich ausbreiten‹ – zurück und ist im aktuellen Wortgebrauch mit unterschiedlichen Bedeutungen wie Abhandlung, Diskussion, Gespräch, Redeweise belegt. Der Philosoph Michel Foucault (1926–1984) prägte dagegen im Rahmen seiner ›Diskursanalyse‹ einen spezifischeren Diskursbegriff, der auch für die literaturwissenschaftliche Schreibprozessforschung bestimmend geworden ist: Diskurse bestehen demnach aus einer Menge von Aussagen, die historisch spezifisch sind, gleichzeitig von ganz unterschiedlichen Personen oder Institutionen in Umlauf gebracht werden und schließlich belegen, was zu einer bestimmten Zeit ›sagbar‹ war. Der Diskurs etwa von der ›Autonomie der Kunst‹ (→ Autonomie der Kunst, Autonomieästhetik) kommt im 18. Jahrhundert auf. Er ist also historisch spezifisch und findet sich nicht nur bei einem bestimmten Autor, sondern ›durchläuft‹ verschiedene Texte, Textsorten und Wissensgebiete. Zugleich macht er deutlich, welche Vorstellungen von Kunst unter der Prämisse ihrer behaupteten Autonomie ›sagbar‹ waren.

écriture automatique Der Begriff der *écriture automatique* stammt ursprünglich aus der Psychiatrie des 19. Jahrhunderts, wurde dann aber in den 1920er Jahren von André Breton (1896–1966), dem selbst erklärten Wortführer der Surrealisten, aufgegriffen, um ein spontanes Schreiben ohne vorgefasste Inhalte zu bezeichnen. Die von Breton im ersten *Manifest des Surrealismus* (1924) festgehaltene Idee der *écriture automatique* bestand darin, möglichst schnell, ohne weiteres Nachdenken, Sätze aufs Papier zu bringen, um so eine Form ›roher‹ Poesie entstehen zu lassen (→ Kap. 3.2).

Fiktion, Fiktionalität Fiktion leitet sich von lat. *fingere* – ›gestalten, formen, sich vorstellen‹ – ab. Orientiert man sich an diesen Bedeutungen, dann bezeichnet Fiktion die Schaffung einer Vorstellung, die im Bereich der Künste und der Literatur wiederum als Darstellung begreifbar wird. Fiktionalität in einem weiten, dennoch präzisen Sinne bezeichnet demnach das ›Gemachtsein‹ einer jeweiligen Vor- bzw. Darstellung. Da auch jede Vorstellung davon, was Realität ist, fiktional in der hier skizzierten spezifischen Bedeutung ist, ergibt es wenig Sinn, Fiktionalität und Realität, wie es oft, ja meistens geschieht, als Gegensätze zu begreifen. Dazu kommt, dass das, was als Realität gelten kann, seinerseits voll von Fiktionen ist. Die Frage nach der Referenz (dem *Bezug* auf Wirkliches), der Geltung sowie des etwaigen Wahrheitsanspruchs fiktionaler Darstellung lässt sich stellen und beantworten, ohne den Begriff der Fiktion selbst von vornherein dem Unwirklichen zuzuschlagen. Wenn innerhalb einer fiktionalen Welt etwas als bloß erfunden erkennbar ist, kann dieses mit dem Begriff des Fiktiven belegt werden. Fiktiv ist etwas, das bloß ausgedacht ist, fiktional die Art, wie etwas (Ausgedachtes oder Nichtausgedachtes) zur Darstellung kommt.

Genie, Genieästhetik Bei allen unterschiedlichen Definitionen, die das ›Genie‹ in der Geschichte durchlaufen hat, bleibt die Vorstellung leitend, dass Genies (›geniale‹ Menschen) über eine schöpferische Begabung verfügen, ein angeborenes Talent (→ Kap. 1.3). Im 18. Jahrhundert formierte sich in den europäischen Literaturen, vor allem aber im deutschsprachigen Raum eine ›Genieästhetik‹: eine Lehre oder auch nur eine Annahme, wonach die Produktion von Kunst und von Literatur im Besonderen (→ Produktion, Produktionsästhetik) primär, wenn nicht ausschließlich aus der als angeboren begriffenen ›Schaffenskraft‹ genialer Individuen herzuleiten ist (Frauen waren in diesem Modell in der Regel nicht vorgesehen).

Handwerk, Handwerklichkeit Im Bereich des literarischen Schreibens bedeutet die Betonung der Handwerklichkeit entweder, dass ein solches Schreiben wie ein anderes

Handwerk erlernt werden kann (→ *Creative Writing, Uncreative Writing, Learning by Doing*). Oder Handwerklichkeit heißt, dass auch ein Schreiben, das als ›genial‹ erachtet wird (→ Genie, Genieästhetik), auf Techniken, Materialien und Traditionen zurückgreifen muss, um sich vollziehen zu können (→ Kap. 1.3). Wird das Schreiben wörtlich als Handwerk – als Werk (Arbeit) der (schreibenden) Hand – begriffen, rückt zudem die körperliche Beteiligung an dieser Tätigkeit eigens in den Fokus.

Hermeneutik, hermeneutischer Zirkel Hermeneutik ist die Lehre vom Verstehen oder, enger, die Kunst der Auslegung, der Interpretation von Texten. In der literaturwissenschaftlichen Forschung der letzten Jahrzehnte wird der Begriff, falls überhaupt, sehr zurückhaltend verwendet. Das hat in erster Linie damit zu tun, dass nicht ausgemacht ist, was ›Verstehen‹ im Falle der Literatur genau bedeuten und implizieren sollte, vor allem, wenn man es mit Texten zu tun hat, deren ›Sinnhaftigkeit‹ nicht einfach vorausgesetzt werden kann. Die Vorstellung eines ›hermeneutischen Zirkels‹, der im Prozess des Verstehens jeweils aus einer wechselseitigen Erhellung von Teil und Ganzem bestehen sollte und dem Philosophen Hans-Georg Gadamer (1900–2002) zufolge zu einer ›Verschmelzung‹ von Produktions- und Rezeptionshorizont führt (→ Kap. 2.7), beruht auf weitreichenden Vorannahmen (Sinn, Ganzheit, Einheit), die nicht ohne weiteres zu plausibilisieren sind. In der Schreibprozessforschung ist die Skepsis gegenüber derartigen hermeneutischen Vorannahmen noch größer. Denn zwar schließt die Prozessualität des Schreibens die Sphäre des Sinns und also auch des Verstehens keineswegs aus. Aber deren Konkretisierung in entsprechenden Materialien bleibt doch vergleichsweise rudimentär, beweglich, unsicher, so dass es aus der Perspektive der Rezeption (→ Rezeption, Rezeptionsästhetik) aussichtsreicher ist, mit bescheideneren Ansprüchen und entsprechend nüchternerem Vokabular zu operieren: Beschreibung, Analyse, Rekonstruktion.

Intertextualität bezeichnet die Eigenschaft von Texten, auf andere Texte zu verweisen, untereinander in einem Verhältnis zu stehen oder ineinander verwoben zu sein (lat. *texere* ›weben‹). Diese Beziehungen können explizit markiert sein oder sind implizit vorhanden. Beim Schreiben stellt sich die Frage, *wie* – und wie *explizit* allenfalls – der Bezug zu einem anderen Text oder anderen Texten das aktuelle (eigene) Schreiben bestimmen soll.

Literatur, literarisch, Literarizität Umstritten ist die Frage, ob man als ›Literatur‹ und ›literarisch‹ einfach gelten lassen möchte, was traditionellerweise unter diesen *Bezeichnungen* an Texten in Umlauf war und ist, oder ob es möglich und sinnvoll ist, Kriterien für ›Literarizität‹ (›Literaturhaftigkeit‹) definitorisch festzulegen, die sich dann immerhin für eine bestimmte Anzahl an Texten als zutreffend herausstellen: die Spürbarkeit ihres Zeichencharakters etwa (Jakobson 1960, 93), der Grad ihrer ›Autonomie‹ gegenüber Ansprüchen auf gesellschaftliche oder sonstige Verwertbarkeit (→ Autonomie der Kunst, Autonomieästhetik), die Offenheit ihrer Adressierung, schließlich der gegenüber alltagssprachlichen Äußerungen gesteigerte Stellenwert ihrer Fiktionalität (→ Fiktion, Fiktionalität), ihrer Buchstäblichkeit (von lat. *litterae* ›Buchstaben‹), ihres Konstruktionscharakters oder ihrer Reflexivität (→ Selbstreferentialität, Selbstreflexivität). All diese Faktoren sind am Ende nur lesend zu plausibilisieren (→ Rezeption, Rezeptionsästhetik). Im Hinblick aufs Schreiben wiederum stellt sich die Frage, ob der Prozess des Schreibens selbst (→ Schreibakt, Schreibprozess) – also nicht nur ein Text, verstanden als Ergebnis des Schreibens – Merkmale aufweisen kann, die ihn als literarisch ausweisen. Das vorliegende Buch formuliert Vorschläge in dieser Richtung (→ Kap. 1.8 und 1.9).

Mimesis heißt Nachahmung. Bereits bei Aristoteles (384–322 v. Chr.) bedeutet Nachahmung allerdings nicht einfach Reproduktion, sondern den Entwurf einer möglichen Welt. Sollte sich Aristoteles zufolge ein solcher Entwurf nach den Kriterien der Notwendigkeit oder der Wahrscheinlichkeit richten (→ Kap. 1.3), haben moderne Poetiken (→ Poetik, Poiesis, Poetologie, Poetizität) diese Kriterien selbst für ›realistische‹ Literatur (→ Kap. 3.9) nicht mehr für unumstößlich befunden. Mimesis kann sich insgesamt nicht nur auf Inhalte beziehen, die darstellend nachgeahmt werden, sondern auch – wenn etwas gemacht wird ›wie‹ ... – auf Prinzipien der Produktion (→ Produktion, Produktionsästhetik).

Motiv, Stoff, Thema Das Motiv kann in einem literarischen Text als kleinstes bedeutungstragendes Element bestimmt werden, das in der größeren Einheit eines Stoffes mit anderen Motiven *verknüpft* wird (→ Kap. 3.4). Die Idee wiederum oder der Inhalt, der durch Stoffe wiedergegeben oder evoziert wird, lässt sich als Thema eines Textes oder eines ganzen Werkes bestimmen. Begreift man ein Motiv von lat. *movere* – ›bewegen‹ – her als Beweggrund, gewinnt es die Bedeutung, Handlungen auszulösen. Irreführend ist dagegen die Vorstellung, dass es innerhalb der Geschichte der Literatur unbewegliche Beweggründe oder auch nur unveränderliche Elemente gäbe, die dann als Motive zu bezeichnen wären, mit denen man wiederum Texte ›entschlüsseln‹ könnte.

Narration heißt Erzählung, wobei damit weniger das Ergebnis oder Produkt betont wird als die Art und Weise, wie das Erzählen als Prozess (→ Schreibakt, Schreibprozess) vor sich geht.

Philologie Einerseits bezeichnet Philologie die Gesamtheit von Sprach- und Literaturwissenschaft, andererseits die gelehrte Tradition, die sich mit der schriftlichen Überlieferung, der Edition von Texten sowie deren Kommentierung beschäftigt. Wörtlich von gr. *phílos* und *lógos* hergeleitet, bedeutet Philologie ›Liebe zur Sprache‹ und unterscheidet sich damit von scheinbar analogen Wortbildungen wie Biologie oder Geologie, in denen die Sprache, die Lehre oder die Wissenschaft (*lógos*) in einem hierarchischen Verhältnis zu ihrem Gegenstand steht.

Poetik, Poiesis, Poetologie, Poetizität Poetik ist die Lehre von der Dichtkunst. Näher am Begriff der Poiesis (von gr. *poiein* ›machen, herstellen, schaffen, hervorbringen‹) wird als Poetik zudem die Art und Weise bezeichnet, wie etwas (auch jenseits von Literatur) gemacht, hervorgebracht, produziert (→ Produktion, Produktionsästhetik) worden ist (→ Kap. 1.3). Als Poetologie – oftmals gleichbedeutend mit Poetik verwendet – lässt sich in einem engeren Sinne die Eigenart charakterisieren, wie literarische Texte ihr ›Gemachtsein‹ reflektieren (→ Selbstreferentialität, Selbstreflexivität). Poetizität wiederum wird im Bereich der Literatur in der Regel synonym mit Literarizität (→ Literatur, literarisch, Literarizität) verwendet und bezeichnet demnach den Grad an angenommener ›Literaturhaftigkeit‹, durch die sich ein Text oder überhaupt eine sprachliche Äußerung auszeichnen kann.

Produktion, Produktionsästhetik Abgeleitet von lat. *producere* – ›vorführen, hervorbringen, erschaffen‹ –, heißt Produktion Herstellung. Stärker noch als die am griechischen Verb *poiein* (→ Poetik, Poiesis, Poetologie, Poetizität) orientierten Begriffe der Hervorbringung rückt mit dem Begriff der Produktion nicht zunächst das Feld der Kunst oder gar der Literatur im Besonderen in den Blick. Produziert werden Gegenstände, Leistungen oder eben ›Produkte‹ aller Art, so dass die Rede, (auch) Literatur werde produziert, zunächst befremden mag. In der Literaturwissenschaft sowie in der Literatursoziologie wird der Produktionsbegriff allerdings gezielt verwendet, um zu betonen, dass Literatur nicht aus sich heraus ›entsteht‹ oder durch geniale Individuen (→ Genie, Genieästhetik) ›gezeugt‹ wird, sondern durch handwerklich-technische (→ Handwerk, Handwerklichkeit) sowie durch soziale, ökonomische und diskursive (→ Diskurs, Diskursanalyse) Faktoren mit hervorgebracht wird. Die Fachrichtung, die sich mit der Produktion von Kunst insgesamt, Literatur inbegriffen, beschäftigt, heißt Produktionsästhetik. Komplementär dazu verhält sich der Begriff der Rezeptionsästhetik (→ Rezeption, Rezeptionsästhetik), wobei es sowohl im Schreiben als auch im Lesen von Literatur zu punktuellen Überlagerungen von produktiven und rezeptiven Momenten kommt (wer schreibt, liest in der Regel auch, nicht zuletzt das jeweils gerade Geschriebene, und wer liest, bringt damit zugleich – in der Vorstellung oder in Folgehandlungen – etwas hervor).

prozess-, ergebnis-, persönlichkeitsorientiertes Schreiben Schreiben kann unterschiedlichen Ansprüchen oder Zielsetzungen folgen. Das gilt auch für literarisches Schreiben. Beim prozessorientierten Schreiben zählt der Prozess mehr als das Ergebnis: Was passiert etwa mit einem Text, wenn ich ihn umschreibe? Beim ergebnisorientierten Schreiben steht das Erreichen eines bestimmten Resultates im Vordergrund, beispielsweise soziale Anerkennung, ökonomischer Erfolg oder schlicht ein gedrucktes Buch. Beim persönlichkeitsorientierten Schreiben steht die Frage im Vordergrund, wie sich das Schreiben auf das schreibende Ich auswirkt. Die drei Orientierungen (→ Kap. 1.6) müssen sich keineswegs ausschließen. Jedoch treten sie in der Regel in unterschiedlichen Gewichtungen auf.

Redefiguren (rhetorische Figuren), Tropen Während das Wort ›Figur‹ mehrdeutig ist und beispielsweise auch eine Person in einem Roman oder einem Theaterstück bezeichnen kann, sind Redefiguren eindeutig der Rhetorik zuzuordnen (→ Rhetorik). Sie können demnach auch als ›rhetorische Figuren‹ bezeichnet werden. In einem weiteren Sinne sind alle Arten von sprachlichen Stilmitteln, die auf einer Veränderung von Wörtern oder Satzstellungen beruhen, rhetorische Figuren. Diese Änderungen können nach dem Muster der ›vier Änderungskategorien‹ Hinzufügung (*adiectio*), Wegfall (*detractio*), Umstellung (*transmutatio*) und Austausch (*immutatio*) geordnet und interpretiert werden (→ Kap. 1.2). In einem engeren Sinne werden die Figuren des Austauschs auf der Ebene von Wörtern – wenn also ein Wort oder eine Wortfolge durch ein anderes Wort oder andere Wörter *ersetzt* wird – nicht als Figuren, sondern als Tropen bezeichnet. Das ist etwa bei der Metapher der Fall, wenn ein Ausdruck durch einen anderen mit ähnlicher Bedeutung ersetzt wird: ›Er ist eine *Mimose*‹ statt ›Er ist ein *sensibler Mensch*‹. Ebenso beruht die Metonymie auf einer Ersetzung. Ersetzt wird mit der Trope (oder dem Tropus) der Metonymie ein Ausdruck durch einen anderen aus dem direkten ›nachbarschaftlichen‹ Umfeld: ›Ich trinke ein *Glas*‹ statt ›Ich trinke *Wasser*‹ (oder ›*Wein*‹).

Rezeption, Rezeptionsästhetik Im Bereich der Literatur heißt Rezeption Aufnahme: Wie wird ein Text von einem Publikum oder von einem einzelnen Individuum aufgenommen? Wie kommt er an? Wie wird er wahrgenommen, wie *gelesen*? Die Fachrichtung, die sich mit diesen Fragen beschäftigt, heißt Rezeptionsästhetik. Rezeption und Rezeptionsästhetik bilden das Gegenstück zur Produktion und Produktionsästhetik (→ Produktion, Produktionsästhetik). Leitend ist in der Rezeptionsästhetik der Gedanke, dass die Rezeption einen wesentlichen Anteil an der literarischen Kommunikation insgesamt hat, wobei sie als eine Handlungsform auf ihre Weise ebenfalls produktiv ist.

Rhetorik ist die Kunst der Rede. Die wesentlichen Elemente der Rhetorik wurden in der Antike entwickelt. Bis weit ins 18. Jahrhundert hinein bildeten diese Elemente in den europäischen Literaturen die Grundlage auch für die Produktion (→ Produktion, Produktionsästhetik) von Literatur sowie für die entsprechende Theoriebildung in den Poetiken (→ Poetik, Poiesis, Poetologie, Poetizität). Die in der antiken Rhetorik entwickelten Begriffe sowie die damit zusammenhängenden Verfahren der Textproduktion (→ Kap. 1.2) lassen sich nach wie vor auch für das literarische Schreiben und die Charakterisierung entsprechender poetischer → Verfahren nutzen, wobei der ursprünglich normative Anspruch schon im Laufe des 18. Jahrhunderts weitgehend weggefallen ist (und allenfalls durch neue Leitprinzipen der Textproduktion ersetzt worden ist).

Schreibakt, Schreibprozess Während der Schreibakt die momentane Handlung bezeichnet, in der jemand seinen Körper (in der Regel die Hand) zum Einsatz bringt, um Schrift zu hinterlassen, besteht der Schreibprozess aus unterschiedlichen Phasen, die von der Entwicklung erster Ideen bis zur Veröffentlichung reichen können (→ Kap. 2.1 und 2.9). Jeder Schreibprozess besteht aus einem Zusammenspiel sprachlicher, technischer und körperlicher Beteiligungen (→ Schreibszene). Im vorliegenden Buch wird der Fortgang eines Schreibprozesses als wiederholter Rückkopplungsprozess zwischen → Schreibenwollen, Idee, Umsetzung und (Zwischen-)Ergebnis beschrieben (→ Kap. 1.8 und 2.6).

Schreibenwollen ist eine Übersetzung des französischen »Vouloir-Écrire« (Barthes 2008, 39). Entwickelt wurde der Begriff vom Zeichen- und Literaturtheoretiker Roland Barthes (1915–1980), der damit die Grundvoraussetzungen literarischen Schreibens erfassen wollte (→ Kap. 1.3 und 1.8). Leitend war für Barthes der Gedanke, dass literarisches Schreiben, anders als beispielsweise wissenschaftliches oder journalistisches Schreiben, durch ein Begehren oder eben ein Wollen bestimmt ist, das sich – in erster Linie – auf den Akt oder den Prozess des Schreibens selbst bezieht (→ Schreibakt, Schreibprozess).

Schreibhaltung ist das Verhältnis, das jemand zu seinem eigenen Schreiben einnimmt. Was und wie jemand schreibt, ist jeweils Ausdruck einer bestimmten Schreibhaltung, die bewusst oder unbewusst eingenommen wird und die das Geschriebene schließlich explizit oder implizit mitbedingt.

Schreibstil bezeichnet die Art, wie jemand schreibt – und wie das schließlich Geschriebene diese ›Art‹ verkörpert. Erkennbar ist der Schreibstil an wiederholt auftretenden Merkmalen im schließlich Geschriebenen (kurze oder lange Sätze, Rhythmik, Komplexität und dergleichen).

Schreibszene Der Begriff der Schreibszene gehört zu den zentralen Begriffen der literaturwissenschaftlichen Schreibprozessforschung. Er bezeichnet ein »nicht-stabiles Ensemble von Sprache, Instrumentalität und Geste« (Campe 1991, 760). Gemeint ist damit das jeweilige Zusammenspiel von sprachlichen, technischen und körperlichen Faktoren, die in jedem Schreibprozess wirksam sind, jedoch in unterschiedlichen Gewichtungen (→ Kap. 1.1 und 1.7). Leitend ist die Vorstellung, dass die einzelnen Faktoren zusammen eine Szene bilden, wobei diese in literarischen Texten nicht selten thematisch wird.

Selbstreferentialität, Selbstreflexivität Selbstreferentialität heißt Selbstbezüglichkeit und meint im Bereich der Literatur die Art und Weise, wie ein Text – oder ein Schreibprozess – sich auf sich selbst bezieht. Synonym sind die Begriffe Selbstreferentialität und Autoreferentialiät, während Selbstreflexivität (synonym wiederum mit Autoreflexivität) als gesteigerte, durch Wiederholungen und Rückkopplungen intensivierte Form von Selbstreferentialität bestimmt werden kann. Oftmals wird Selbstreferentialität oder Selbstreflexivität als Kriterium für Literarizität (→ Literatur, literarisch, Literarizität) oder Poetizität (→ Poetik, Poiesis, Poetologie, Poetizität) genannt. Praktisch immer klärungsbedürftig bleibt dabei allerdings die Frage, worin jeweils das ›Selbst‹ einer solchen Bezugnahme oder Reflexion besteht. Dabei können unterschiedliche Bereiche privilegiert werden (z. B. Sprachsystem, Klang, Visualität, Werkzusammenhang, Subjektivität, Thematik).

Stilqualitäten In der antiken → Rhetorik bezeichnen die Stilqualitäten (*virtutes dicendi*) Tugenden, die bei der Formulierung von Texten als wichtig erachtet werden (→ Kap. 1.2). Neben der Reinheit und Sprachrichtigkeit (*puritas*) sowie der Klarheit der Sprache (*perspicuitas*) zählen die Angemessenheit (*aptum*) und Kürze (*brevitas*) des Ausdrucks zu den Stilqualitäten, ebenso der maßvolle und geschickte Umgang mit dem Redeschmuck (*ornatus*), das heißt den rhetorischen Figuren sowie den Tropen (→ Redefiguren [rhetorische Figuren], Tropen).

Verfahren, poetische Verfahren Literarisches Schreiben lässt sich als Kombination unterschiedlicher poetischer Verfahren bestimmen (→ Kap. 1.8). Ein Verfahren besteht jeweils darin, die → Differenzerfahrung zwischen erhobenen Ansprüchen und ihren Realisierungen auf eine wiederholbare

Weise produktiv werden zu lassen. Schreibverfahren können als poetisch (→ Poetik, Poiesis, Poetologie, Poetizität) bestimmt werden, wenn sie sich in Folgeakten der Produktion (→ Produktion, Produktionsästhetik) ebenso wie der Rezeption (→ Rezeption, Rezeptionsästhetik) im Sinne einer Potenz zur ›Hervorbringung‹ als anschlussfähig erweisen.

Zeichen, Verweischarakter, Materialität und Semantik Das Grundprinzip eines Zeichens besteht darin, dass etwas (ein Zeichen) für etwas anderes (etwas damit Bedeutetes) steht (*aliquid stat pro aliquo*). Indem Zeichen für etwas anderes stehen, dieses repräsentieren, *verweisen* sie immer auf etwas, das sie selbst in ihrer materiellen Dimension (Materialität) nicht verkörpern (Fremdverweis). Zugleich aber verweisen Zeichen auf sich selbst (Selbstverweis), da sie *als* Zeichen mit einer materiellen und einer ideellen Seite überhaupt erkannt werden müssen, was nur möglich ist, wenn sie als wiederholte und wiederholbare Zeichen auftreten und insofern auf ihre eigene Struktur der Bedeutungsaktivierung (Semantik) verweisen.

Zickzack, Zickzackbewegung Als Zickzack oder Zickzackbewegung wird im vorliegenden Buch die zeitliche Verlaufsform der Erfahrung beschrieben, dass es zwischen dem, was idealerweise geschrieben werden soll, und dem, was tatsächlich geschrieben wird, in der Regel eine Differenz gibt (→ Differenzerfahrung). Eine Entsprechung findet diese Zickzackbewegung im Lesen (→ Rezeption, Rezeptionsästhetik): in der Bewegung zwischen dem, was buchstäblich dasteht, und dem, was das Geschriebene im Fortgang der Lektüre bedeuten kann oder soll.

Abbildungs- und Textnachweis

S. 7 Motto: Clarice Lispector: Aber es wird regnen. München 2019. S. 130. – © 2019 Penguin Verlag, München, in der Penguin Random House Verlagsgruppe GmbH, Übersetzung: Luis Ruby.

S. 8 Claude Simon: Visualisierung des Schreibprozesses in Orion aveugle [1970]. In: C. S., Der blinde Orion. Übers. von Eva Moldenhauer. Frankfurt a. M.: Zweitausendeins, 2008. S. 11.

S. 19 Sandro Zanetti: Die drei Komponenten des Schreibens.

S. 21 Sandro Zanetti: Produktionsstadien eines Textes.

S. 22 Sandro Zanetti: Stilqualitäten in der rhetorischen Tradition.

S. 24 Sandro Zanetti: Die vier Änderungskategorien der Textproduktion.

S. 74 Sandro Zanetti: Modell 1: Schreiben als Rückkopplungsprozess.

S. 75 Sandro Zanetti: Modell 2: Schreiben als potenzierter Rückkopplungsprozess.

S. 94 f. Friedrich Hölderlin: Überarbeitete Reinschrift zu »Brod und Wein« (Seite aus dem Homburger Folioheft und Transkription). In: F. H.: Homburger Folioheft. Faksimile-Edition. Hrsg. von D. E. Sattler / Emery E. George. Basel / Frankfurt a. M.: Stroemfeld / Roter Stern, 1986. Faksimile, Seite gemäß Archivzählung: 307/8. Transkription gemäß Bd. 34. – © Stadt Bad Homburg v. d. Höhe, als Depositum in der Württembergischen Landesbibliothek, Homburg, S. 8.

S. 104 f. Umberto Eco: Grundriss der Bibliothek und Skizze der Mönche [Der Name der Rose]. In: Winfried Nerdinger (Hrsg.): Architektur wie sie im Buche steht. Fiktive Bauten und Städte in der Literatur. Salzburg: Anton Pustet, 2006. S. 395, 397.

S. 125 Faksimile der Seite 2v des Entwurfs von Das Schloss mit Brods Setzung: »Hier beginnt der Roman ›Das Schloss‹ M. B.« In: Franz Kafka: Anfang des Schloss-Romans [Kreismarkierungen von S. Z.]. In: F. K.: Das Schloß, Apparatband. Im Rahmen der krit. Ausg. hrsg. von Malcolm Pasley. Frankfurt a. M.: Fischer, 2006. S. 34.

S. 136 Alberto Giacometti bei der Arbeit [1965]. Filmstill aus: Alberto Giacometti. Regie: Ernst Scheidegger. Gedreht 1965, erweitert 1968. 50 Min.

S. 143 Sandro Zanetti: Modell 3: Lesen als Rückkopplungsprozess.

S. 143 Sandro Zanetti: Modell 4 (Schmetterlingsmodell): Wechselseitigkeit im Überarbeitungs- und Redaktionsprozess.

S. 145 Dieter Roth: Literaturwurst (Martin Walser: »Halbzeit«), 1967. Gehäckseltes Buch, in Wurstform gepresst, zerschnitten, vom Künstler gerahmt, 52,5×42,5×12 cm, Auflage: 50, Exemplar: 7, Druck: Dieter Roth, Rudolf Rieser, Köln, Herausgeber: Dieter Roth. – © Dieter Roth Estate, courtesy Dieter Roth Foundation, Hamburg and Hauser & Wirth.

S. 155 Loriot als Lothar Frohwein im Film Pappa ante portas [1991]. Filmstill aus: Pappa ante portas. Regie, Drehbuch und Hauptdarsteller in verschiedenen Rollen: Loriot (Vicco von Bülow). 84 Min.

S. 160 Sandro Zanetti: Modell 5: Schreiben, umfassend, als Rückkopplungsprozess.

S. 168–170 Friedrich Achleitner: quadratroman [1973]. Salzburg/Wien: Residenz, 1995. S. 5, 11, 20, 176.

S. 176 f. André Breton / Philippe Soupault: Les Champs magnétiques. Le manuscrit original [1919]. Facsimilé et transcription. Paris: Lachenal & Ritter, 1988. S. 48, 51.

S. 179 Jack Kerouac: Schriftrolle von On the Road [1951].

S. 181 Jack Kerouac: Topographische Skizze mit Reiseroute von *On the Road* [November 1949]. In: Isaac Gewirtz: Beatific Soul. Jack Kerouac on the Road. New York: The New York Public Library, 2007. S. 85.

S. 185 Emily Dickinson: Manuskript von »Shall I take thee, the Poet said« [um 1872]. In: Amherst Manuscript # 341. Online via Emily Dickinson Archive: www.edickinson.org/editions/1/image_sets/12177235.

S. 193 Friedrich Dürrenmatt: Dorfplan und topographische Skizze der Motive [1960er Jahre]. In: Peter Rusterholz / Irmgard Wirtz (Hrsg.): Die Verwandlung der »Stoffe« als Stoff der Verwandlung. Friedrich Dürrenmatts Spätwerk. Berlin: Erich Schmidt, 2000. S. 209. – Reproduktion mit freundlicher Genehmigung des Schweizerischen Literaturarchivs Bern (SLA).

S. 198 Ernst Jandl: Oberflächenübersetzung einer Passage aus John Gays Beggar's Opera [Entwurf aus den 1950er Jahren]. In: Nachlass Ernst Jandl. Literaturarchiv der Österreichischen Nationalbibliothek, Wien. Signatur: 139/W276. – Reproduktion mit freundlicher Genehmigung der Österreichischen Nationalbibliothek.

S. 203 Oskar Pastior: Anagrammentwürfe zur Buchstabenfolge »les fleurs du mal« (aus dem Konvolut zum 2002 publizierten Band o du roher iasmin). In: Nachlass Oskar Pastior. Deutsches Literaturarchiv Marbach (DLA). Signatur: A: Pastior, Zugangsnummer HS. 2007.0003. Sammlung: o du roher iasmin. 43 intonationen zu »harmonie du soir« von charles baudelaire (Drucktitel). – Reproduktion mit freundlicher Genehmigung der Oskar Pastior Stiftung (Berlin) und des Deutschen Literaturarchivs Marbach.

S. 214 f. Stéphane Mallarmé: Manuskript der letzten Doppelseite des Coup de dés [1898]. In: S. M.: Un coup de dés jamais n'abolira le hazard. Manuscrit et épreuves, édition et observations par Françoise Morel. Paris: Table Ronde, 2007. [o. S.].

S. 216 f. Stéphane Mallarmé: Fahnenabzüge der letzten Doppelseite des Coup de dés mit Korrekturen und Anmerkungen von Mallarmés Hand [1898]. In: Karl Maurer: »Les philologues«. In: Louis Hay (Hrsg.): Les Manuscrits et les écrivains. Paris: Hachette, 1993. (Bibliothèque nationale de France, Paris, Rés. G. Ye. 693.) S. 68–85, hier S. 78 f.

S. 224 Peter K. Wehrli: Der Katalog von allem im Manuskriptstadium. Fotografie: Sandro Zanetti (26. Januar 2021).

S. 225 Peter K. Wehrli: Laptop mit dem Katalog von allem als Textdatei. Fotografie: Sandro Zanetti (19. Januar 2000).

S. 228 Émile Zola: Topographische Skizze des Quartiers rund um die Pariser Rue de la Goutte d'Or [1875]. In: É. Z.: Carnets d'enquêtes. Une ethnographie inédite de la France, textes établis et présentés par Henri Mitterand. Paris: Plon, 1986. S. 418. (Fotografie: Bibliothèque National de Paris.)

S. 241 Sandro Zanetti: Emotion, Utopie, Kritik.

Der Verlag Philipp Reclam jun. dankt für die Nachdruck- und Reproduktionsgenehmigung den Rechteinhabern, die durch den Text- bzw. Bildnachweis und einen Genehmigungs- oder Copyrightvermerk bezeichnet sind. In einigen Fällen waren die Inhaber der Rechte nicht festzustellen; hier ist der Verlag bereit, nach Anforderung rechtmäßige Ansprüche abzugelten.

Rückblick und Dank

Literaturwissenschaftliches Schreiben ist nicht literarisches Schreiben, doch bewegt es sich nicht gänzlich fern davon. Auch im wissenschaftlichen Schreiben gibt es Kontexte, persönliche Erfahrungen und Interessensgebiete, von denen verschiedenste Impulse – bearbeitet und transformiert auch hier – ins Schreiben und somit ins Geschriebene eingehen. Das vorliegende Buch ist Resultat einer Auseinandersetzung mit literarischen Schreibprozessen, die vor rund 20 Jahren begonnen und seither nicht aufgehört hat. Auf dem Weg dieser Auseinandersetzung waren drei Orte und drei damit verbundene Konstellationen aus Personen, Institutionen, Wissensformen und Schreibpraktiken wichtig: Basel, Hildesheim, Zürich.

In Basel habe ich (2001 bis 2007) angefangen, mich im Rahmen eines vom Schweizerischen Nationalfonds (SNF) geförderten Forschungsprojektes (»Zur Genealogie des Schreibens. Die Literaturgeschichte der Schreibszene von der Frühen Neuzeit bis zur Gegenwart«) systematisch mit den Spuren vergangener literarischer Schreibprozesse zu beschäftigen. Der Dank in diesem Zusammenhang geht an Martin Stingelin, der das Projekt initiiert und geleitet hat, und Davide Giuriato, mit dem zusammen ich daran mitwirken durfte. Gabriele Brandstetter, Wolfram Groddeck und Hubert Thüring wiederum haben dabei geholfen, einige weitere Türen zur Schrift und zum Schreiben zu öffnen.

In Hildesheim erhielt ich (2008 bis 2011) im Rahmen einer Juniorprofessur am damals neu gegründeten Institut für Literarisches Schreiben und Literaturwissenschaft die Möglichkeit, zahlreiche Schreibprojekte Schritt für Schritt zu begleiten. Ich habe dabei gelernt, was literarisches Schreiben sowie überhaupt ästhetische bzw. künstlerische Praxis *in der Gegenwart* heißt oder heißen kann. Die Lehrenden und Studierenden vor Ort – Hanns-Josef Ortheil, Stephan Porombka, Guido Graf, Annett Gröschner, Paul Brodowsky, Thomas Klupp, Florian Kessler, Annemarie Matzke, Jens Roselt, Johanna Stapelfeldt, Tobias Gnüchtel, Shida Bazyar, Mareike Schneider, Kathrin Bach, Mischa Mangel, Leif Randt, Kevin Kuhn, Vea Kaiser, Mathias Prinz, Dana Buchzik – haben mich dankenswerterweise, vielleicht ohne es immer zu wissen, mit auf diesen Weg genommen. Wohl an keinem anderen Ort wäre es so gut möglich gewesen, nachzuvollziehen, was es heißt, ein Schreibvorhaben von Grund auf zu entwerfen und zu verfolgen. Von dem primär aus teilnehmender Beobachtung gewonnenen praktischen Wissen, das sich einer wissenschaftlichen Überprüfbarkeit immer ein Stück weit entziehen wird, ist viel in den zweiten Teil des vorliegenden Buches eingegangen.

Angekommen bin ich schließlich (2011) in Zürich, dem Ruf auf eine Professur mit einer ebenso reichen wie schwierigen Vorgeschichte im Bereich der Theorie folgend (die Gespenster Paul de Mans und Peter Szondis klopfen gelegentlich noch an der Tür). In Zürich war und bin ich bestrebt, die gesammelten Beobachtungen, Erfahrungen und Erkenntnisse in eine möglichst klare und konsistente Beschreibungssprache zu übersetzen und mit theoretisch und komparatistisch weiterführenden Perspektiven zu verbinden. Meinem ganzen Team der Abteilung für Allgemeine und Vergleichende Literaturwissenschaft (AVL) sowie den Kolleginnen und Kollegen vom Zentrum Künste und Kulturtheorie (ZKK) danke ich für den fortlaufenden Austausch über aktuelle Fragen der literarischen Produktionsästhetik, den Studierenden für die Rückmeldungen auf die Vorlesungen sowie die Mitwirkung in den Seminaren und Übungen, die mit zur Klärung der Struktur und des Inhalts des vorliegenden Buches beigetragen haben.

Der abschließende Dank geht an Friederike Kretzen für all die Gespräche übers Schreiben in den vergangenen Jahren, genau genommen Jahrzehnten, an Sylvia Sasse für die Justierung des Blicks aufs Wesentliche (und für noch so viel mehr), an Laura Basso und Naomi Wolter für das erste Lektorat und an das Team des Reclam Verlags für die Begleitung aller weiteren Schritte vom Abgabemanuskript bis zum fertigen Buch.